Waldpfade
Allgäu

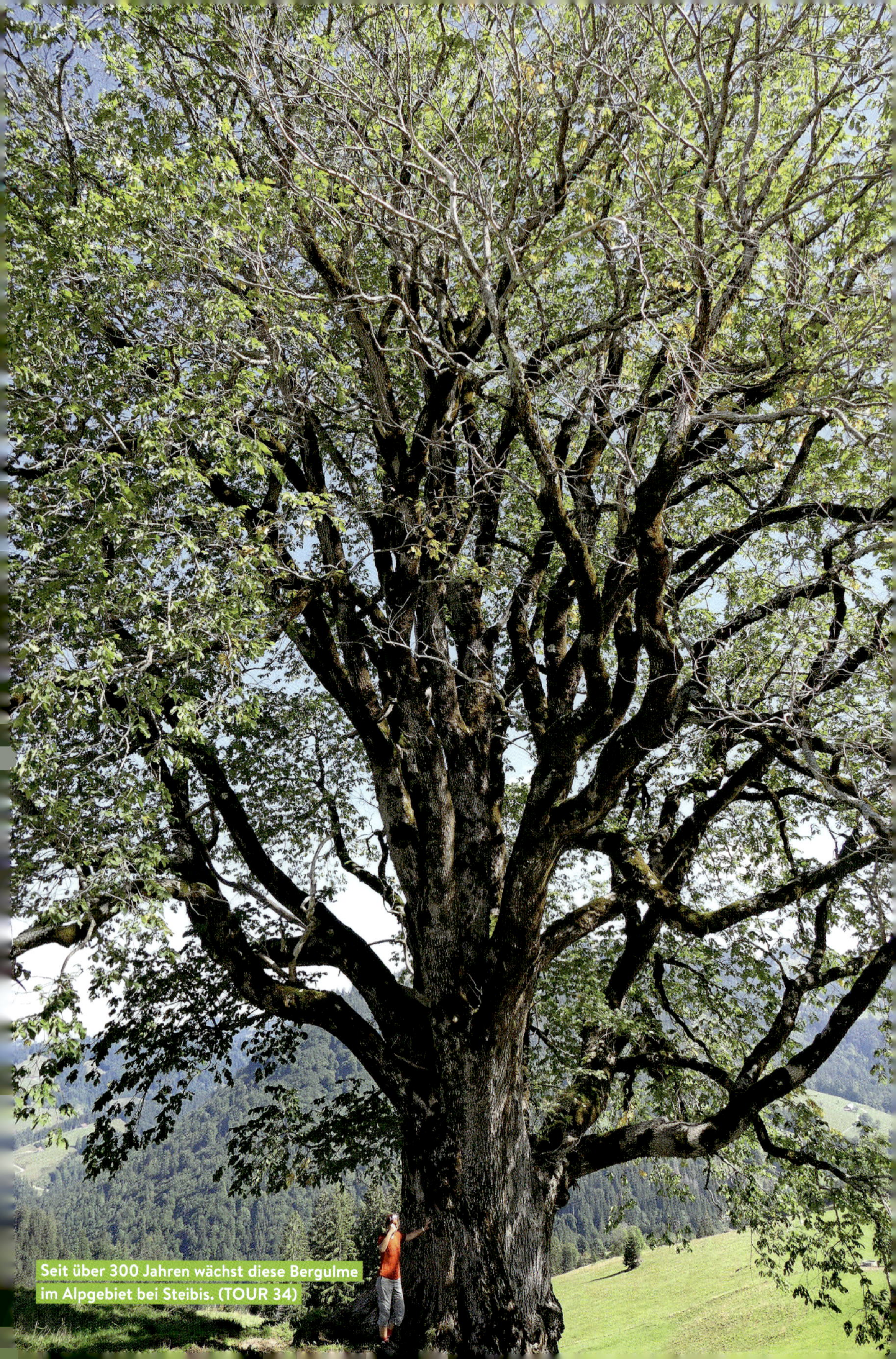

Seit über 300 Jahren wächst diese Bergulme im Alpgebiet bei Steibis. (TOUR 34)

Rudolf Nützel

Waldpfade
ALLGAU

Auf 35 abwechslungsreichen Wanderungen die Natur mit allen Sinnen erleben

Für Gabi

BRUCKMANN

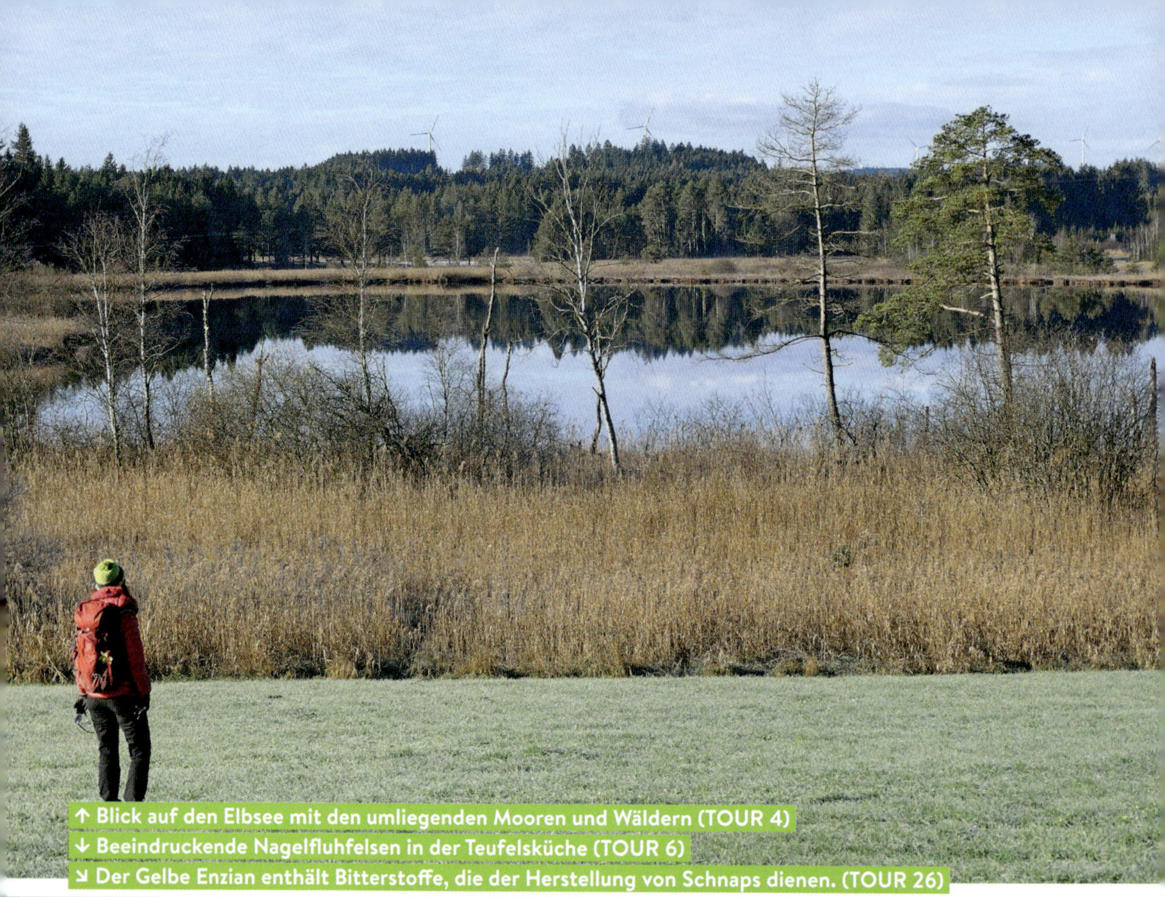

↑ Blick auf den Elbsee mit den umliegenden Mooren und Wäldern (TOUR 4)
↓ Beeindruckende Nagelfluhfelsen in der Teufelsküche (TOUR 6)
↘ Der Gelbe Enzian enthält Bitterstoffe, die der Herstellung von Schnaps dienen. (TOUR 26)

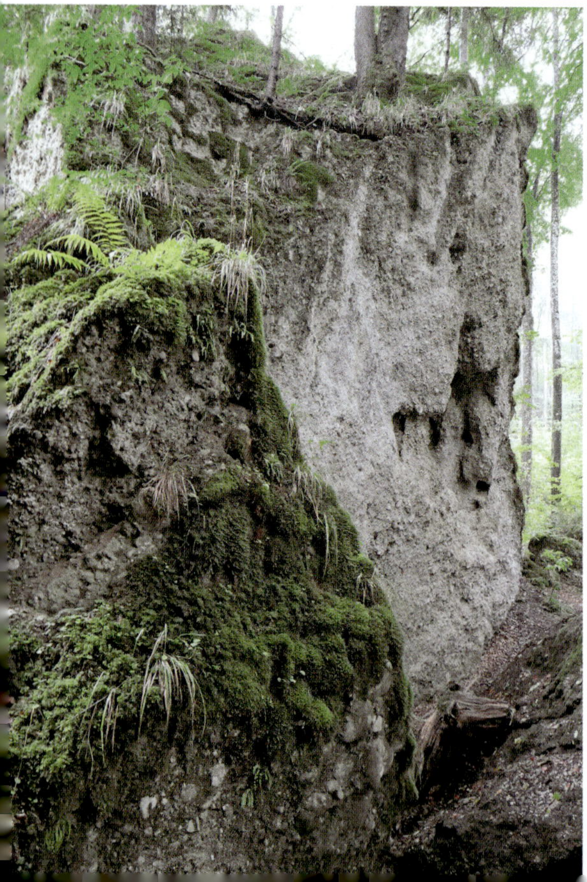

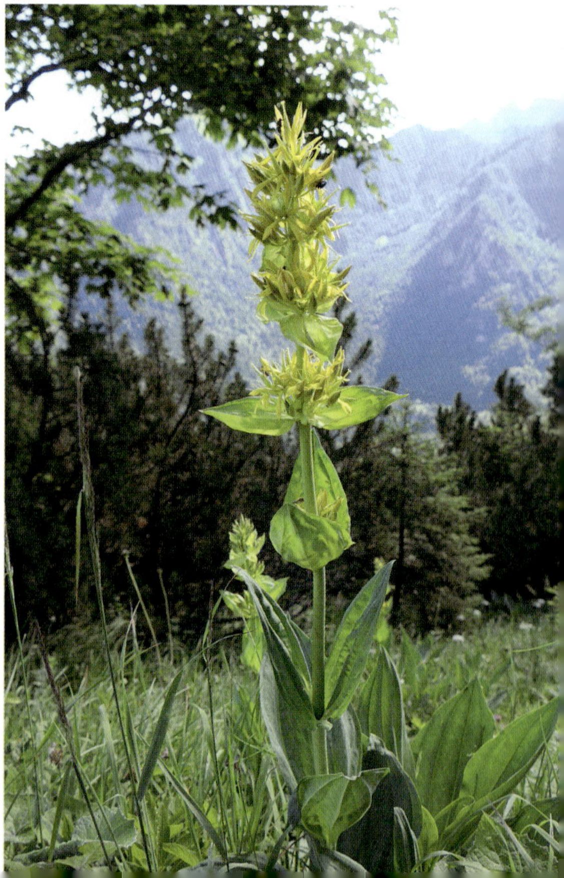

INHALT

Vorwort 9
Willkommen im Allgäu 10
Bruckmann-Tourenfinder 12
Piktogramme & Anforderungen 15
Einleitung 16

DIE TOUREN

Allgäu

1 **Litzauer Lechschleife** 24
Wo der Lech noch ein bisschen Wildfluss ist

2 **Faulenseerunde** 26
Baumexoten, eine Burgruine und ein Badesee

3 **Naturwaldreservat Senkele** 28
Buchenwald, eine große Seltenheit im Allgäu

4 **Rund um den Elbsee** 30
Fauna und Flora im Marktoberdorfer Seebecken

5 **Attlesee und Kögelweiher** 32
Fauna und Flora nördlich von Nesselwang

6 **Teufelsküche und Burgruine Liebenthann** 34
Was von Fürstäbten und vom Teufel übrigblieb

7 **Im Kempter Wald** 38
Dengelstein und Naturwaldreservat Dürrenbühl

Ostallgäu · Tannheimer Tal

8 **Tegelberg und Branderschrofen** 44
Klettersteig mit üppiger Bergflora

9 **Säuling** 48
Artenvielfalt beim Wächter des Ostallgäus

10 **Um Schwansee und Alpsee** 52
Bergwälder, majestätische Berge und zwei Seen

11 **Alpenrosenweg und Frauenstein** 56
Bergwald, Eiben, Schlösser und Badespaß

12 **Rote Wand und Dreiländerblick** 58
Orchideen, Waldpfade und ein Waldbrandgebiet

13 **Falkenstein, Zirmgrat und Alatsee** 62
Schlossplanungen und Seegeheimnisse

14 **Große Schlicke und Läuferspitze** 66
Gamswild und Latschenwälder

15 **Aggenstein und Breitenberg** 68
Wilde Wasser und Blumenparadiese

16 **Durch die Höllschlucht zur Kappeler Alp** 72
Wasser und Wald im Überfluss

17 **Kienberg und Bärmoos Alpe** 76
Blumenpracht auf Mähwiesen und im Bergwald

18 **Alpspitz und Edelsberg** 80
Auf den nördlichsten Gipfeln der Allgäuer Alpen

19 **Rohnenspitze und Zirleseck** 84
Einmalige Bergfauna, grandiose Aus- und Tiefblicke

Oberallgäu · Kleinwalsertal

20 **Zinken und Sorgschrofen** 90
Blumenparadies am Felsgrat bei Jungholz

21 **Auf Wannenjoch und Iseler** 94
Naturerlebnisse am Grat

22 **Spieser und Großer Hirschberg** 98
Auf der Suche nach dem Hirsch

23 **Im Koblat** 102
Die Fauna der Allgäuer Alpen erleben

Energiesparen für Murmeltiere 104

24 **Nebelhorn, Gaisalphorn und Rubihorn** 106
Grandiose Bergtour von oben nach unten

25 **Höfats** 110
Herausfordernde Tour auf den Edelweißberg

26 **Höllbachtobel und Christlessee** 114
Wo wilde Wasser rauschen

27 **Fellhorn, Schlappoldkopf und Söllerkopf** 118
Allgäuer Blumenpracht am Grenzgrat

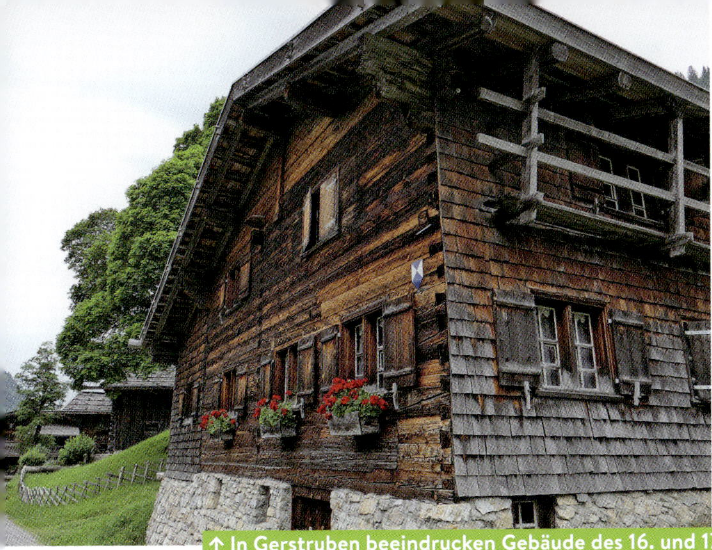

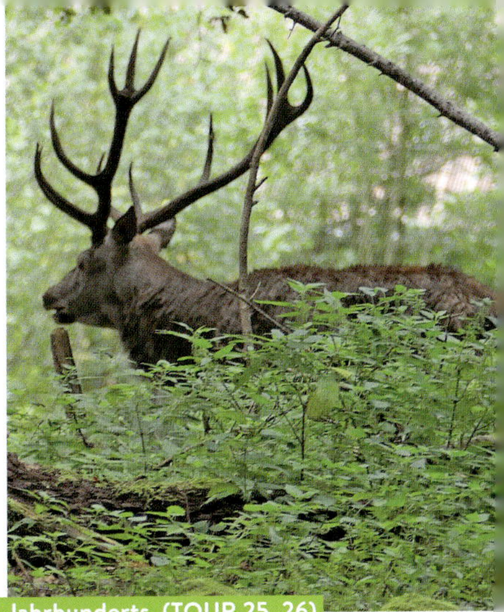

↑ In Gerstruben beeindrucken Gebäude des 16. und 17. Jahrhunderts. (TOUR 25, 26)
↗ Mehrere Tausend Hirsche leben in den Wäldern des Allgäus. (TOUR 22)

28 Breitachklamm und Alpe Dornach 120
Durch die tiefste Schlucht des Allgäus

29 Geißhorn und Kemptner Kopf 122
Im Reich der Steinböcke

Hornträger und Geweihträger 126

30 Gottesackerwände und Hölloch 130
Uralte Zirben und uralte Alpen

31 Hoher Ifen 134
Bergsturzgebiet, Rinderalpen und Schrattenkalk

Westallgäu

32 Vom Sedererstuiben zum Bärenkopf 140
Alte Bäume und Alpenblumen an der Nagelfluhkette

33 Riedberger Horn und Wannenkopf 144
Unterwegs zum ältesten Baum Deutschlands

34 Zu den ältesten Bäumen des Allgäus 146
Uralte Bäume und viele Rinder mit großen Glocken

35 Naturerlebnis Eistobel 150
Schluchtwälder und Wasserfälle der Oberen Argen

PS: 154
Register 157
Impressum 160

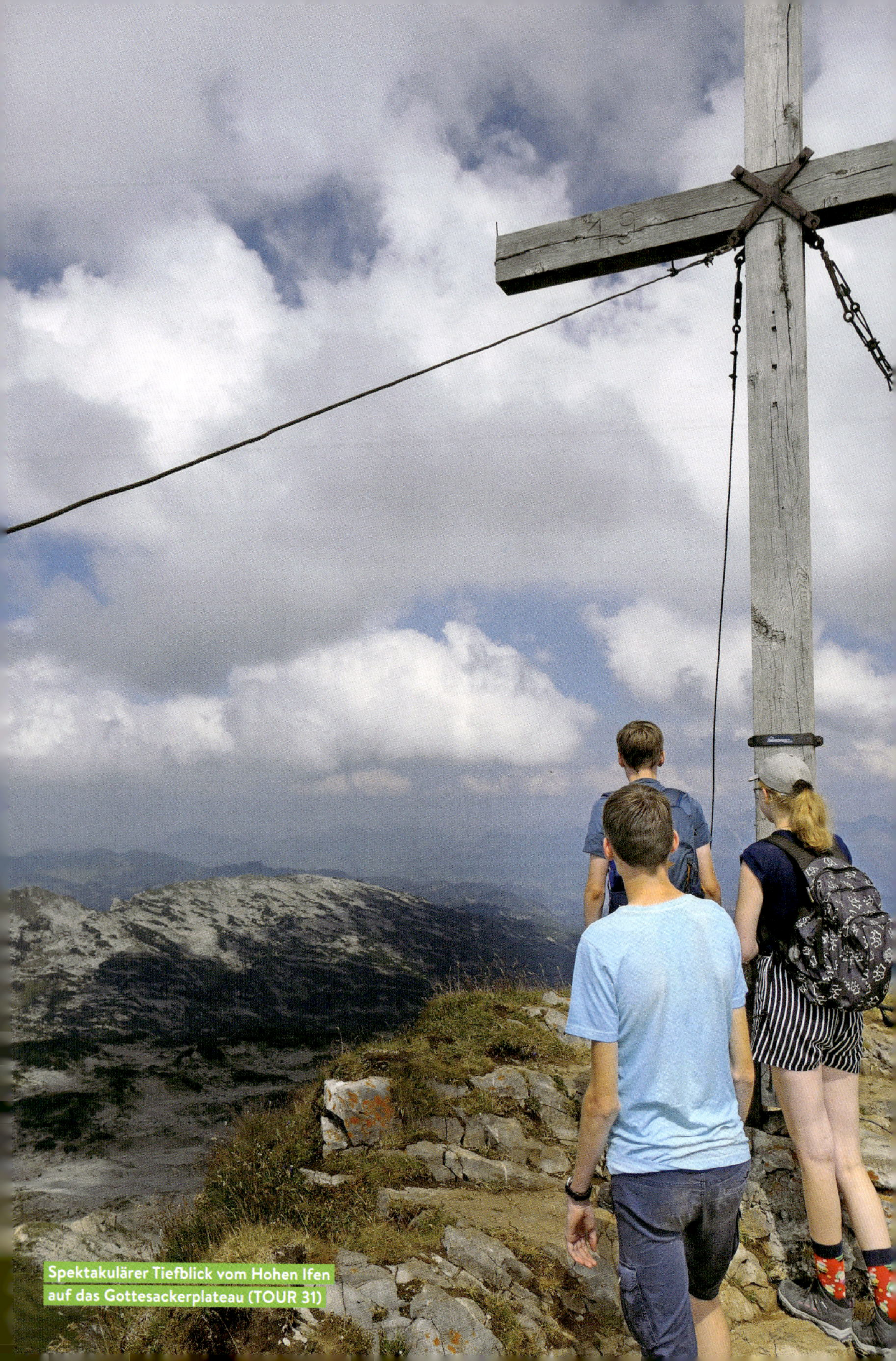

Spektakulärer Tiefblick vom Hohen Ifen auf das Gottesackerplateau (TOUR 31)

Vorwort

NACH DEM GROSSEN INTERESSE an »Waldpfade der Bayerischen Voralpen« sowie an »Waldpfade in und um München« entstand die Idee, auch für das Allgäu Touren vorzustellen, die die Besonderheiten entlang des Weges beschreiben. Entstanden ist ein interessantes Buch mit abwechslungsreichen Wanderungen vom einfachen Waldspaziergang bis zur sehr anspruchsvollen Bergtour. Die nördlichste und zugleich östlichste Tour führt zur Litzauer Schleife (Tour 1), einer der natürlichsten Abschnitte des Lechs. Die südlichste beschriebene Tour bringt uns in das Reich der Steinböcke um das Geißhorn (Tour 29) und die westlichste Wanderung zum Eistobel der Oberen Argen (Tour 35).

Die klimatischen Gegebenheiten mit hohen Regenmengen im Sommer und schneereichen Wintern sowie die eiszeitlichen Einflüsse prägen die Landschaft des Allgäus. Typisch sind verschiedene Waldtypen, Weidegebiete, Voralpenseen, Moore, Bergseen, Wildbäche, Tobel sowie unzählige Hügel und felsige Gipfel. Verschlungene Pfade und Wege führen durch diese abwechslungsreiche Landschaft und wollen entdeckt werden. Die Böden zeigen sich zwischen den Extremen nass und trocken bzw. sauer und basisch. Dadurch entstehen unterschiedlichste Biotope mit enormer Vielfalt an Pflanzen, Pilzen und Tieren. Naturnahe Wälder, ja sogar urwaldähnliche Gebiete, können wir im Allgäu noch entdecken. Für das leibliche Wohl während oder nach einer Tour sorgen bewirtschaftete Alpen und Berghütten sowie die zahlreichen Einkehrmöglichkeiten im Tal.

Bei den beschriebenen Touren können Sie ganz klassisch vom Start zum Ziel wandern. Es ist aber auch möglich, Touren abzukürzen oder zu verlängern. Nicht der Gipfel ist das Ziel, sondern die Besonderheiten auf dem Weg nach oben und unten. Manchmal mag eine Tour in umgekehrter Richtung vom Zielort zum Startpunkt eine Alternative sein. Nehmen Sie sich vor jeder Wanderung vor, dass dieser Ausflug besondere, einmalige Eindrücke hinterlassen soll. So bleiben Ihre Naturerlebnisse lange in Erinnerung. Versuchen Sie, Verborgenes, Unbekanntes, Vergessenes oder Überraschendes bei Ihren Ausflügen zu entdecken.

Viel Spaß beim Entdecken der Waldpfade im Allgäu wünscht Ihnen

Dr. Rudolf Nützel

Willkommen im Allgäu

Das Allgäu ist eine der begehrtesten Urlaubsdestinationen in Deutschland. Das Landschaftsbild prägen verschiedene Waldtypen, Wildbäche, Tobel, Seen, Moore, sanfte Hügel und schroffe Berge.

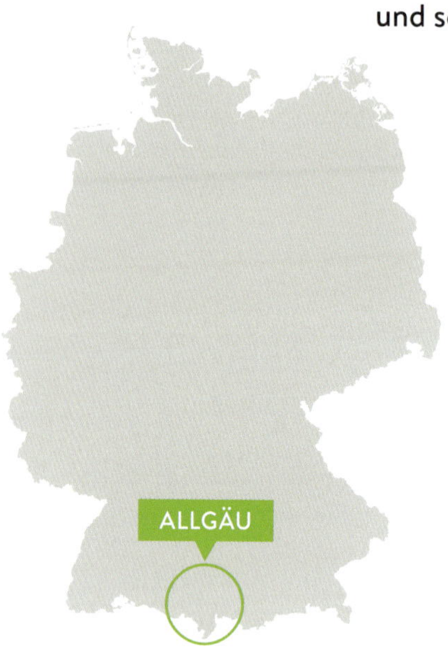

Das Gebiet

Die Ostgrenze des Allgäus bilden der Lech sowie der Westteil der Ammergauer Alpen. Im Westen reicht das Gebiet bis zum Bodensee und mit dem württembergischen Allgäu bis Wangen und Isny. Im Süden ist das Allgäu von den Tannheimer Bergen und den Allgäuer Hochalpen begrenzt. Die Region nördlich von Kempten bis nach Memmingen gilt als das Unterallgäu. Die maximale Ost-West-Ausdehnung liegt bei rund 90 Kilometern. Von Nord nach Süd erstreckt sich das Allgäu auf rund 90 Kilometer.

Höchste Gipfel

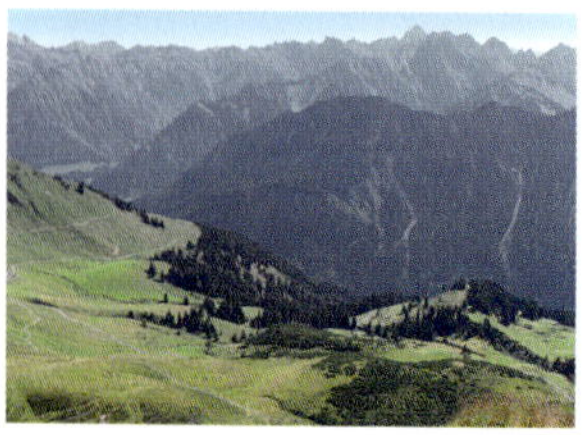

Der höchste Gipfel der Allgäuer Hochalpen ist der Große Krottenkopf mit 2656 Metern. Weitere acht Gipfel haben eine Höhe von mehr als 2600 Metern.

Laubbäume

Bis vor 300 Jahren dominierte die Buche die Wälder im Allgäu. Heute ist ein Buchenwald wie im Naturwaldreservat Senkele äußerst selten. Weitere Laubbaumarten im Allgäu sind Bergahorn, Bergulme, Esche, Grauerle, Mehlbeere, Moorbirke, Schwarzerle, Sommerlinde, Vogelbeere und verschiedene Weiden.

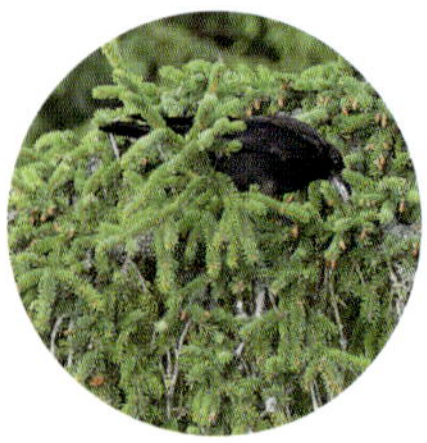

Nadelbäume

Die mit Abstand häufigste Baumart im Allgäu ist die Fichte. Weitere Nadelbaumarten sind Eibe, Kiefer, Latsche, Lärche, Tanne, Wacholder und Zirbe.

Edelweißberg Höfats

Das Edelweiß gilt als die Pflanze, die man seiner Liebsten schenkt. An der Höfats kam die Blume früher sehr zahlreich vor und verhalf dem Berg zu großer Bekanntheit.

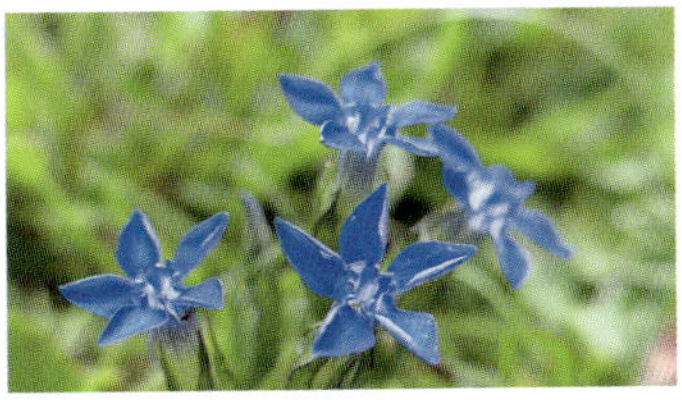

Enzian

Vom Enzian existieren in den Alpen über 30 Arten in verschiedenen Farben. Sie blühen meistens blau, manchmal rosa und selten gelb oder rot. Sehr selten sind im Allgäu der gelb blühende Tüpfelenzian und der rot blühende Purpur-Enzian.

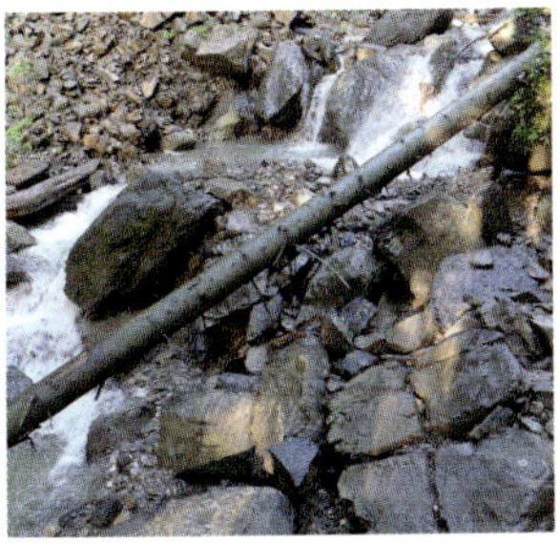

Tobel

Im Allgäu werden enge Schluchten, durch die ein Wildbach rauscht, als Tobel bezeichnet. Sie entstehen dort, wo weichere Gesteinsschichten, die steil gestellt sind, vom Wasser bearbeitet werden.

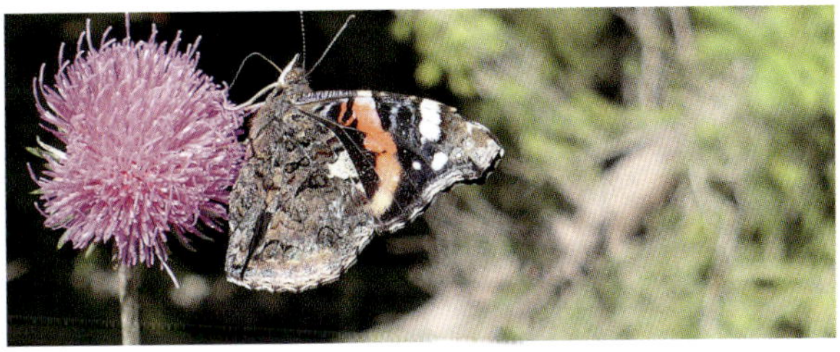

Blumenberg Fellhorn

Beim Fellhorn erreicht die geologische Formation Flysch die alpine Stufe. Die Vegetation ist hier so artenreich, weil einerseits sowohl silikatische als auch kalkhaltige Böden vorkommen und sich andererseits die ostalpine Flora mit der westalpinen überlappt. Reichlich blühen dort Arnika, Allermannsharnisch, Purpur-Enzian, Schwarzes Kohlröschen, Alpen-Küchenschelle und Narzissenblütiges Windröschen.

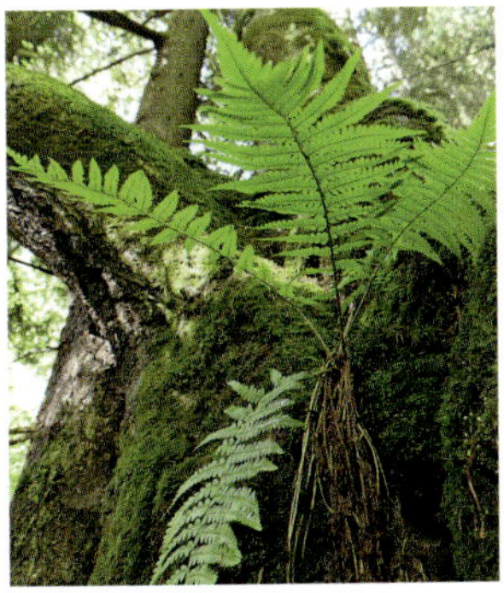

Schluchtwald

Schluchtwald entsteht dort, wo der Boden in Bewegung ist. Aus den steilen Oberhangbereichen bewegen sich Gesteinsbrocken und Feinmaterial durch Wasser, Frost und Wurzelsprengung hangabwärts. Die hier wachsenden Arten müssen diesen Abtrag am Oberhang und die Überschüttung am Unterhang ertragen. Schluchtwälder sind meist licht und die Krautschicht ist üppig. Farne, Moose und Flechten wachsen auf den Bäumen und Felsen. Schluchtwälder sind Lebensraum von vielen, auf diese Bedingungen spezialisierten Tier- und Pflanzenarten.

Bruckmann-Tourenfinder

Für jeden Tag die richtige Tour

			Std.	km	Hm									
01	Litzauer Lechschleife	🔵	2.30	8	200	✓	✓		✓	✓			✓	✓
02	Faulenseerunde	🔵	2.30	10	200	✓	✓	✓	✓		✓		✓	✓
03	Naturwaldreservat Senkele	🔴	3.30	11	350	✓	✓		✓		✓			✓
04	Rund um den Elbsee	🔵	2.00	6	100	✓	✓		✓		✓		✓	✓
05	Attlesee und Kögelweiher	🔵	1.30	5	100		✓		✓		✓		✓	✓
06	Teufelsküche und Burgruine Liebenthann	🔵	3.00	9	200	✓	✓	✓	✓		✓			✓
07	Im Kempter Wald	🔴	3.30	13	200	✓	✓	✓	✓		✓			
08	Tegelberg und Branderschrofen	⚫	7.00	9	1200	✓					✓	✓		✓
09	Säuling	⚫	7.30	15	1400	✓		✓		✓				✓
10	Um Schwansee und Alpsee	🔴	4.30	12	500		✓	✓			✓		✓	✓
11	Alpenrosenweg und Frauenstein	🔵	3.00	9	200		✓	✓	✓		✓		✓	✓
12	Rote Wand und Dreiländerblick	🔴	4.00	12	500		✓	✓			✓			✓
13	Falkenstein, Zirmgrat und Alatsee	🔴	4.00	12	600	✓	✓	✓		✓			✓	✓
14	Große Schlicke und Läuferspitze	⚫	4.00	7	550	✓				✓		✓		✓
15	Aggenstein und Breitenberg	⚫	6.00	11	1400/700	✓				✓		✓		✓

Nr.	Tour		Std.	km	Hm									
16	Durch die Höllschlucht zur Kappeler Alp	🔴	3.00	10	600	✓	✓	✓			✓			✓
17	Kienberg und Bärenmoos Alpe	⚫	5.00	10	700	✓					✓			✓
18	Alpspitz und Edelsberg	🔴	5.00	10	800	✓		✓			✓	✓		✓
19	Rohnenspitze und Zirleseck	⚫	6.30	13	950	✓				✓			✓	✓
20	Zinken und Sorgschrofen	⚫	4.30	10	700					✓				✓
21	Auf Wannenjoch und Iseler	⚫	3.30	10	500					✓		✓		✓
22	Spieser und Großer Hirschberg	🔴	4.30	9	700	✓	✓			✓				✓
23	Im Koblat	🔴	4.00	10	300	✓	✓			✓		✓		✓
24	Nebelhorn, Gaisalphorn und Rubihorn	⚫	6.30	13	200/1600					✓		✓		✓
25	Höfats	⚫	9.00	13	1400	✓		✓		✓				✓
26	Höllbachtobel und Christlessee	🔴	2.00	5	300	✓	✓	✓			✓		✓	✓
27	Fellhorn, Schlappoldkopf und Söllerkopf	🔴⚫	3.30	8	200/400	✓				✓		✓		✓
28	Breitachklamm und Alpe Dornach	🔵	2.00	6	150	✓	✓	✓			✓			✓
29	Geißhorn und Kemptner Kopf	⚫	8.00	13	1400	✓				✓				✓
30	Gottesackerwände und Hölloch	⚫	7.00	16	1100					✓				✓
31	Hoher Ifen	⚫	7.30	18	1200	✓				✓		✓		✓
32	Vom Sedererstuiben zum Bärenkopf	⚫	6.30	10	1000	✓				✓				✓
33	Riedberger Horn und Wannenkopf	🔴	4.00	8	600	✓	✓			✓				✓
34	Zu den ältesten Bäumen des Allgäus	🔵	3.00	7	500	✓	✓			✓				✓
35	Naturerlebnis Eistobel	🔵	2.30	8	150	✓	✓	✓			✓		✓	✓

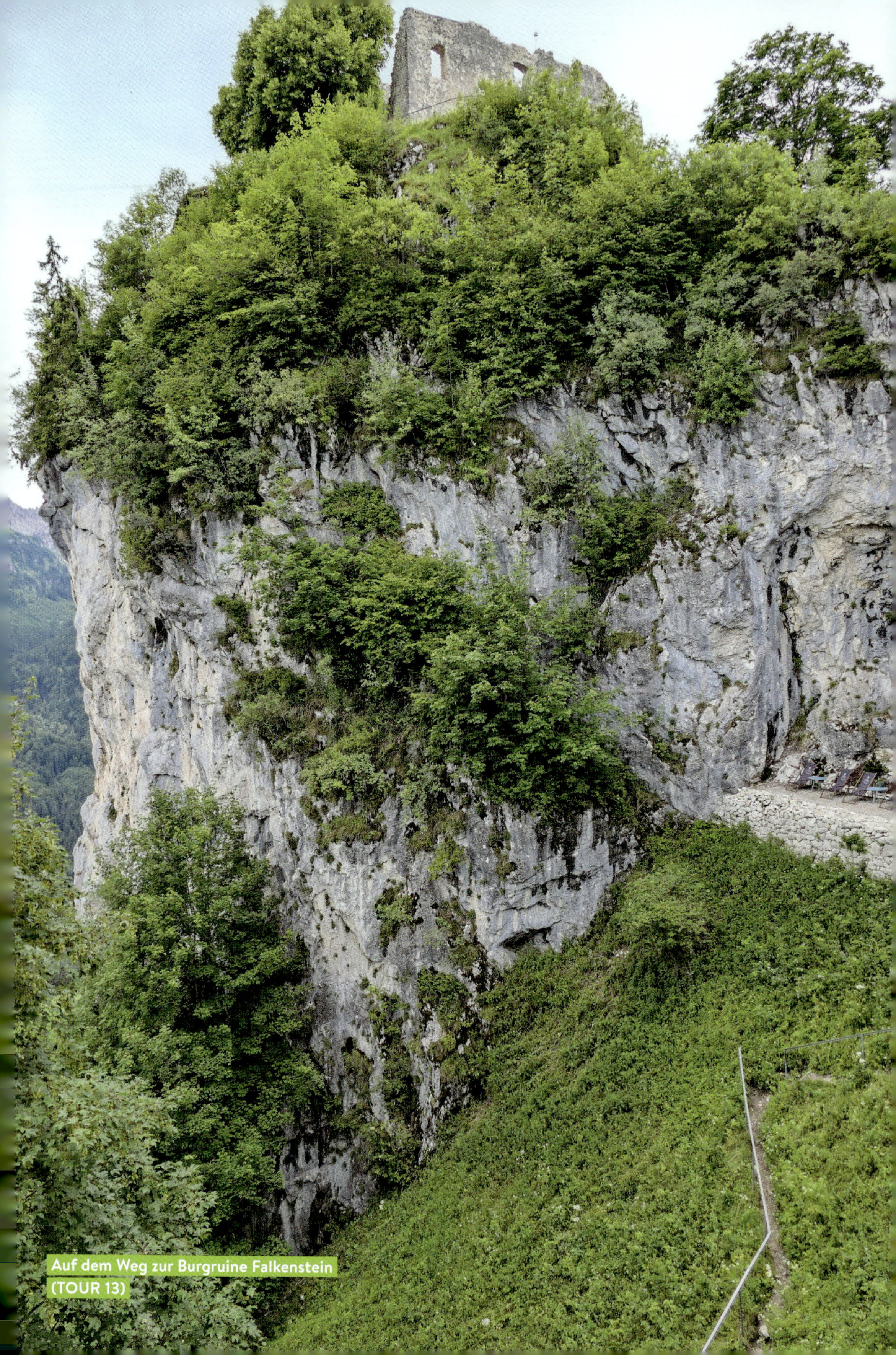

Auf dem Weg zur Burgruine Falkenstein (TOUR 13)

INFO

PIKTOGRAMME ERLEICHTERN DEN ÜBERBLICK

Gehzeit

Länge

Höhenunterschied

Einkehr

kindergeeignet

Sehenswürdigkeit

wintergeeignet

viel Sonne

schattiger Weg

Seilbahn

Baden

ÖPNV

ANFORDERUNGEN

Vom gemütlichen Spaziergang bis zur langen, herausfordernden Bergtour bietet dieser Wanderführer für jeden Geschmack etwas. Die angegebenen Gehzeiten gelten für mittleres Tempo mit kurzen Pausen. Die Zeiten sind so kalkuliert, dass bei Touren im ebenen Gelände in der Stunde 3 bis 4 Kilometer oder bei Anstieg 300 bis 400 Höhenmeter machbar sind. Planen Sie so, dass ausreichend Zeit zum Schauen, Fotografieren und Genießen der Natur bleibt.

Die Schwierigkeitsgrade der Touren hängen von der Steigung sowie vom Zustand der Pfade und Wege ab.

● LEICHT

Spaziergänge auf guten Wegen mit geringen Steigungen mit einer Dauer von bis zu 3 Stunden, die auch mit Kindern gut zu schaffen sind.

● MITTEL

Wanderungen mit einer Dauer von mehr als 3 Stunden mit teilweise schwierigen Wegbedingungen.

● SCHWER

Längere Wanderungen mit Steigungen von mehr als 800 Höhenmetern, die meist Trittsicherheit und Schwindelfreiheit voraussetzen.

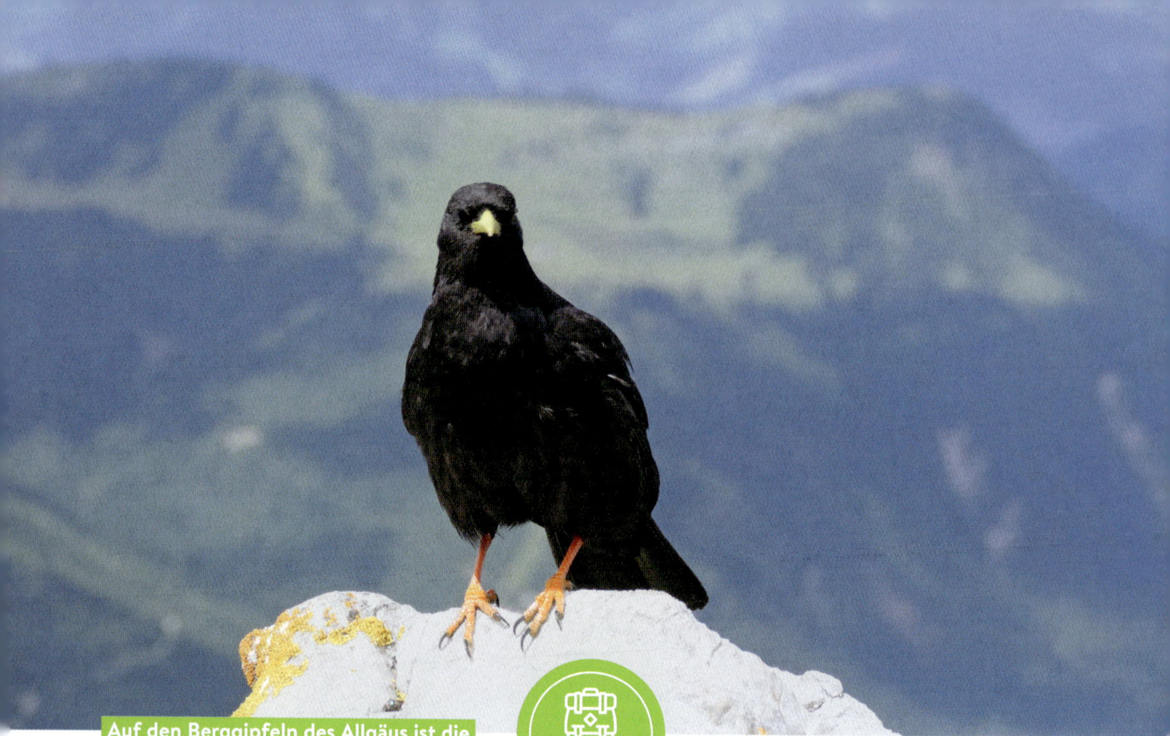

Auf den Berggipfeln des Allgäus ist die Alpendohle regelmäßig anzutreffen.

Einleitung

Der Begriff des Allgäus war im Laufe der Geschichte nie statisch, sondern unterlag ständigen Wandlungen. Für das Allgäu gibt es daher keine streng definierte geografische Begrenzung, oft geht es fließend in die benachbarten Landschaften über.

Nach Osten stellt der Verlauf des Lechs die Grenze dar. Zum Allgäu gezählt wird auch der Westteil der Ammergauer Alpen mit Tegelberg (Tour 8) und Säuling (Tour 9). Im Süden bildet der Hauptkamm der Allgäuer Alpen den Abschluss und die Tannheimer Berge gelten als Allgäu in Tirol. Das Hügelland nördlich von Kempten wird als Unterallgäu bezeichnet und das Westallgäu reicht bis zum Landkreis Lindau, mit dem württembergischen Allgäu sogar bis Wangen und Isny.

NATURVERTRÄGLICH UNTERWEGS Das Allgäu sähe heute anders aus, hätten sich unsere Vorfahren nicht für den Schutz der Natur engagiert. Landschaften, die heute zu den prächtigsten Postkartenmotiven zählen und ganz selbstverständlich die Werbebroschüren der Tourismusverbände zieren, würden der Vergangenheit angehören. Mit einem achtsamen Verhalten in der Natur können wir einen Beitrag dazu leisten, dass auch unsere Enkel und Urenkel sich noch an den Schönheiten der Allgäuer Landschaft erfreuen und über Vogelgesang sowie die Schönheit der Enzian- und Orchideenarten staunen können. Um die Störungen zu verringern und zu beeindruckenden Naturerlebnissen zu kommen, sollten Sie ein paar Verhaltensregeln beachten:

- Reisen Sie möglichst mit öffentlichen Verkehrsmitteln an, um die Natur nicht zusätzlich mit Individualverkehr zu belasten. Fast alle Touren beginnen an einem Haltepunkt des Öffentlichen Verkehrs (Bahnhof, Bushaltestelle).
- Schutzgebiete sind meist die letzten Reste der ursprünglichen Natur oder sie sind Bereiche mit extensiver Landwirtschaft. Respektieren Sie die Gebote und Verbote dieser Schutzgebiete.
- Bleiben Sie auf den ausgewiesenen Wegen, vermeiden Sie es, querfeldein zu gehen. Insbesondere auf Weichböden und Feuchtwiesen schädigen tief verschlammte Trampelpfade die Vegetation für lange Zeit.
- Auch die Natur braucht Ruhe. Viele Tierarten sind sehr empfindlich, wenn sie nachts gestört werden. Vermeiden Sie es auch zu Ihrer eigenen Sicherheit, in der Dunkelheit im Wald oder in Schutzgebieten unterwegs zu sein.
- Bei jeder Wanderung dringen wir in die Lebensräume von Wildtieren ein. Bitte leinen Sie Ihren Hund in den Schutzgebieten an. Für Wildtiere ist jeder Hund eine Gefahr, auf die sie mit Flucht reagieren. Untersuchungen belegen, dass Hunde zu einem spürbaren Rückgang der Vogelarten entlang von Wanderwegen führen. Auch viele Mitwanderer sind dankbar, wenn Sie Ihren Hund an der Leine führen.
- Nehmen Sie Ihren Müll wieder mit und entsorgen Sie ihn zu Hause.

Murmeltiere sind oberhalb der Waldgrenze in der Allgäuer Bergwelt weit verbreitet.

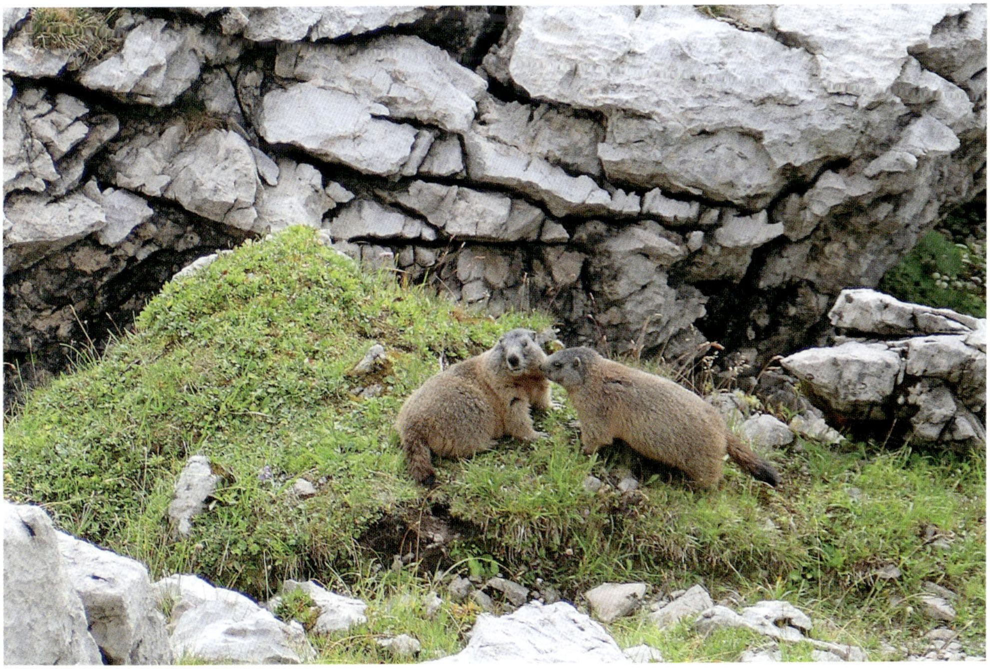

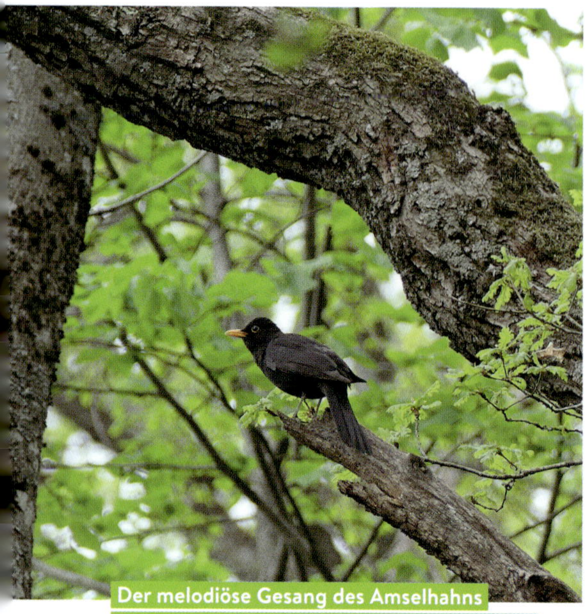

Der melodiöse Gesang des Amselhahns ist in den tiefergelegenen Wäldern zu hören.

AUSRÜSTUNG UND VERPFLEGUNG Zum Gelingen der beschriebenen Wanderungen braucht es eine vernünftige Ausrüstung. Theoretisch können alle Waldpfade barfuß erkundet werden. Empfehlenswert sind Bergstiefel mit gutem Profil. Nehmen Sie ausreichend warme Kleidung mit. Eine Kopfbedeckung sollte immer dabei sein, weil der Weg in die Wälder und auch Bereiche im Wald sowie Wanderungen oberhalb der Waldgrenze sehr sonnig sein können. Denken Sie an genügend Essen und ausreichend Getränke. Für den Transport reicht bei Tagestouren ein kleiner Rucksack mit Regenschutz. Für den Notfall gehören in den Rucksack ein Mobiltelefon mit vollem Akku und ein Erste-Hilfe-Set.

GEOLOGIE DES ALLGÄUS Vor rund 30 Millionen Jahren begannen sich die Alpen zu heben. Flüsse transportierten das Verwitterungsmaterial in das nördlich angrenzende sogenannte Molassebecken. Die unterschiedlichen Gesteine von feinen Sand- und Tonsteinen bis zu größeren Konglomeraten setzten sich ab. Als Konglomerat bezeichnet man aus Gesteinsbruchstücken und Mineralien zusammengekittete Gesteine.
Das Allgäu lässt sich grob in vier tektonische Einheiten gliedern, die von Süden her übereinandergeschoben wurden. Von Süd nach Nord sind dies das Kalkalpengestein, der Flysch, das Helvetikum und die Molasse. Diese Schichten liegen meist verborgen unter jüngeren Ablagerungen und der darauf wachsenden Vegetation.
Das **Gestein der Kalkalpen** entstand vor mehr als 150 Millionen Jahren. Die Gipfel der mächtigsten Allgäuer Berge, wie Hochvogel, Widderstein, Nebelhorn und Rubihorn (Tour 24), bestehen aus **Hauptdolomit**. In subtropischen Wattenmeeren trockneten bei Ebbe die Uferbereiche schnell aus, Flachwasser erwärmte sich und kühlte bei Flut wieder ab. Zu den wenigen Lebewesen, die darin überleben konnten, gehörten Blaualgen. Über die Jahrmillionen bildete sich eine mehrere hundert Meter dicke Schicht mit angereichertem Magnesium. Die Erosionsbeständigkeit des Hauptdolomits hat steile und hohe Bergmassive entstehen lassen. Hauptdolomit ist dunkler als Kalkstein und oft von Rissen durchzogen. Dagegen bildete sich **Kalkstein** in den Riffen der lebensfreundlicheren Schelfmeere. Schwämme und Korallen siedelten bevorzugt auf den Kalkskeletten ihrer Vorgänger. So wurde die Kalkschicht immer dicker und schwerer. Beispielsweise der Säuling bei Füssen (Tour 9) besteht aus Wettersteinkalk. Kalkstein ist weniger spröde als Dolomit und wirkt daher weniger zerrissen.
Dem Kalkalpengestein vorgelagert ist der **Flysch**, eine Mischung aus Ton und Sandstein, die sich vor 130 bis 65 Millionen Jahren bildete. Südlich von Oberstdorf finden sich die blumenreichen Flyschberge Fellhorn

und Söllerkopf (Tour 27). Im Norden sind das Rangiswanger Horn und Riedberger Horn (Tour 33) aus Flyschgestein aufgebaut. Flysch ist anfällig für Erosion und Hangrutschungen. Intakte Bergmischwälder sind zur Stabilisierung der Hänge sehr wichtig.

Das **Helvetikum** ähnelt vom Aufbau und der Entstehung dem Kalkalpengestein, ist aber rund 100 Millionen Jahre jünger. Es besteht aus Kalk, Mergel und Quarz, im Allgäu überwiegt der **Schrattenkalk**. Im Osten lagert das Helvetikum in einem schmalen Band vor dem Flysch – hier sticht besonders der Grünten heraus. Im Westen liegt das Helvetikum zwischen den beiden Flyschbändern und bildet Hoher Ifen und Gottesackerplateau (Touren 30 und 31).

Nördlich der Linie Balderschwang–Sonthofen folgen in einem breiten Band gefaltete **Molasseablagerungen**. Sie bestehen aus Sandstein und Mergel, die oft mit Kieseln ein Konglomerat bilden. Es heißt **Nagelfluh** und wird im Allgäu auch als **Herrgottsbeton** bezeichnet. Entstanden ist die Molasse durch Flüsse und Bäche, die vor 28 bis 8 Millionen Jahren aus den Alpen die davor liegende Senke mit Sedimenten füllten. Die Molasse erstreckt sich nördlich der Alpen bis weit in das Unterallgäu hinaus. An einigen Stellen wurde die Molasse durch Druck zusammengeschoben und gefaltet. Der harte Nagelfluh türmte sich dabei vor allem westlich von Immenstadt zu beachtlichen Höhen auf und schuf dort die Nagelfluhkette (Tour 32). Östlich von Kempten folgt die ungefaltete Vorlandmolasse, die aus Sand- und Mergelsteinen aufgebaut ist (Tour 7).

Die vielfältige Geologie in Kombination mit extremem Klima verursacht einen außerordentlichen Artenreichtum. Die hohe Bedeutung des Allgäus für die biologische Vielfalt zeigt sich in einer Vielzahl von Schutzgebieten, beispielsweise in den Fauna-Flora-Habitat-Gebieten »Allgäuer Hochalpen«, »Hoher Ifen«, »Hörnerkette«, »Nagelfluhkette«, »Kempter Wald«, »Kienberg« und »Ammergebirge«.

HISTORISCHE WALDNUTZUNG Nach der letzten Kaltzeit begann vor 10 000 Jahren die Wiederbewaldung der tundraartigen Steppenlandschaft. Pionierbaumarten wie Birke und Waldkiefer breiteten sich mit ihren leichten Samen rasch aus. Mit steigenden Temperaturen kamen die Hasel und später Ulmenarten, Lindenarten, Weißtanne und die Stieleiche hinzu. Vor 3500 Jahren begünstigte eine leichte Abkühlung das Vordringen der Buche. Ohne den Einfluss des Menschen wäre der Buchenwald mit Tanne der dominierende Waldtyp im Allgäu.

Erst ab dem 7. Jahrhundert nach Christus begannen im Allgäu die ersten großflächigen Rodungen mit der Landnahme der Alemannen. Die gute Verkehrsanbindung durch die Flüsse Iller, Wertach und Lech ermöglichte die Ausplünderung der Wälder durch die

Der Alpenbock zeigt sich wenige Tage im Jahr im sonnigen Wald mit geschädigten Buchen.

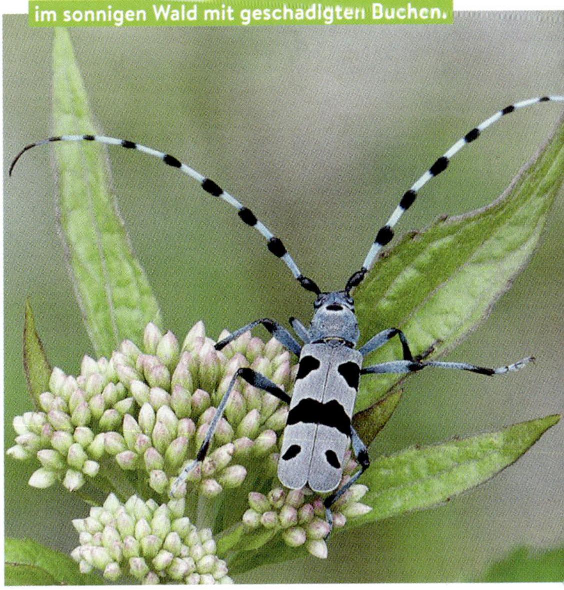

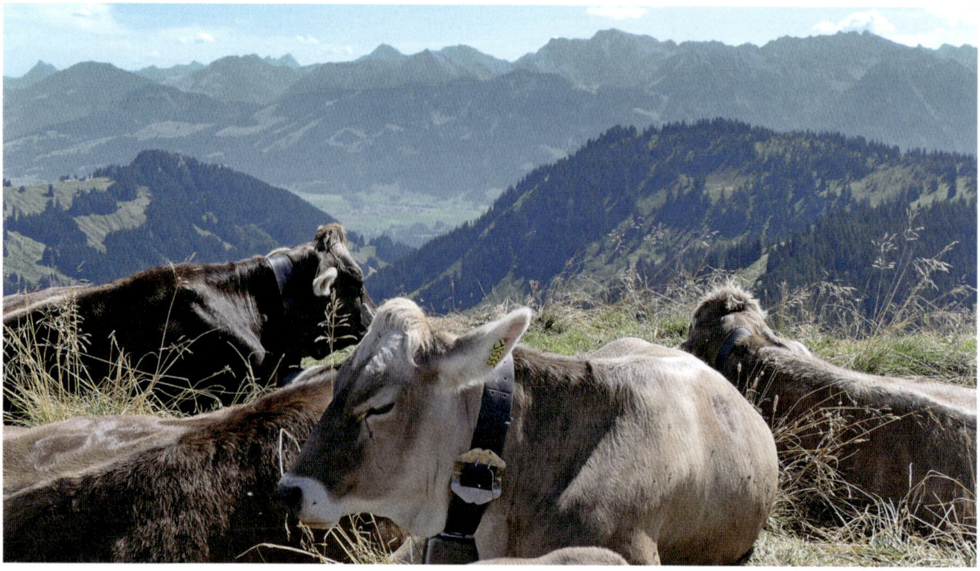

Idylle auf dem Riedberger Horn (TOUR 33)

kirchlichen Stifte von Augsburg und Kempten. Neben der Abholzung für weiter entfernte Städte nutzten auch lokale Gewerbe wie Imker, Köhler, Pechsieder und Rußbrenner intensiv die Wälder. Die im Mittelalter übliche Waldweide und die Nutzung der Streuauflage verursachten ebenfalls lichte Waldbestände und Kahlflächen. Waldweide bedeutet, dass Haustiere wie Rinder, Schafe oder Ziegen damals im Wald fraßen. Als Streu wurde die oberste Bodenschicht genutzt – sie wurde gesammelt und als Dünger ausgebracht.

Um dem Holzmangel zu begegnen, erfolgten großflächige Aufforstungen mit der schnell wachsenden Fichte. Im Kemptener Wald (Tour 7) war die Rotbuche schon im 17. Jahrhundert so selten, dass im Jahre 1673 das Fällen von Buchen untersagt wurde. Ältere Buchenwälder wie am Senkele (Tour 3) kommen im Allgäu kaum vor. Die gegen Ende des 19. Jahrhunderts betriebene Bodenreinertragslehre, nach der mit einer Waldfläche ein möglichst hoher Ertrag erzielt werden sollte, sowie Reparationshiebe nach den beiden Weltkriegen begünstigten weiter die Vorherrschaft der Fichte in den Wäldern des Allgäus. Seit gut 30 Jahren werden vermehrt Laubholz und Tanne gefördert. So entwickeln sich die Fichtenforste sukzessive zu Mischwäldern.

STRASSEN UND WEGE IM WALD Die Wälder im Allgäu sind meist mit einem systematischen Netz aus befestigten **Forststraßen** durchzogen, die der Bewirtschaftung des Waldes dienen. Sie sind mindestens 3,5 Meter breit und halten das Gewicht eines beladenen Holztransporters aus. Sie werden auch als Waldstraßen, Waldwege oder Schotterstraßen bezeichnet. Der oberste Belag besteht aus einer Deckschicht aus Schotter, Kies und Sand, die auf einer Tragschicht aus größeren Steinen liegt. Darunter folgen eine Frostschutzschicht und der tragfähige Unterbau.

Neben diesen befestigten Forststraßen finden wir im Gebirge ab Hangneigungen von 30 Prozent sogenannte **Rückewege**. In steilerem Gelände werden die Waldbestände mit dem Bagger für die Holzernte erschlossen. Da sie geschlossene Waldgebiete stark auflichten, entstehen dort Waldrandstrukturen, die Licht liebende Bodenvegetation begünstigen.
Darüber hinaus existieren speziell für Erholungssuchende gebaute, schmale gekieste Pfade und Steige. Ferner gibt es vegetationsfreie Pfade, die durch intensive Nutzung von Spaziergängern oder Radfahrern entstanden sind.

BÄUME AM LIMIT Im Bergwald nimmt mit der Höhe der Anteil an Laubbäumen immer mehr ab. Wärmeliebende Laubbäume wie Spitzahorn, Stieleiche und Sommerlinde erreichen ihre obere Höhengrenze bereits bei 1000 Metern, die sogenannte submontane Stufe. Andere Arten wie Rotbuche und Bergahorn kommen, meist in Mischung mit Fichte und Tanne, bis 1500 Meter Höhe im Bergmischwald noch vor, in der sogenannten montanen Stufe. Als **Waldgrenze** bezeichnet man die obere Höhengrenze von geschlossenen Waldbeständen – sie wird in Bayern von der Fichte in 1600 bis 1700 Metern Höhe gebildet (subalpine Stufe). Oberhalb stehen Nadelbäume, meist Fichten, immer wieder auch Zirben oder Lärchen in kleinen Gruppen oder als Einzelbäume bis 2000 Meter Höhe. Dazwischen gedeihen im Schutz der Schneedecke Krummholz-Gebüsche mit Latschen, Grünerlen, Strauchweiden, Ebereschen und Moorbirken. Mit **Baumgrenze** ist die Höhenlage definiert, in der noch einzelne Bäume und Baumgruppen vorkommen können. Die Bäume wachsen noch aufrecht und sind mindestens fünf Meter hoch. Oberhalb der Baumgrenze können in den alpinen Rasen vereinzelte krüppelige Vorposten der Baumarten mit weniger als fünf Metern Höhe überleben. Die Obergrenze der Vorposten wird als **Baumindividuengrenze** bezeichnet.

Der zweitstärkste Bergahorn Bayerns steht im Alpgebiet bei Steibis. (TOUR 34)

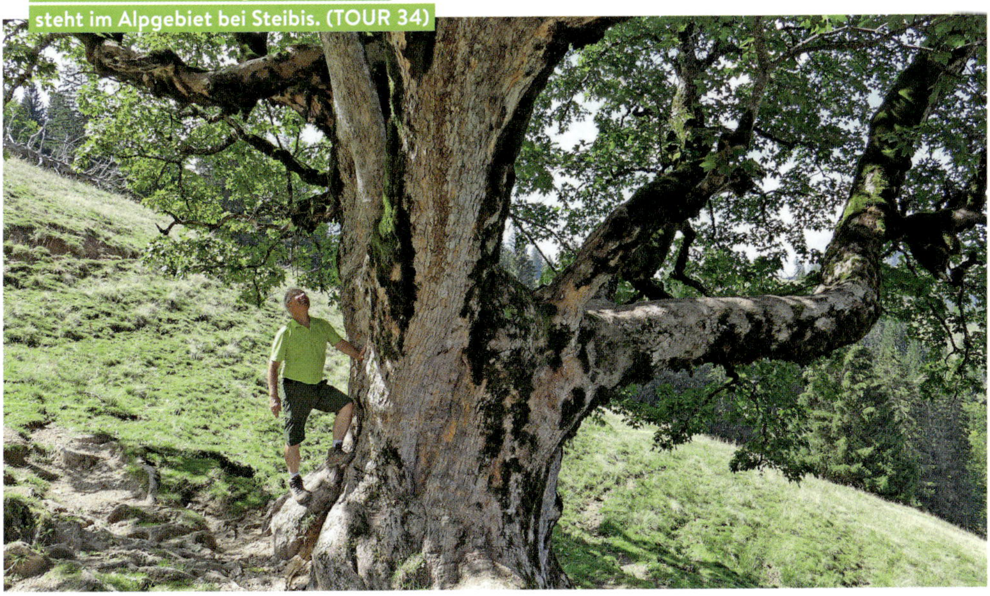

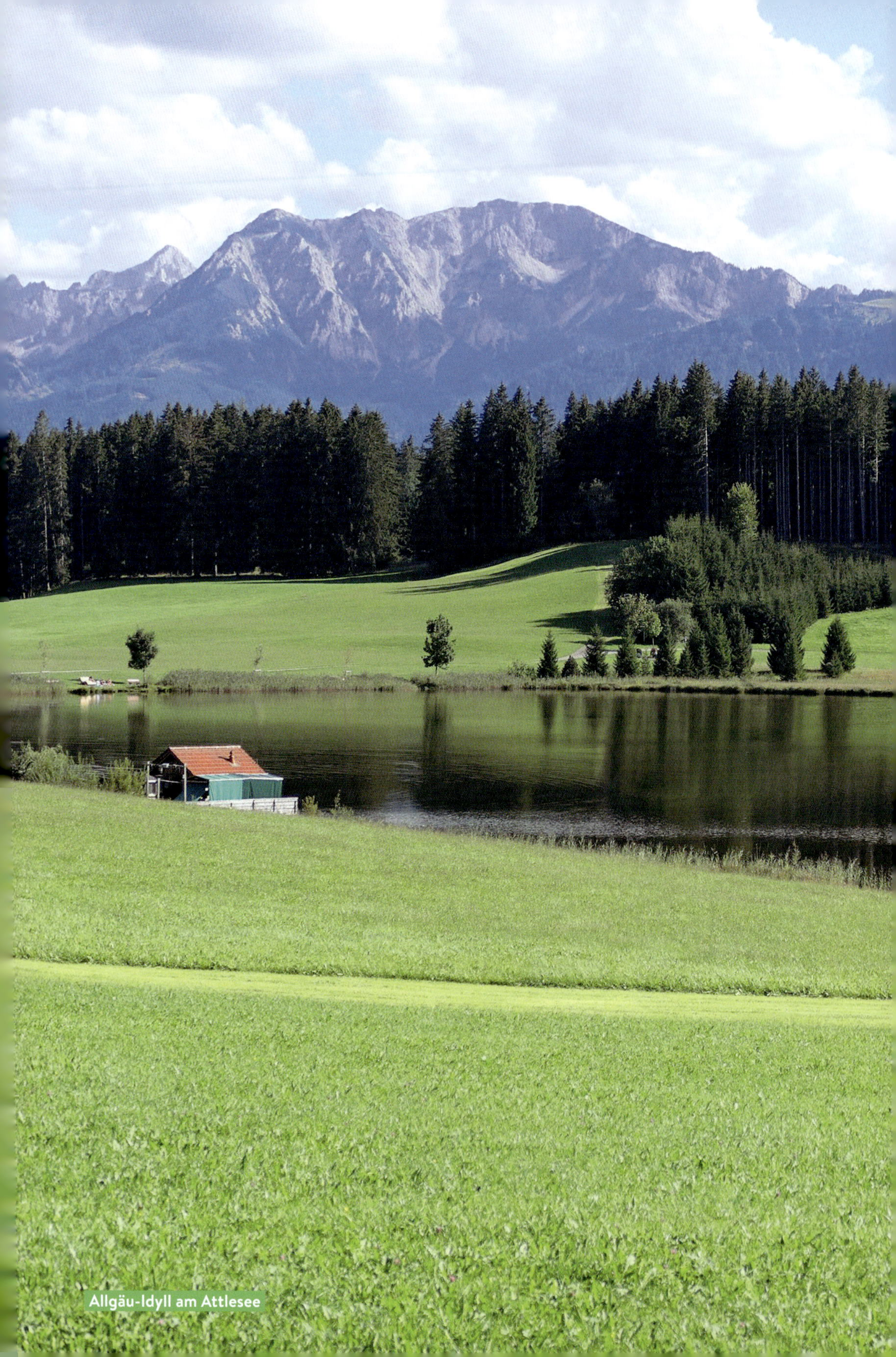

Allgäu-Idyll am Attlesee

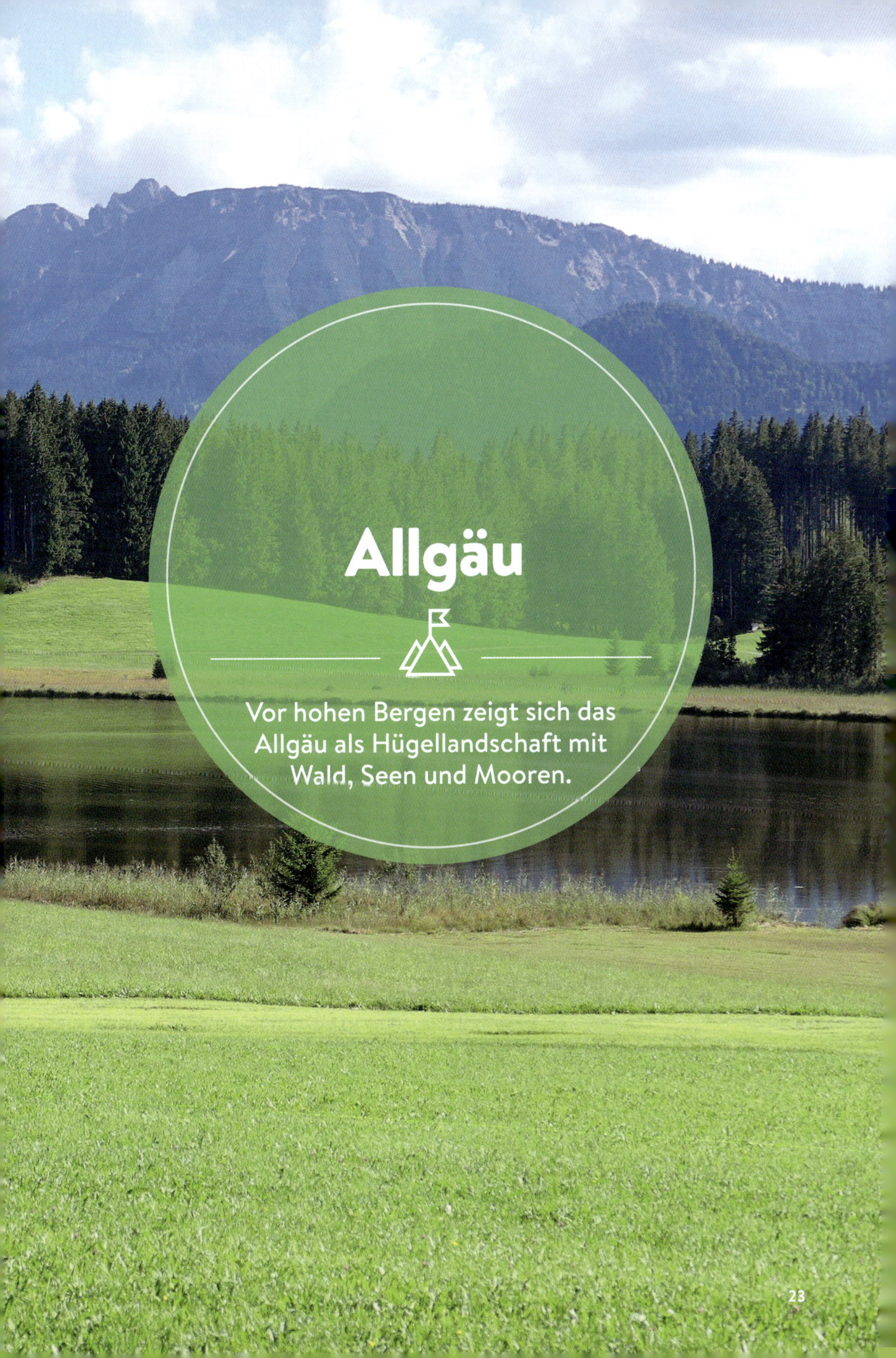

Allgäu

Vor hohen Bergen zeigt sich das Allgäu als Hügellandschaft mit Wald, Seen und Mooren.

Litzauer Lechschleife

Wo der Lech noch ein bisschen Wildfluss ist

Bis 1950 war der Lech über Jahrtausende ein reißender Wildfluss. Dann wurde er mit Staustufen und Kraftwerken gebändigt. Eine Ahnung, wie der Lech vorher die Landschaft gestaltet hat, vermittelt die Litzauer Schleife östlich von Burggen.

Auf den Kalkschotterböden am Lech bietet der Sanddorn vitaminreiche Früchte.

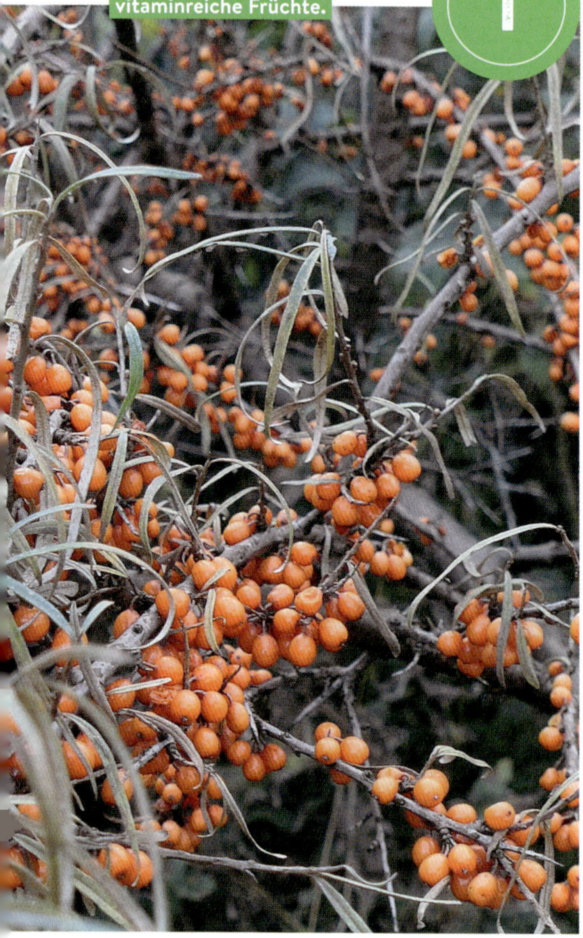

1

VON BURGGEN ZUR LECHHALDE Wir starten in der A / E **Ortsmitte von Burggen** (760 m) und spazieren auf der Dessaustraße nach Süden. Entlang des Steinbachs geht es am westlichen Waldrand des Forchenwalds in Richtung Forchenmühle. Im Forst wachsen überwiegend Fichten mit wenig Kiefern. Wenige Minuten nach der Kiesgrube biegen wir links in den 1 **breiten Forstweg** ein. In einer weiten Linkskurve gelangen wir erst tiefer in den Forchenwald und dann über Weiden zum 2 **Abzweig an der Lechhalde**. Vorbei an landwirtschaftlichen Gebäuden erreichen wir das Naturschutzgebiet.

VOM HOCHUFER HINUNTER ZUM LECH Vom Hochufer bieten sich faszinierende Tiefblicke auf den noch unverbauten Lech an der Litzauer Schleife und die Allgäuer Alpen am Horizont. An den steilen Hängen wächst ein lichter Buchenwald mit Eiche, Bergahorn, Esche, Birke, Zitterpappel, Kiefer und Fichte. Viele Straucharten wie Hasel, Rote Heckenkirsche, Schwarzer Holunder, Pfaffenhütchen, Wolliger Schneeball und Weißdorn sorgen für Artenvielfalt. Über den Pfad an der Kante des Hochufers erreichen wir eine 3 **Verzweigung,** an der nach rechts ein

INFO

TOURENCHARAKTER

Der Spaziergang führt durch Wälder, Wiesen und Weiden meist am Hochufer des Lechs entlang. Am Flussufer lassen sich die Besonderheiten der Gleithänge, Prallhänge und Inseln erleben.

AUSGANGS-/ ENDPUNKT

Parkplatz in Burggen

ANFAHRT

ÖPNV: Regionalbahn über Weilheim nach Schongau, Bus nach Burggen
Auto: Auf der B 17 nach Schongau, von der Umgehungsstraße kurz auf die B 472, dann den ersten Abzweig nach Burggen nehmen

GEHZEITEN

Burggen – Abzweig Forchenwald 0:20 Std. – Lechhalden 0:45 Std. – Lech 1:35 Std. – Burggen 2:30 Std.

leicht | 2.30 Std. | 8 km | 200 Hm

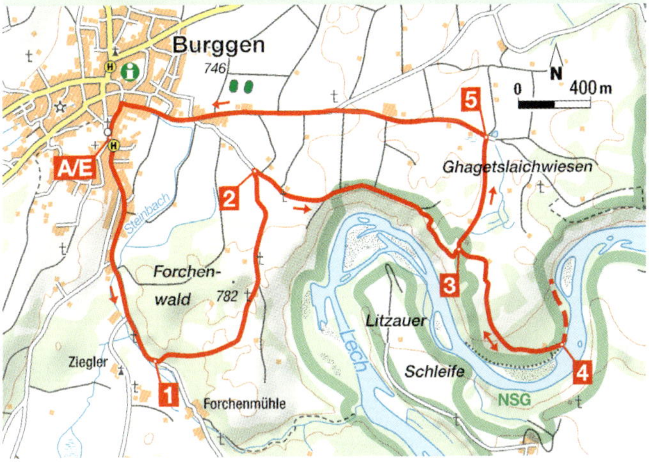

BESTE JAHRESZEIT

Im Sommer, aber auch im Winter sehr reizvoll

EINKEHR

Gasthaus Fichtl, auf der Burg am nördlichen Ortsrand von Burggen, Tel. 08860/283

ausgewaschener Forstweg zum Lech hinab führt. Durch Fichtenbestände spazieren wir zum **4 Lechufer** (700 m) hinunter. Die Laute von Buchfink, Dompfaff, Amsel, Buntspecht, Eichelhäher, Mäusebussard, Neuntöter, Singdrossel, Tannenmeise und Zaunkönig begleiten uns. Am Fluss fällt die relativ hohe Geschwindigkeit des Wassers auf.

VOM LECH NACH BURGGEN Wir kehren um und steigen den Forstweg wieder hoch zur **3 Verzweigung** am Hochufer. Wir folgen nun nach rechts dem Lech-Höhenweg durch die »Gehagetslaichwiesen« mit zwei Feuchtbereichen und kommen auf die asphaltierte **5 Schwarzkreuzstraße**, der wir nach Westen folgen. Als der Lech noch ein richtiger Wildfluss war, verlief hier die Römerstraße. Auf der Schwarzkreuzstraße spazieren wir zurück zur **A / E Ortsmitte von Burggen**.

Tipp

WILDFLUSS LECH

Bis zur Mündung in die Donau legt der Lech mehr als 250 Kilometer zurück. Windet sich der Alpenfluss in Österreich frei durch weite Schotterbänke, besteht er in Bayern meist aus Stauseen. Der Energiehunger war in Bayern in der Nachkriegszeit groß: Zwischen Roßhaupten und Augsburg wurden an 90 Flusskilometern 22 Wasserkraftwerke durchgesetzt. Nur die Litzauer Schleife und ein Abschnitt bei Augsburg blieben erhalten. Die Bayerische Wasserkraft AG begann 1950 mit dem Bau des Forggensees. Bis 1984 wurden viele Staustufen errichtet. Seit 1986 ist der Lech zwischen der Staustufe 4 bei Dessau und Niederwies auf 189 Hektar Fläche ein Naturschutzgebiet.

Faulenseerunde

Baumexoten, eine Burgruine und ein Badesee

Diese Rundtour bietet Sehenswertes und Entspannendes – malerische Aussichten auf die Königsschlösser inklusive.

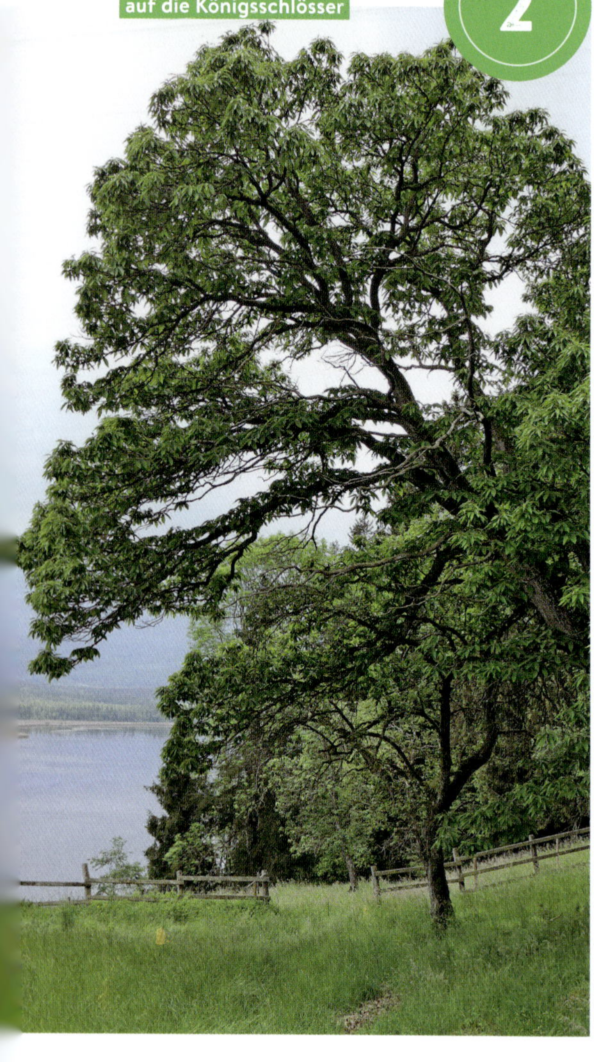

Blick von der Burgruine Hopfen über den Hopfensee auf die Königsschlösser

2

VON ENZENSBERG ZUR BURGRUINE HOPFEN Von A / E **Enzensberg** gehen wir nach Westen. Den Bauernhof »Vogelbauer« umgehen wir rechts, vorbei am Walnussbaum, und gelangen zum 1 **Schild »Naturlehrpfad«**. Auf der Wiese neben dem Hof überrascht eine Edelkastanie in 900 Metern Meereshöhe. In Richtung Norden bewundern wir am Waldrand die 20 Zentimeter langen Blätter einer Gurkenmagnolie und wenig später eine Große Küstentanne mit einem Meter Durchmesser.

Beim ersten Abzweig spazieren wir rechts zu den Rhododendren. Im bodensauren Fichtenwald gedeihen Vogelbeere, Moorbirke, Bärlapp, Wald-Habichtskraut, viele Farne und Moose. Die Ende Mai bunt blühenden 2 **Rhododendren** erreichen wir beim ersten Abzweig im Forst. Zwei Japanische Schirmtannen überschirmen die Sträucher.

Auf dem Weg zurück zum Abzweig fällt rechts des Wegs eine große Douglasie auf. Diese nordamerikanische Baumart brachte der schottische Botaniker David Douglas nach Europa. Ferner wachsen Hemlocktannen, Schwarzkiefern und sogar eine Orientalische Fichte im Fichtenwald. Die 3 **Burgruine Hopfen** (898 m) stammt aus dem 11. Jahrhundert und ist die älteste Steinburg im Allgäu. Einst beherbergte die Burg den Verwaltungssitz des Augsburger Hochstifts.

VON DER BURGRUINE ZUM FAULENSEE

Wir besichtigen die Burgreste und genießen die Aussicht auf die Felsgipfel und Königsschlösser, dann gehen wir ein kurzes Stück Richtung Enzensberg zurück. Wir nehmen den ersten Forstweg, der links nach Norden abgeht, und steigen nach zehn Minuten die Stufen hoch zu einer Forststraße. Dieser folgen wir kurz nach rechts und dann nach links in Richtung Faulensee. Die Straße bringt uns durch Fichtenbestände zum **4 Koppenkreuz**. Das Wegkreuz steht seit über 100 Jahren hier, 2020 wurde es durch den Sturm »Sabine« zerstört und später neu aufgestellt. Wir wenden uns nach rechts und wandern hinunter zum ruhigen und idyllischen Faulensee mit **5 Rainis Faulenseehütte**.

VOM FAULENSEE NACH ENZENSBERG

Nach wenigen Minuten auf der Teerstraße biegen wir rechts auf den Schotterweg. Wir laufen an der Ostseite des Sees entlang und gelangen auf eine breite Forststraße, der wir kurz nach rechts abwärts folgen. Der Schotterweg führt nun rechts hin zur Fachklinik Enzensberg, die wir im Fichtenforst ansteigend umrunden. Die Rufe von Buchfink, Dompfaff, Fichten-Kreuzschnabel, Kolkrabe und Zaunkönig begleiten uns. Am **6** höchsten Punkt im Wald biegen wir links auf den Panoramaweg und erreichen **A / E Enzensberg.**

INFO

TOURENCHARAKTER

Die leichte Wanderung verläuft mit geringen Steigungen meist auf Forststraßen durch die Waldgebiete zwischen Hopfensee und Faulensee.

AUSGANGS-/ ENDPUNKT

Enzensberg, Enzensberger Straße

ANFAHRT

ÖPNV: Mit Regionalbahn zum Bahnhof Füssen und mit Linienbus nach Enzensberg
Auto: Über die Autobahn A 7 sowie die Bundesstraßen B 310, B 16 und B 17 nach Füssen, weiter auf der St 2008 nach Hopfen und rechts hinauf zum Ortsteil Enzensberg

GEHZEITEN

Enzensberg – Burgruine Hopfen 0:25 Std. – Koppenkreuz 1:15 Std. – Faulensee 1:30 Std. – Enzensberg 2:30 Std.

leicht | 2.30 Std | 10 km | 200 Hm

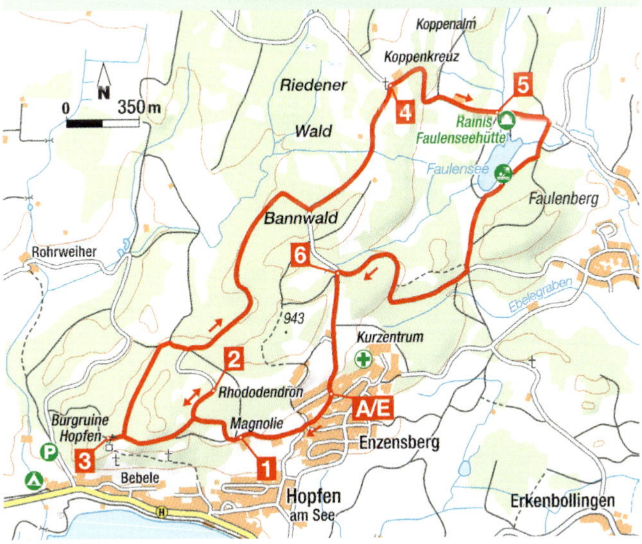

BESTE JAHRESZEIT

Herbst, aber auch im Winter sehr reizvoll

EINKEHR

Rainis Faulenseehütte, www.faulenseehuette.de, Tel. 08362/94 11 25

Naturwaldreservat Senkele

Buchenwald, eine große Seltenheit im Allgäu

Der Höhenrücken mit dem Senkelekopf zählt zu den schönsten Aussichtspunkten im Ostallgäu. Das Naturwaldreservat zeigt, wie der Wald unserer Vorfahren hier aussah.

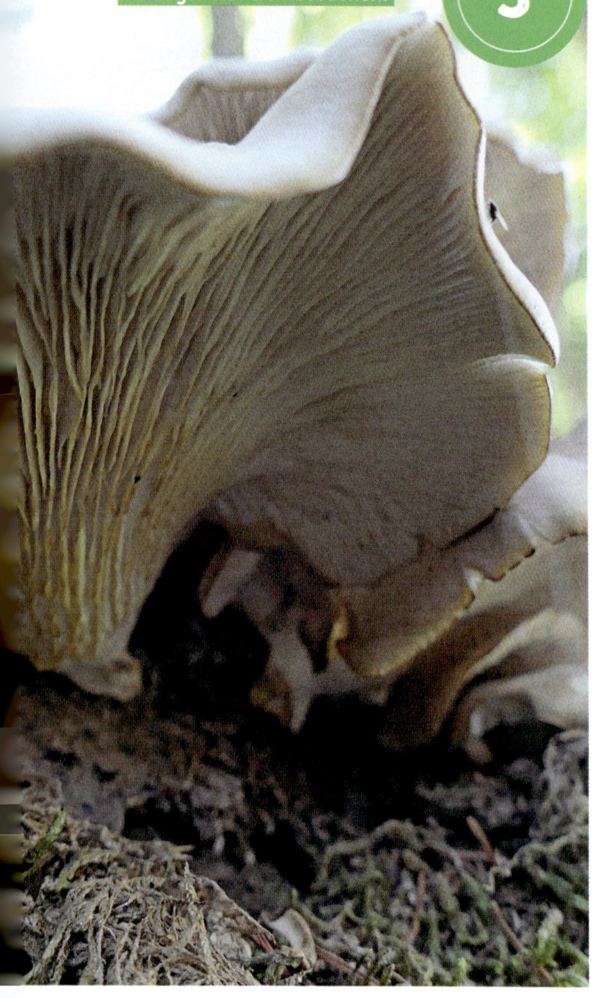

Im Naturwaldreservat Senkele wächst der Austern-Seitling vorzugsweise an Rotbuchen.

3

AUF DEN SENKELEKOPF Vom A / E **Parkplatz bei Brandstatt** (850 m) gehen wir auf dem teils asphaltierten Weg zu den Viehweiden um 1 **Goimenen** (925 m). Dort wachsen Gehölze wie Weißdorn, Wildrose, Brombeere, Wacholder und Fichte. Bald ist der Höhenrücken des von West nach Ost orientierten Molassebergs erklommen. Beim 2 **Abzweig** (971 m) lassen wir die Alpe Beichelstein rechts unter uns und folgen dem Almweg in leichtem Auf und Ab. An einem Viehzaun beginnt das Fauna-Flora-Habitat-Gebiet (FFH-Gebiet) »Senkele« als Teil des europäischen Biotopverbunds »Natura 2000«. Das Gebiet besteht vor allem aus Buchenwald mit Felsen und Kalkmagerrasen. Der Weg bietet tolle Ausblicke – nach Südosten zu den Königsschlössern, nach Süden auf Aggenstein, Breitenberg und Ponten. Entlang des Höhenrückens geht es zum Senkelekreuz mit Mariengrotte. Wenige Minuten entfernt liegt die nicht bewirtschaftete 3 **Senkele-Alpe** (988 m). Wir folgen dem Höhenrücken nach Osten und überwinden am Wegkreuz den Stacheldrahtzaun. Hier beginnt das Naturwaldreservat Senkele. In wenigen Minuten wandern wir den Pfad links hoch zum 4 **Senkelekopf** (1047 m). Die Buchenwälder werden seit etwa 30 Jahren nicht mehr forstwirtschaftlich genutzt.

INFO

mittel | 3.30 Std. | 11 km | 350 Hm

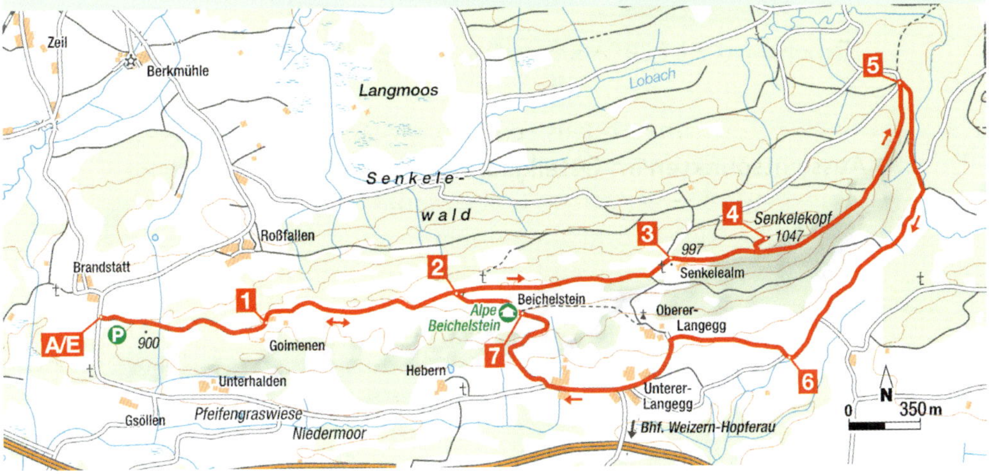

TOURENCHARAKTER

Die Wege erschließen das Naturwaldreservat Senkele, in dem seit 1994 der Wald zum Urwald wurde.

AUSGANGS-/ENDPUNKT

Parkplatz beim Bauernhof Brandstatt

ANFAHRT

ÖPNV: Regionalbahn Richtung Füssen bis Weizern-Hopferau, zu Fuß über Heimen nach Unterlangegg südlich der Alpe Beichelstein
Auto: Durch Seeg Richtung Süden, über Roßfallen nach Brandstatt

GEHZEITEN

Parkplatz Brandstatt – Goimenen 0:20 Std. – Senkelekopf 1:10 Std. – Kreuzung tiefster Punkt 1:45 Std. – Oberlangegg 2.30 Std. – Alpe Beichelstein 3:00 Std. – Parkplatz Brandstatt 3:30 Std.

BESTE JAHRESZEIT

Frühjahr, auch im Winter sehr reizvoll

EINKEHR

Alpe Beichelstein, www.alpe-beichelstein.info, Tel. 08364/397

DURCH DAS NATURWALDRESERVAT Wir kehren zurück zum Forstweg. Tafeln informieren über die Geologie des Gebiets, die Rotbuche und den Dachs. Abwärts wandernd kommen wir zu einer **5 Kreuzung am tiefsten Punkt des Naturwaldreservats** (850 m). Hier wenden wir uns scharf rechts und folgen der Forststraße Richtung Unterlangegg, die uns an der Ostgrenze des Reservats entlangführt. Links unter uns fließt der Lobach.

ZUR ALPE BEICHELSTEIN Den Wald verlassend, folgen wir der Almstraße nach Westen. Den Abzweig an einer riesigen Buche lassen wir links liegen. Bei der nächsten **6 Verzweigung** biegen wir rechts auf den Schotterweg, der zu den Häusern von Oberlangegg führt. Gleich beim Ortsanfang spazieren wir nach links. In Unterlangegg bleiben wir auf der Hauptstraße, bis rechts Serpentinen nach oben zur **7 Alpe Beichelstein** (952 m) leiten. Vor deren Aussichtsterrasse wächst eine mehrstämmige Eibe. Sie ist zehn Meter hoch und rund 250 Jahre alt. In wenigen Minuten spazieren wir hinauf zum **2 Abzweig** und folgen nach links dem Höhenrücken hinunter zum **A/E Parkplatz bei Brandstatt**.

Rund um den Elbsee

Fauna und Flora im Marktoberdorfer Seebecken

Der Elbsee ist der Rest eines großen eiszeitlichen Sees westlich von Marktoberdorf. Diese Wanderung bietet einen erlebnisreichen Eindruck von der ihn umgebenden Wald- und Moorlandschaft. Mit geringen Steigungen führen gut markierte Wege um das Seengebiet.

Großflächige Schilfröhrichte umgeben den Elbsee.

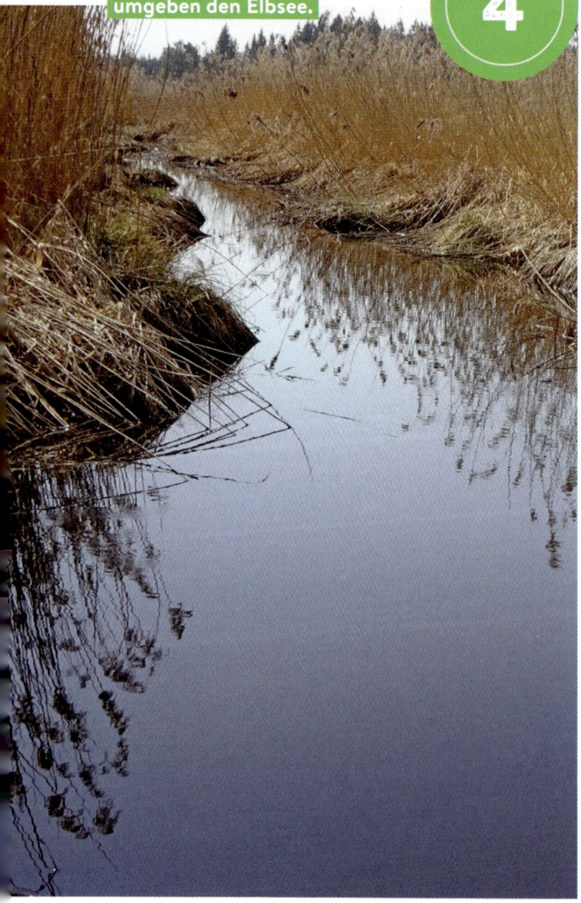

4

VOM RESTAURANT ELBSEE ZUR SEEALPE

Wir starten am A / E **Parkplatz des Restaurants Elbsee**. Die Straße bringt uns vorbei am Campingplatz zum Moorbad Elbsee. Vor dessen Eingangstor biegen wir links auf den schmalen Waldpfad durch den Fichtenforst. Im März blüht dort duftend der Seidelbast. Der Pfad führt um das Bad und trifft auf eine Schotterstraße. Hier wenden wir uns nach rechts auf den 1 **Wiesenpfad** entlang des Waldrands, der uns zur Forststraße bringt, die das Südufer des Elbsees erschließt. Vogelarten wie Grauspecht, Misteldrossel, Singdrossel, Tannenmeise und Zaunkönig begleiten uns. Über den Baumkronen jagen Turmfalke, Rotmilan und Bussard.

Wir spazieren meist durch Fichtenwälder mit Moorbirke, Esche, Zitterpappel, Vogelbeere, Faulbaum und Kiefer. Zwischen Forststraße und See finden sich großflächig Schilf- und Seggen-Röhrichte sowie Streuwiesen, die Wiesenbrüter zur Brut nutzen. In den Feuchtflächen blühen u. a. Mehlprimel, Lungen-Enzian, Schwalbenwurz-Enzian, Färberscharte, Knabenkräuter und als besondere Rarität der Blaue Sumpfstern.

Der Forstweg endet an einem Kiefernwald. Nun geht es auf dem **2 Holzbohlenweg** durch Schilfröhrichte. Ab Mai sind die Gesänge von Sumpfrohrsänger und Teichrohrsänger zu hören. Bald erreichen wir die **3 Seealpe**. Mit Drainagen wurde hier das Moor entwässert und Weidefläche geschaffen. Von Mai bis Oktober halten neugierige Schumpen, also Allgäuer Jungrinder, die Vegetation niedrig.

VON DER SEEALPE ZUM RESTAURANT ELBSEE Der Weiterweg nach Norden verläuft einige Minuten auf einer Teerstraße zur **4 Weitsprunganlage**. Wer mag, kann sein Sprungvermögen mit hier vorkommenden Wildtierarten vergleichen, also springen wie Heuschrecke, Fuchs oder Reh. Hier biegen wir rechts auf die Schotterstraße nach Osten. Dort, wo die Forststraße nach links schwenkt, schauen wir kurz rechts in den Stichweg: Auf einigen **5 Wiesenflächen** wurde die Mähroutine geändert, um vom Aussterben bedrohte Schmetterlingsarten zu fördern.

Wir gehen auf dem Forstweg nach Norden und kommen zum großen Wiesenareal des Wassermoos. Am linken Wegrand lädt eine Sitzbank zum Verweilen ein. Dahinter wächst ein Weißtannenbestand, der rund 50 Jahre alt ist. Eben geht es weiter zur **6 Brotzeithütte am Waldrand**. In der Hütte gibt es Informationen zum Rohrspatz, zum Biber und zu den Pflanzen in Streuwiesen. Hinter der Hütte wächst unter den Altfichten die Zukunft: Hunderte von jungen Weißtannen.

Nach rechts gehend kommen wir zum **7 Parkplatz »Beim Biber«**. Der Pfad am Waldrand bringt uns zu entwässerten Moorwiesen und über den Elbbach. Schließlich erreichen wir den **A / E Parkplatz des Restaurants Elbsee**.

INFO

TOURENCHARAKTER

Die Rundwanderung um den Elbsee verläuft auf gut markierten Pfaden und Schotterwegen mit geringen Steigungen. Die Wege sind zum Teil wurzelig und matschig.

AUSGANGS- UND ENDPUNKT

Restaurant Elbsee

ANFAHRT

ÖPNV: Mit der Bahn bis Kaufbeuren oder Marktoberdorf und weiter mit dem Taxi zum Restaurant Elbsee
Auto: Von Kaufbeuren über B 12 oder B 16 und Kreisstraße OAL 5 zum Elbsee

GEHZEITEN

Restaurant Elbsee – Seealpe – 0:50 Std. – Brotzeithütte 1:30 Std. – Restaurant Elbsee 2:00 Std.

BESTE JAHRESZEIT

Frühling

EINKEHR

Seealpe, www.seealpe.bayern, Tel. 08344/358 oder mobil 0175/224 63 76; Restaurant Elbsee, www.restaurant-elbsee.de, Tel. 08343/330

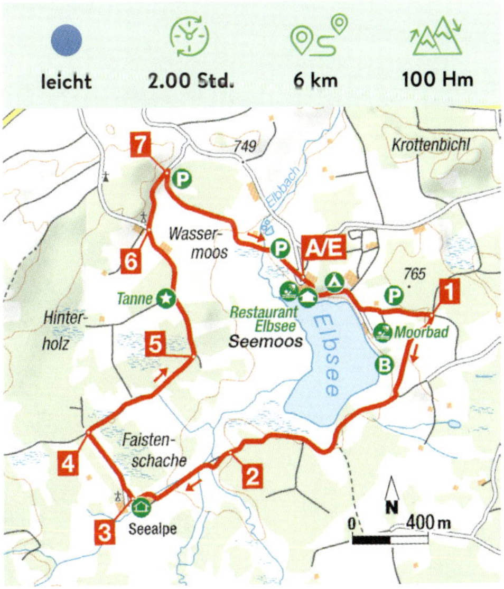

Attlesee und Kögelweiher

Fauna und Flora nördlich von Nesselwang

Die Rundwanderung um den Attlesee zum Kögelweiher führt durch die Wald- und Moorlandschaft nördlich von Nesselwang und teilweise über den Besinnungsweg »Ge(h)zeiten«. Vor der Kulisse der Tannheimer Berge erfreuen wir uns an der Pracht der hier vorkommenden Pflanzen.

Unter Altfichten wachsen Bergahorn, Esche, Buche, Vogelbeere und Zitterpappel.

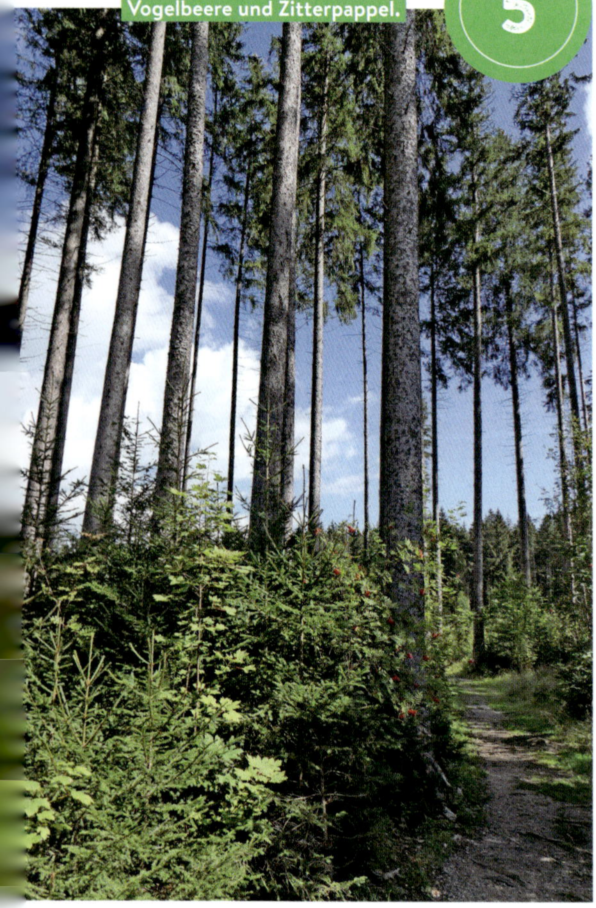

5

WESTLICH DES ATTLESEES Wir starten am A / E **Parkplatz des Golfplatzes**. Gegen den Uhrzeigersinn gehen wir auf dem Asphaltweg Richtung Westen. An der 1 **Wegkreuzung** biegen wir links auf den Waldweg ins Spitalmoos. Hangaufwärts wird versucht, die durch Rehverbiss gefährdete Weißtanne mit Einzelschutz als Baumart im Fichtenforst zu beteiligen. Ab März blüht duftend der Seidelbast. Straucharten wie Berberitze, Roter Hartriegel, Pfaffenhütchen oder Wasser-Schneeball kommen hier vor. Auf dem Boden wachsen u. a. Wiesen-Flockenblume, Pestwurz, Balsaminen-Springkraut, Wasserdost und Wald-Witwenblume. Wir erreichen eine Wiese, über der Turmfalke und Mäusebussard nach Mäusen jagen. Nach rechts kommen wir auf einen Schotterweg, der uns zur 2 **Kiesgrube** bringt.

ZUM KÖGELWEIHER Am südlichen Ende der Kiesgrube biegen wir auf der Asphaltstraße nach links. Ab hier folgen wir einem Abschnitt des Besinnungswegs »Ge(h)zeiten«, der zur Sinn- und Naturerfahrung anregen möchte. Bald zweigt nach rechts ein Schotterpfad zum Labyrinth im Buchen-

INFO

TOURENCHARAKTER

Die Wanderung um den Attlesee und zum Kögelweiher verläuft mit geringen Steigungen auf Schotterwegen, Asphaltstraßen und Waldpfaden. Es besteht die Möglichkeit zum Baden.

AUSGANGS-/ENDPUNKT

Parkplatz am Golfplatz

ANFAHRT

ÖPNV: Mit der Bahn bis Nesselwang und von dort mit dem Bus zum Golfplatz Attlesee
Auto: A 7 bis Ausfahrt Nesselwang und vor Nesselwang links abbiegen nach Attlesee

GEHZEITEN

Parkplatz Attlesee – Kiesgrube 0:30 Std. – Kögelweiher 1:00 Std. – Parkplatz Attlesee 1:30 Std.

BESTE JAHRESZEIT

Frühling und Sommer

EINKEHR

keine Möglichkeit während der Tour

leicht | 1.30 Std | 5 km | 100 Hm

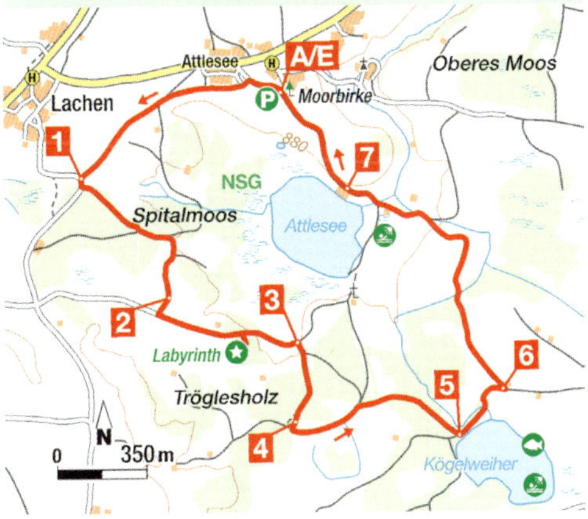

Fichtenbestand ab. Bevor wir beim nächsten **3 Abzweig** rechts ins Tröglesholz spazieren, lohnt der Blick auf die Moorlandschaft nördlich. Auf den nicht erschlossenen Bereichen westlich und südlich des Attlesees wachsen Spirken-Moorwald, Fichten-Moorwald sowie Niedermoore, Schilf- und Großseggenbestände. In den Feuchtlebensräumen tummeln sich Amphibien.

Wir folgen dem Schotterpfad durch den Fichtenwald bis zur **4 Station »Zeit für die Schöpfung«**. Beim Blick durch die Glaskugel steht das Panorama auf dem Kopf – eine Anregung, öfter einmal die Perspektive zu wechseln. Wir verlassen den Besinnungsweg nach links in Richtung Kögelweiher. Es geht durch Wiesen und Fichtenforste. Uns begleiten die Laute zahlreicher Vögel wie Kuckuck, Singdrossel, Schwarzspecht, Tannenmeise, Wintergoldhähnchen oder Zaunkönig. Der Weg verengt sich zu einem Pfad und wir kommen zum **5 Kögelweiher**. Im aufgestauten Gewässer schwimmen Barsch, Forelle, Hecht, Karpfen, Rotauge, Rotfeder und Zander. Am Horizont ragen Breitenberg, Aggenstein und die Tannheimer Berge empor. Hinter dem Damm stockt ein Fichtenforst mit Bergahorn, Esche, Buche, Faulbaum, Vogelbeere und Zitterpappel.

Wir steigen durch Fettwiesen aufwärts zum **6 Abzweig** und spazieren nach links nordwärts. Beidseits des Wegs sehen wir artenreiche Pfeifengraswiesen. Im Sommer blühen in den Wiesen Pflanzen wie Augentrost, Färberscharte, Heilziest, Klappertopf oder Schwarzwurzel. Ab August blüht der Teufelsabbiss mit lila Kugelköpfen und bietet Insekten Nektar. Verschiedene Heuschreckenarten leben von den Pflanzen. Auf dem Weg zum Attleseee passieren wir Schwarzerlen-Sumpf-Bestände. Wir kommen zum **7 Badeplatz am Attlesee**. In wenigen Minuten erreichen wir wieder den **A / E Parkplatz am Golfplatz**.

Teufelsküche und Burgruine Liebenthann

Was von Fürstäbten und vom Teufel übrigblieb

Im oberen Günztal ist östlich der Straße zwischen Obergünzburg und Ronsberg die sagenumwobene Teufelsküche mitten im Buchenwald zu bewundern. Am gegenüberliegenden Hang ließen sich die Fürstäbte von Kempten nieder und erbauten das Schloss Liebenthann. Auf dieser Rundwanderung gibt es einige Geheimnisse zu entdecken.

6

Beeindruckende Nagelfluhfelsen ragen in der Teufelsküche empor.

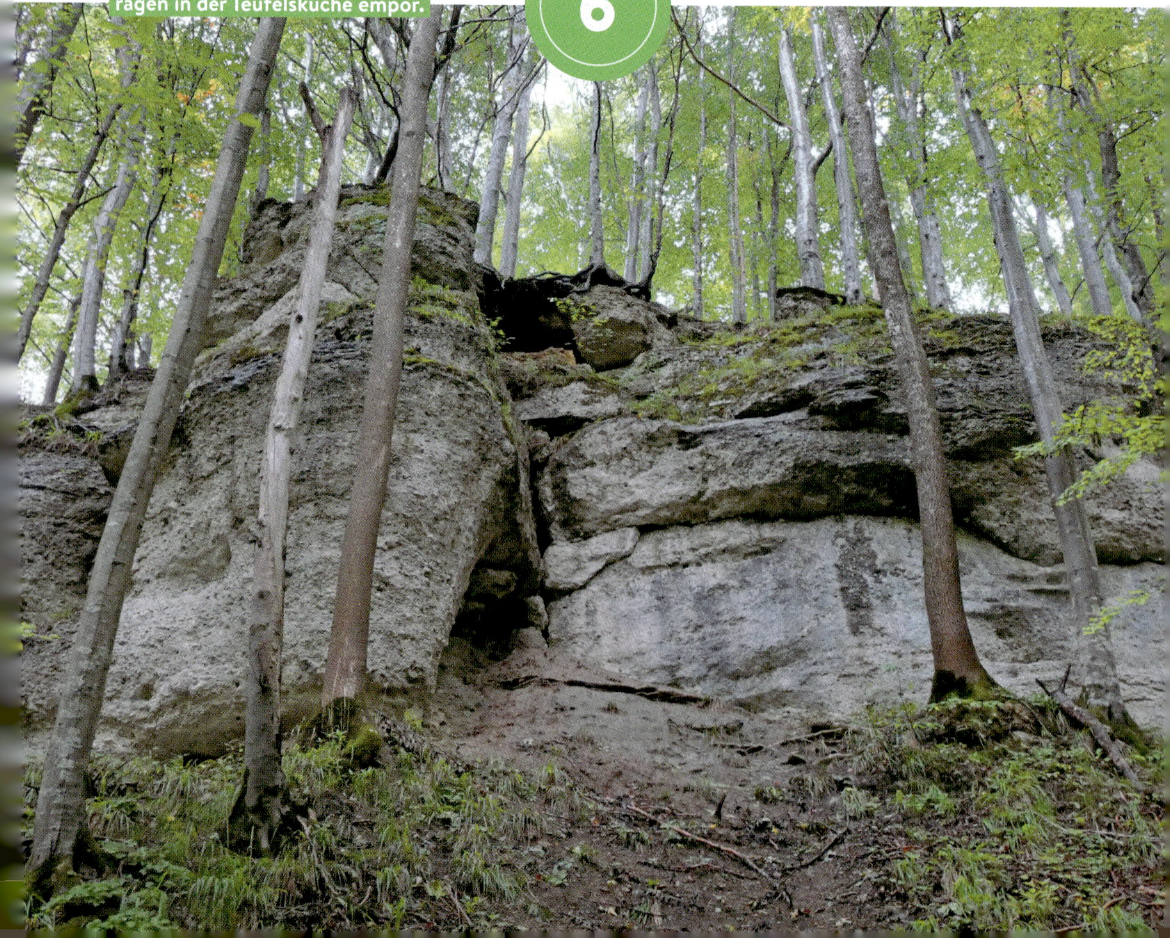

ZUR TEUFELSKÜCHE Vom **A**/**E** **Parkplatz bei Seesen** (715 m) spazieren wir auf dem kiesigen Waldpfad bergauf durch den Fichtenforst. Am höchsten Punkt (770 m) geht es auf einem breiten Forstweg hinunter zu den riesigen Felsbrocken der **1** **Teufelsküche**. Gleich bei den ersten Felsen biegen wir nach rechts auf den Waldpfad. Die Kiesel, aus denen die Nagelfluhblöcke der Teufelsküche und die Steilwände oberhalb bestehen, entstanden in der Mindel-Kaltzeit vor rund 400 000 Jahren. Der Illergletscher lagerte mächtige Schotterpakete ab. Die Kiesel verklebten durch Kalk miteinander zu einem Konglomerat, das als Nagelfluh bezeichnet wird. Nach der Würm-Kaltzeit, die vor 10 000 Jahren endete, lösten sich die seitlichen Wände von den Hochflächen und ganze Felspartien rutschten ab.

Heute wachsen an den Hängen auf und zwischen den Felsen Buche, Bergulme, Bergahorn, Spitzahorn, Esche, Fichte und Tanne. Den Hangmischwäldern gemeinsam sind Nährstoffreichtum, Bodenfrische und daraus resultierend eine üppige, hochstaudenreiche Bodenvegetation. Diese besteht aus Arznei-Baldrian, Brennnessel, Buschwindröschen, Nesselblättrigem Ehrenpreis, Wald-Erdbeere, Kohl-Distel, Giersch, Nesselblättriger Glockenblume, Goldnessel, Kriechendem Günsel, Leberblümchen, Gemeinem Nelkenwurz, Pestwurz, Klebrigem Salbei, Sauerklee, Seidelbast, Großer Sterndolde, Stinkendem Storchschnabel, Tollkirsche, Veilchen, Wasserdost, Akeleiblättriger Wiesenraute, Waldbingelkraut, Waldmeister, Waldziest sowie vielen Moos- und Farnarten. Die Pilzflora am Boden und auf den abgestorbenen Bäumen ist sehr vielfältig. Unter den Buchen findet sich ab August der nur im jungen Zustand essbare Pilz Herkuleskeule.

Der Sage nach soll in der Teufelsküche ein Mann mit Frau und Kind gelebt haben. Mit Pfeil und Bogen sei er losgezogen, um Wild und Fische zu jagen. Die gesammelten Pflanzen und bei der Jagd erlegten Tiere bereiteten sich die drei in der Felsenküche zu. Mit Bärenfellen hätten sie sich gewärmt, so heißt es, und angeblich ohne Müh' und Plage dort gelebt. Aber eines Tages vergiftete sich die ganze Familie durch »blaue Beeren«. Vermutlich hatte es sich dabei um Tollkirschen gehandelt. Eine tödliche Vergiftung tritt bei Erwachsenen ab zehn Beeren, bei Kindern schon ab drei Beeren ein.

Tipp

SCHLOSS LIEBENTHANN

Das Schloss Liebenthann war für das Fürststift Kempten jahrhundertelang von großer Bedeutung. Die ersten bekannten Besitzer waren die Herren Wolfsattel im frühen 13. Jahrhundert. Nach einigen Besitzwechseln wurde die Burg 1447 an das Fürststift Kempten verkauft. Im 15. und 16. Jahrhundert diente die Burg bei Bauernaufständen dem Kemptener Fürstabt als Zuflucht. 1525 plünderten Bauern die Burg und zündeten sie an. 39 Jahre später floh der Fürstabt vor der Pest in Kempten hierher. Auch im Dreißigjährigen Krieg zog sich der Fürstabt nach Schloss Liebenthann zurück. Bis zum Wiederaufbau der Residenz in Kempten im Jahre 1670 blieb Liebenthann Regierungssitz. Durch die Säkularisation zu Beginn des 19. Jahrhunderts wurde das Schloss vom bayerischen Königreich beschlagnahmt und verkauft. Erst wurde die Schlossruine abgebrochen, später der Bauhof und 1870 schließlich die Kapelle.

VON DER TEUFELSKÜCHE NACH RONSBERG Nach Erkunden der Teufelsküche erreichen wir beim Holzlagerplatz wieder den breiten Forstweg. In leichtem Auf und Ab

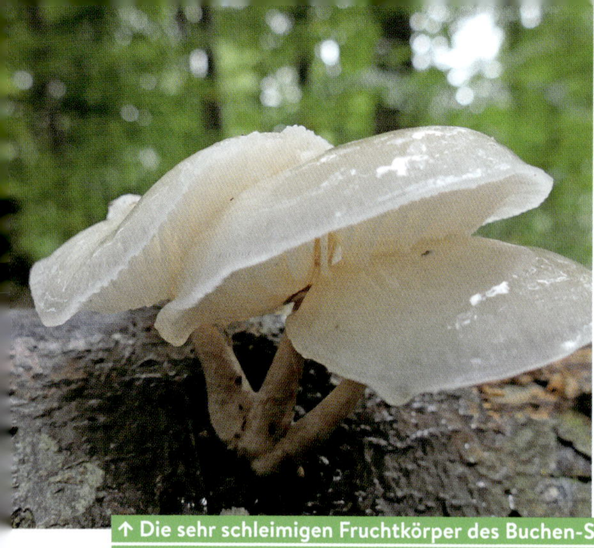

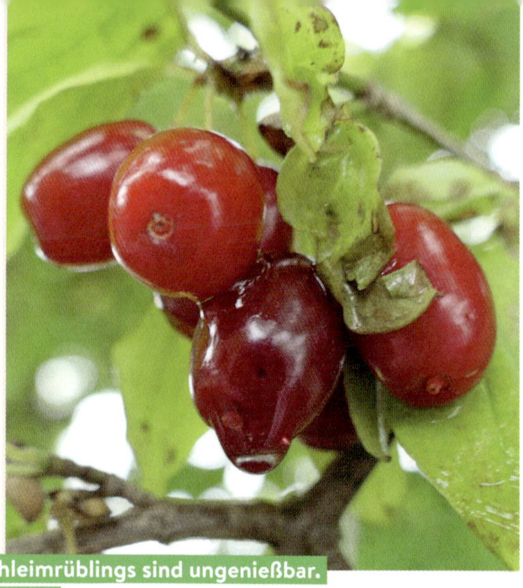

↑ Die sehr schleimigen Fruchtkörper des Buchen-Schleimrüblings sind ungenießbar.
↗ Die Früchte der Kornelkirsche enthalten viel Vitamin C.

geht es durch Buchen- und Fichtenbestände mit Bergahorn, Bergulme und einzelnen Eiben. Vereinzelt stehen 30 Meter hohe, relativ vitale Eschen entlang der Forststraße und trotzen dem Eschentriebsterben. In die dicken Buchen baut der Schwarzspecht seine Höhlen, die auch Ringeltaube und Hohltaube nutzen. Weitere Vogelarten, die es zu hören und zu sehen gibt, sind Amsel, Buchfink, Dompfaff, Eichelhäher, Haubenmeise, Rabenkrähe, Kleiber, Rotkehlchen, Tannenmeise und Zaunkönig. Vom 2 **Skilift von Ronsberg** (718 m) geht es hinunter zur Hauptstraße in Richtung Ortsmitte. Nach der 3 **Brücke** über die Östliche Günz (700 m) nehmen wir links den Weg zum Vitalpark an der Mühlstraße. Beim Kneippbecken »Wasserkneipe« spazieren wir steil hinauf vorbei an Kuhweiden zum 4 **Waldrand beim Wasserhäuschen.**

VON RONSBERG ZUR BURGRUINE Wir folgen dem Schotterweg entlang des Hangrückens durch Buchen- und Fichtenbestände mit Tanne, Esche, Bergahorn, Spitzahorn, Eibe und auffällig vielen jungen Bergulmen. Wegen des Eschentriebsterbens liegen viele Eschen als Totholz in den Beständen und bieten Lebensraum für zahlreiche Tier- und Pilzarten. Vorbei an Tannen und Buchen mit großer Holzmasse verläuft der Weg idyllisch über mehrere Bächlein. Schließlich spazieren wir etwas abwärts zur 5 **breiten Forststraße**, die vom Günztal hochführt. Nach drei Kurven zweigt rechts ein unmarkierter Pfad bergauf zur 6 **Burgruine Liebenthann** ab. Dort, wo heute Buchen, Fichten und Lärchen wachsen, befand sich vom Hochmittelalter bis ins 19. Jahrhundert eine Burg. Ein Metallkäfig schützt den wiederentdeckten Brunnenschacht.

ZUR REVERDYSQUELLE Wir steigen auf dem Waldpfad einige Meter den ehemaligen Burggraben hinunter und auf der Gegenseite hoch zum »Schlosspfad Liebenthann«. Schautafeln erläutern, wie es hier in früheren Jahrhunderten ausgesehen haben soll. Wir kommen an eine 7 **Wegkreuzung mit einem riesigen Bergahorn** (818 m). Auf der steilen Asphaltstraße spazieren wir hinunter. In der steilen Linkskurve wachsen vier Eiben. Beim nächsten Abzweig nehmen wir die eben verlaufende Forststraße Richtung Reverdysquelle. Nach wenigen Minuten sehen wir rechts, etwas erhöht, eine 8 **Waldarbeiterhütte**. 1924 erbaut, bilden Rindenplatten der Fichte ihre Fassade. Vor der Veranda der

INFO

TOURENCHARAKTER
Die leichte Wanderung verläuft mit geringen Steigungen überwiegend auf Forstwegen östlich und westlich des Günztals.

AUSGANGS-/ ENDPUNKT
Parkplatz bei Seesen

ANFAHRT
ÖPNV: Mit Regionalbahn zum Bahnhof Günzach und mit Linienbus über Obergünzburg zur Haltestelle Seesen
Auto: Von der Ausfahrt Jengen/Kaufbeuren der A 96 geht es auf der B 12 bis Kaufbeuren und weiter bis nach Obergünzburg. In Obergünzburg rechts abbiegen in Richtung Ronsberg bis zum Parkplatz nach dem Weiler Seesen

GEHZEITEN
Parkplatz – Teufelsküche 0:15 Std. – Ronsberg 1:00 Std. – Burgruine Liebenthann 2:00 Std. – Reverdysquelle 2:30 Std. – Parkplatz 3:00 Std.

BESTE JAHRESZEIT
Herbst, aber auch im Winter sehr reizvoll

EINKEHR
Schlossmühle Liebenthann,
www.schlossmuehle-liebenthann.de,
Tel. 08372/98 02 63

leicht | 3.00 Std. | 9 km | 200 Hm

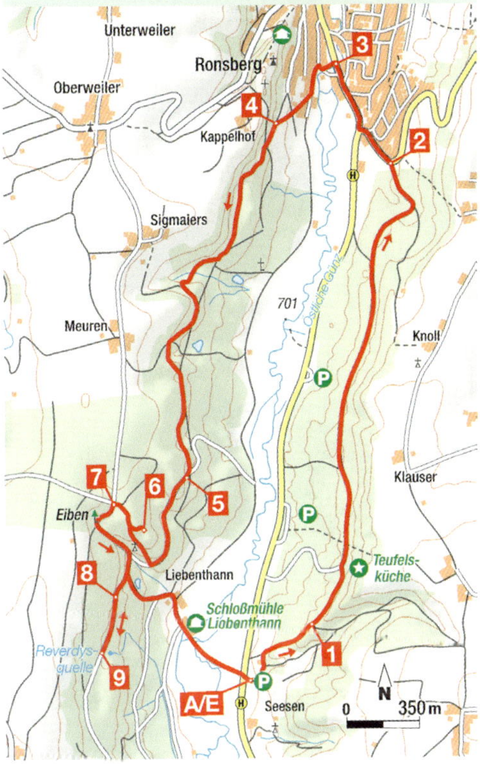

Hütte wachsen zwei Eiben, die vermutlich beim Bau der Hütte gepflanzt worden waren, und zwei seltene Stechpalmen. Bald leitet nach links ein schmaler Pfad zur **9 Reverdysquelle**. Den Wasserüberschuss im Boden vertragen nur Schwarz- und Weißerlen sowie einige Weidenarten. Durch das stark kalkhaltige Quellwasser bildet sich in Quellrinnen Kalktuff. Die Reverdysquelle ist einer von nur 14 Standorten des seltenen Bayerischen Löffelkrauts in Schwaben. Weitere typische Bodenpflanzen sind Winter-Schachtelhalm mit seinen astlosen Stängeln, Kohldistel und Riesensegge.

Wir kehren auf der Forststraße zurück zur **8 Waldarbeiterhütte** und nehmen den nächsten Abzweig rechts hinab ins Tal der Östlichen Günz zur Liebenthann-Mühle. Auf der linken Seite befindet sich ein kleiner Weiher, an dem der Eisvogel nach Fischen jagt. Die Schlossmühle Liebenthann diente früher als Sägemühle zur Versorgung des Schlosses. Mehl- und Rauchschwalben jagen über den Rinderweiden nach Fluginsekten aller Art. Vorsichtig überqueren wir die Ortsverbindungsstraße nach Ronsberg und erreichen den **A/E Parkplatz**.

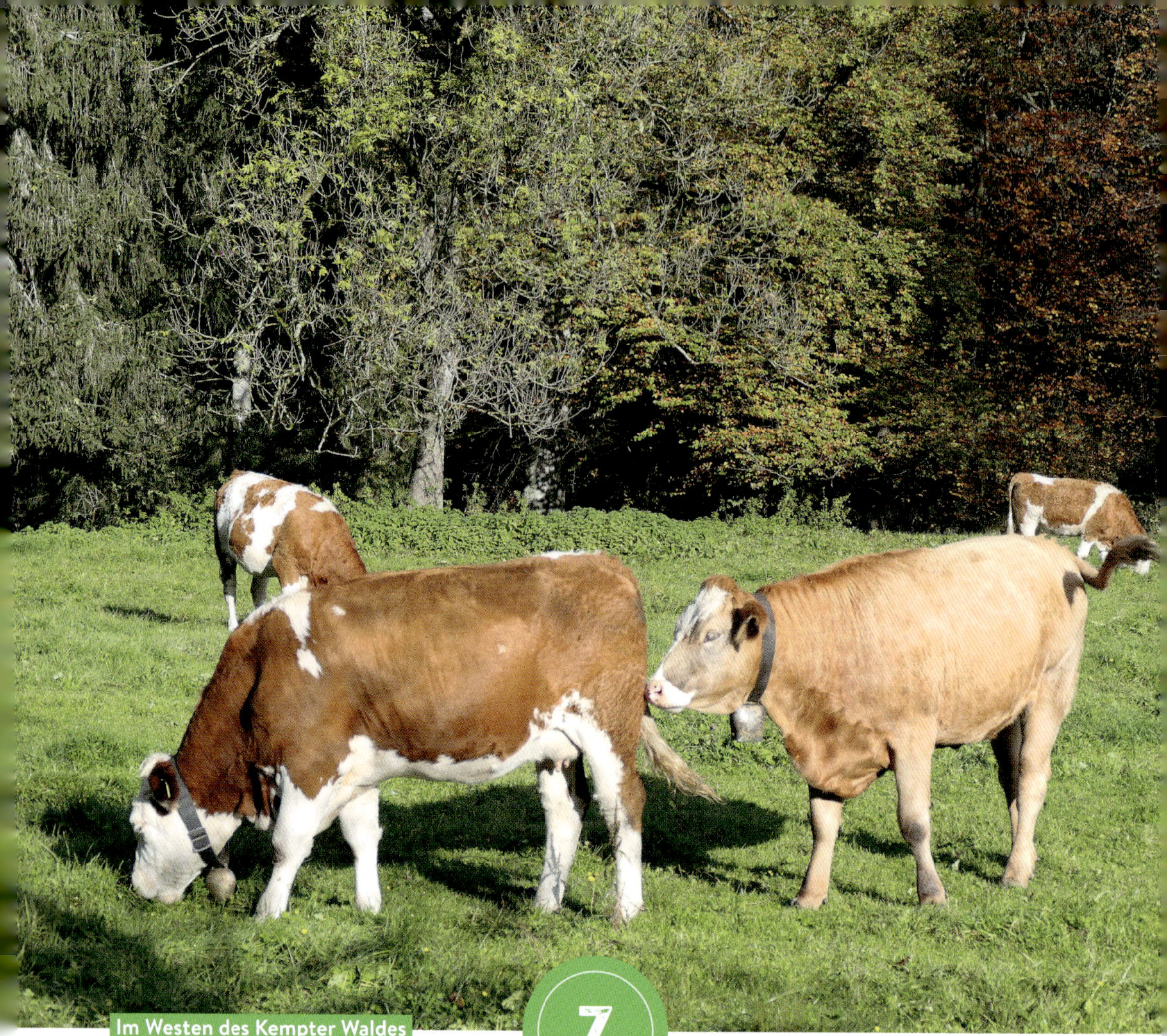

Im Westen des Kempter Waldes halten Rinder die Vegetation kurz.

7

Im Kempter Wald

Dengelstein und Naturwaldreservat Dürrenbühl

Der Kempter Wald bildet ein riesiges Waldgebiet östlich von Kempten. Im hügeligen Wandergebiet dominiert die Fichte. Das Naturwaldreservat Dürrenbühl mit seinem Hochmoorauge soll sich zum Urwald der Zukunft entwickeln.

VOM TOBIAS ZUM DENGELSTEIN Vom **A / E Parkplatz am Gasthaus Tobias** (840 m) geht es in den westlichen Teil des Kempter Walds. Am Brunnen vor dem Waldgasthaus mit zwei Winterlinden können wir die Wasserflaschen füllen. Vorbei am Karpfenteich und an der Kapelle spazieren wir auf der Asphaltstraße zur Brücke über die Durach. Von der Brücke lässt sich der wie ein fliegender Edelstein aussehende Eisvogel bei der Jagd auf Fische beobachten. Das Wasser der Durach ist bräunlich, da es Huminsäuren der Moore enthält. Nach Regenfällen fallen größere Schaumteppiche im Wasser auf. Diese entstehen ganz natürlich durch ausflockendes Eiweiß.

Nach der Brücke steigen wir kurz bergan und biegen beim **1 Abzweig an der Viehweide** (827 m) links auf den Mythenweg. Infotafeln erzählen von den hilfreichen »Hoiberle« – dies ist die Allgäuer Variante der Mainzelmännchen – von Irrlichtern und vom Drachen des Dengelsteins. Die hölzerne Brücke, die nach dem Schweizer Heiligen Klaus von Flüe benannt ist, bringt uns erneut über die Durach. Wir wandern durch Fichtenforste mit Buche, Bergahorn, Schwarzerle, Moorbirke, Mehlbeere, Vogelbeere, Eiche und Faulbaum nach Norden und biegen an der Asphaltstraße rechts zum **2 Dengelstein** (860 m). Der riesige Nagelfluhbrocken mit einem Gewicht von 3700 Tonnen ist 8,5 Meter hoch. Vor 18 000 Jahren stürzten Felsen von der Westflanke des Rottachbergs auf die Oberfläche des vorbeiziehenden Illergletschers. An der Oberfläche der Eismassen wanderten die Felsbrocken nach Norden. Als das Eis gänzlich abschmolz, blieben die Findlinge liegen und die Entstehung des Waldes setzte um die Felsen und auf den Felsen ein. Die Sage berichtet, der Tod lasse sich vom Dengeldrachen seine Sense schärfen, wenn er wieder ein großes Loch in die allzu streitsüchtige

Tipp

KEMPTER WALD

Der Kempter Wald ist Teil der Allgäuer Moor- und Hügellandschaft, die der Illergletscher in der letzten Kaltzeit prägte. Aus dieser Zeit stammt eine der größten Findlingsansammlungen der Nordalpen mit über 4000 Findlingen. Die beiden größten, Dengelstein und Beichelstein, erreichen ein Volumen von über 3000 Kubikmetern und einen Durchmesser von 20 Metern. Der Wald ist Quellgebiet mehrerer Bäche, die in Richtung Iller oder Wertach fließen. Über die Hälfte des Kempter Waldes gehört als FFH-Gebiet »Kempter Wald mit Oberem Rottachtal« zum europäischen Schutzgebietsnetzwerk Natura 2000. Die Wald-Moorlandschaft des Kempter Waldes enthält als Besonderheiten Streuwiesen, artenreiche montane Borstgrasrasen, Quell- und Niedermoore, Hochmoore, Kalktuffquellen, Seen sowie Moor- und Auwälder. In den Mooren gedeihen als seltene Eiszeitrelikte Moor-Binse, Heidelbeerweide und Torf-Segge.

Der Spindelstrauch oder das »Pfaffenhütchen«: Seine Frucht ähnelt dem Birett von Priestern.

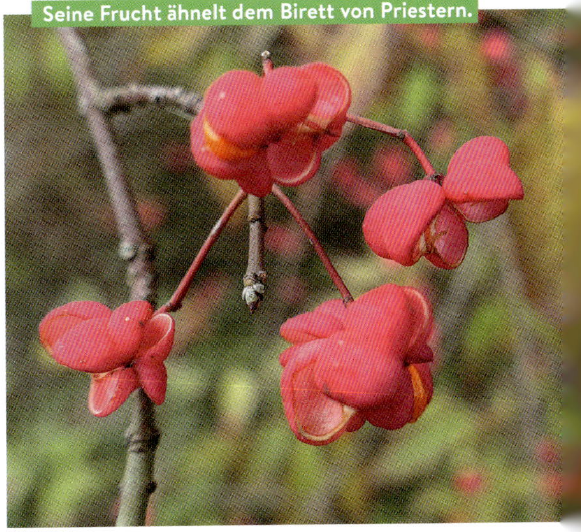

Menschheit mähen wolle. Unsere Vorfahren fürchteten das Geräusch der Dengelschläge vom Kempter Wald. Wussten sie doch, dass dem Geräusch bald ein großes Sterben durch Hunger oder Pest folgen oder ein Krieg über die Gegend hereinbrechen würde. Am Dengelstein selbst fand man Überreste einer Wall- und Grabenanlage, die als Kultstätte diente.

Wir stoßen auf einen Meditationsweg mit Installationen im Wald. Auf ihm spazieren wir ostwärts durch Fichtenforste, die sich mit offenen Flächen abwechseln. Im Fichten-Altholz gegenüber der großen Wiese versucht der Waldbesitzer, Weißtannen hinter Plastikmanschetten einzubringen. Leider sind die meisten Bäumchen vertrocknet. Bei der **3 Verzweigung im Fichtenforst** lohnt es sich, die Baumartenverteilung genauer anzuschauen. Neben der dominanten Fichte sorgen Buche, Schwarzerle und auch die seltene Tanne für Vielfalt.

UM DAS NATURWALDRESERVAT DÜRRENBÜHL An der nächsten Verzweigung biegen wir links ab und kommen an den nordwestlichen Rand des **4 Naturwaldreservats Dürrenbühl**. Seit 1990 soll aus dem Fichtenwald mit Schwarzerle, Buche, Tanne, Vogelbeere und Moorbirke wieder ein Urwald werden. Im zentralen, unerschlossenen Bereich befindet sich ein Hochmoor mit Spirke, dies ist die aufrechte Form der Latsche mit Höhen von bis zu 15 Metern. Die alten Fichtenbestände fielen großflächig den Stürmen und dem anschließenden Borkenkäferbefall zum Opfer. Sogar Spirken wurden vom Borkenkäfer befallen. Im westlichen Teil des Naturwaldreservats befindet sich ein Moorauge mit 50 Metern Durch-

INFO

TOURENCHARAKTER

Die Rundwanderung auf überwiegend schattigen Forstwegen ist auch für Kinderwagen geeignet. Alle Wege sind mit dem Fahrrad befahrbar.

AUSGANGS-/ENDPUNKT

Parkplatz am Wirtshaus Tobias

ANFAHRT

ÖPNV: Vom Bahnhof Kempten mit dem Taxi zum Wirtshaus Tobias
Auto: Auf der Autobahn A7 bis Ausfahrt 135 Betzigau, weiter nach Osten und nach einem halben Kilometer rechts abbiegen. Links den Schildern zum Gasthaus folgen

GEHZEITEN

Waldgasthaus Tobias – Dengelstein 0:40 Std. – Naturwaldreservat Dürrenbühl 1:30 Std. – Waldgasthaus Tobias 3:30 Std.

mittel | 3.30 Std. | 13 km | 200 Hm

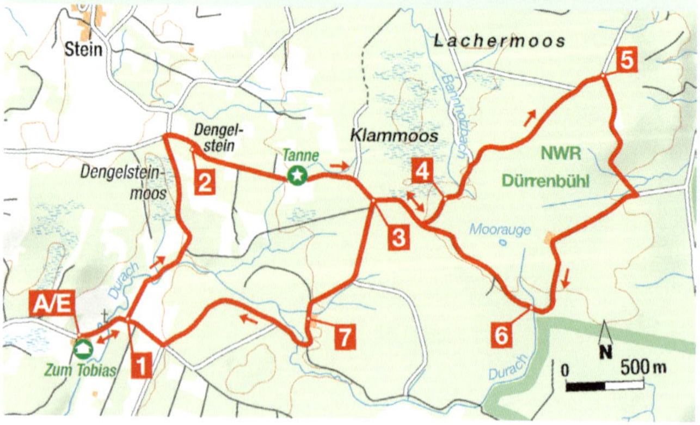

BESTE JAHRESZEIT

Sommer, da überwiegend schattige Waldwege

EINKEHR

Waldgasthaus Tobias,
www.waldgasthaus-tobias.de,
Tel. 0831/6 33 55

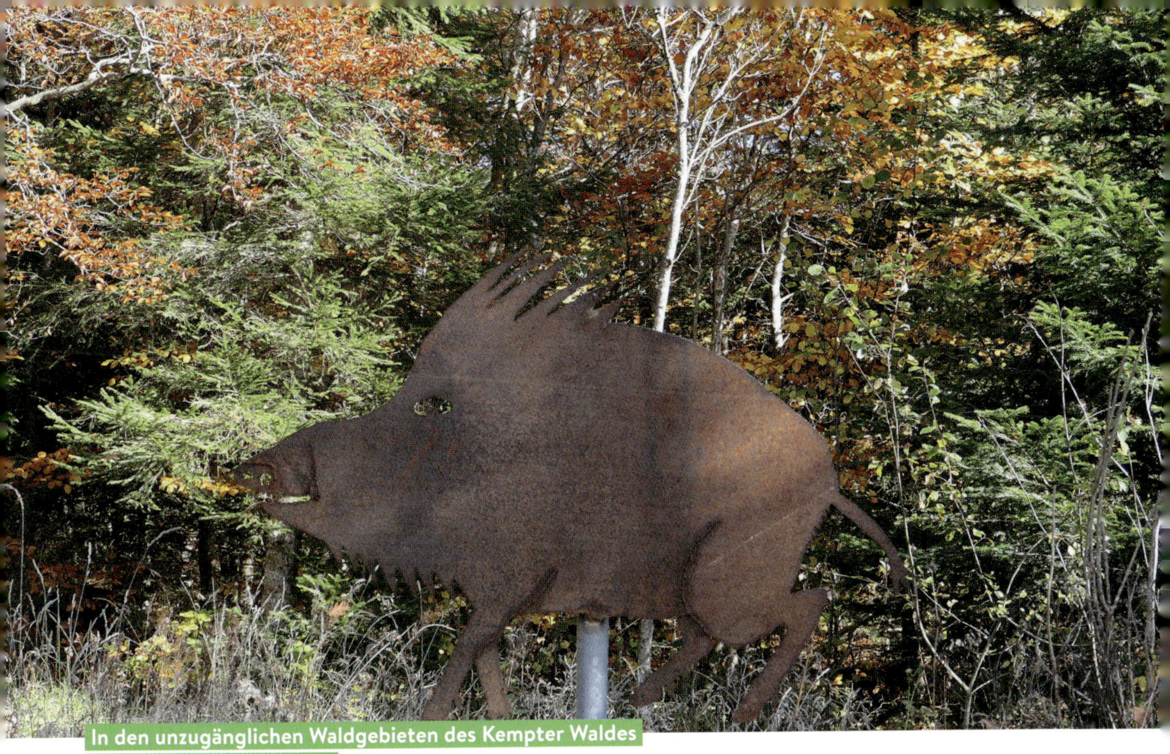

In den unzugänglichen Waldgebieten des Kempter Waldes leben viele Wildschweine.

messer, an dessen Rand Schwingrasen und reichlich Spirken vorhanden sind. Es ist spannend, die Entwicklung des jungen Urwalds zu verfolgen.
Wir wandern über den Bannholzbach, der über Betzigau in die Iller fließt. In den unzugänglichen Waldgebieten leben Wildschweine, Rehe, Hirsche, Füchse, Marder und Feldhasen. Amsel, Baumläufer, Buchfink, Dompfaff, Grau- und Schwarzspecht, Habicht, Hauben- und Tannenmeise, Kleiber, Kuckuck, Rabenkrähe, Ringeltaube, Rotkehlchen, Singdrossel und Wintergoldhähnchen sind zu sehen oder zu hören. Beim **5 Abzweig zur Kempter Waldkapelle** (950 m) biegen wir nach rechts ab und umrunden das Naturwaldreservat beim nächsten Abzweig wieder nach rechts in Richtung Süden. Was die Reptilienarten angeht, so kommen hier Kreuzotter, Ringelnatter und Waldeidechse vor. Nach einer starken Rechtskurve führt die Forststraße über ein schmales **6 Bächlein**, das sich mit seinem bräunlichen Moorwasser später zur breiten Durach entwickelt.

ZURÜCK ZUM GASTHAUS Die Forststraße bringt uns am Westrand des Naturwaldreservats wieder zur **3 Verzweigung im Fichtenforst**. Hier folgen wir der Forststraße nach links zum **7 Albrecht-Plätzle**, einer Forsthütte neben einer Feuchtwiese, auf der Bachnelkenwurz, Sumpf-Herzblatt, Klappertopf, Knabenkräuter, Kohldistel, Wiesen-Schaumkraut, Große Sterndolde, Trollblume, Akeleiblättrige Wiesenraute sowie verschiedene Binsen- und Seggenarten wachsen. Bei der nächsten Verzweigung geht es erneut über die Durach. Wir folgen der Forststraße und kommen wieder zum **1 Abzweig an der Viehweide**. Noch ein letztes Mal überbrücken wir die Durach und erreichen den **A / E Parkplatz am Gasthaus Tobias**, das schon seit 1892 Ausschankrecht besitzt.

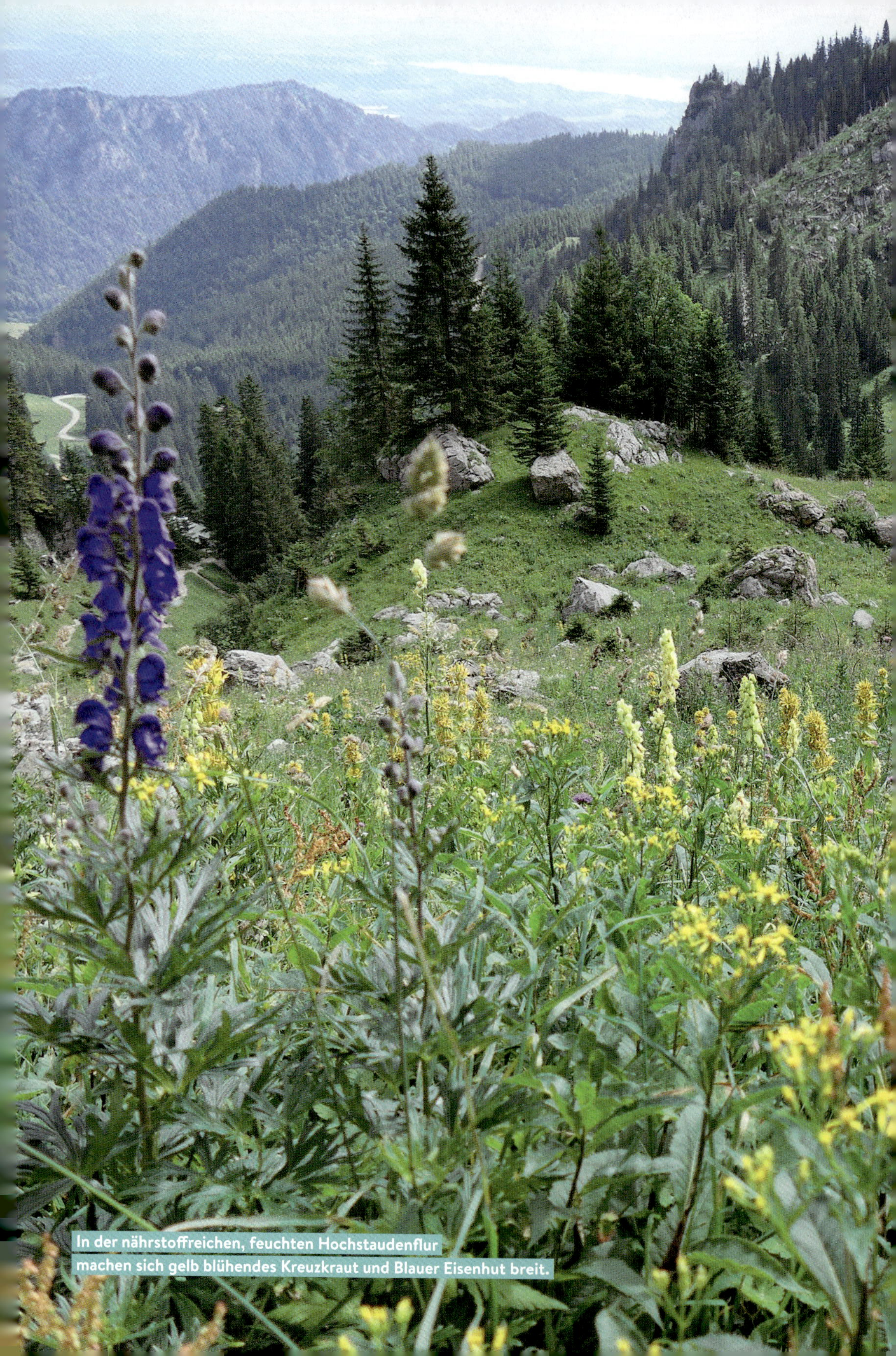

In der nährstoffreichen, feuchten Hochstaudenflur machen sich gelb blühendes Kreuzkraut und Blauer Eisenhut breit.

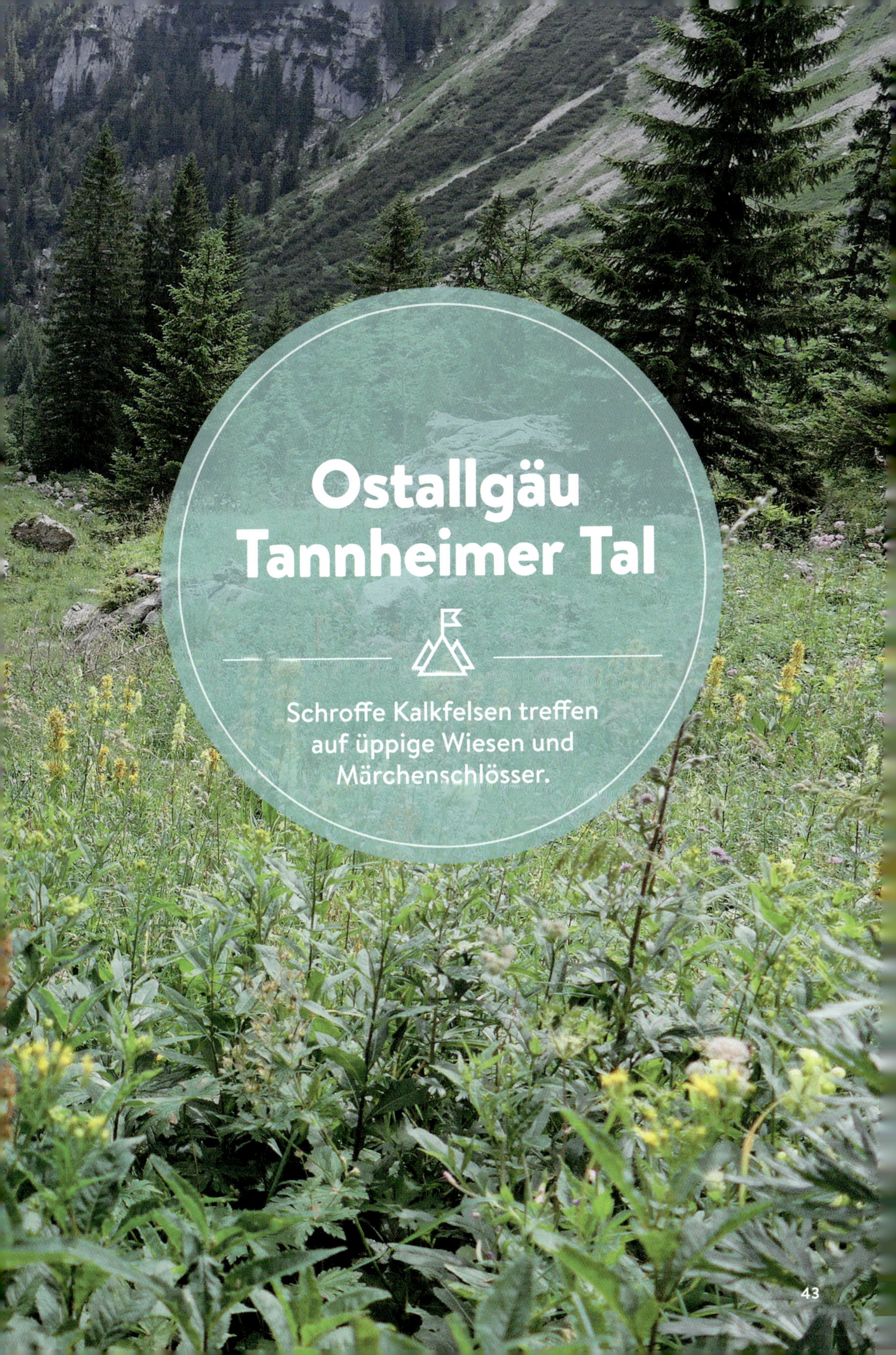

Ostallgäu Tannheimer Tal

Schroffe Kalkfelsen treffen auf üppige Wiesen und Märchenschlösser.

Tegelberg und Branderschrofen

Klettersteig mit üppiger Bergflora

Über einen relativ einfachen Klettersteig verläuft die Rundtour über das Tegelberghaus hoch zum Branderschrofen. Eine üppige Blumenpracht im Schrofengelände und an den Felsen erwartet uns. Der Abstieg führt über die Karmulde des Grüble und die Rohrkopfhütte.

8

Zwischen Torkopf und Gelber-Wand-Schrofen führt der Klettersteig empor.

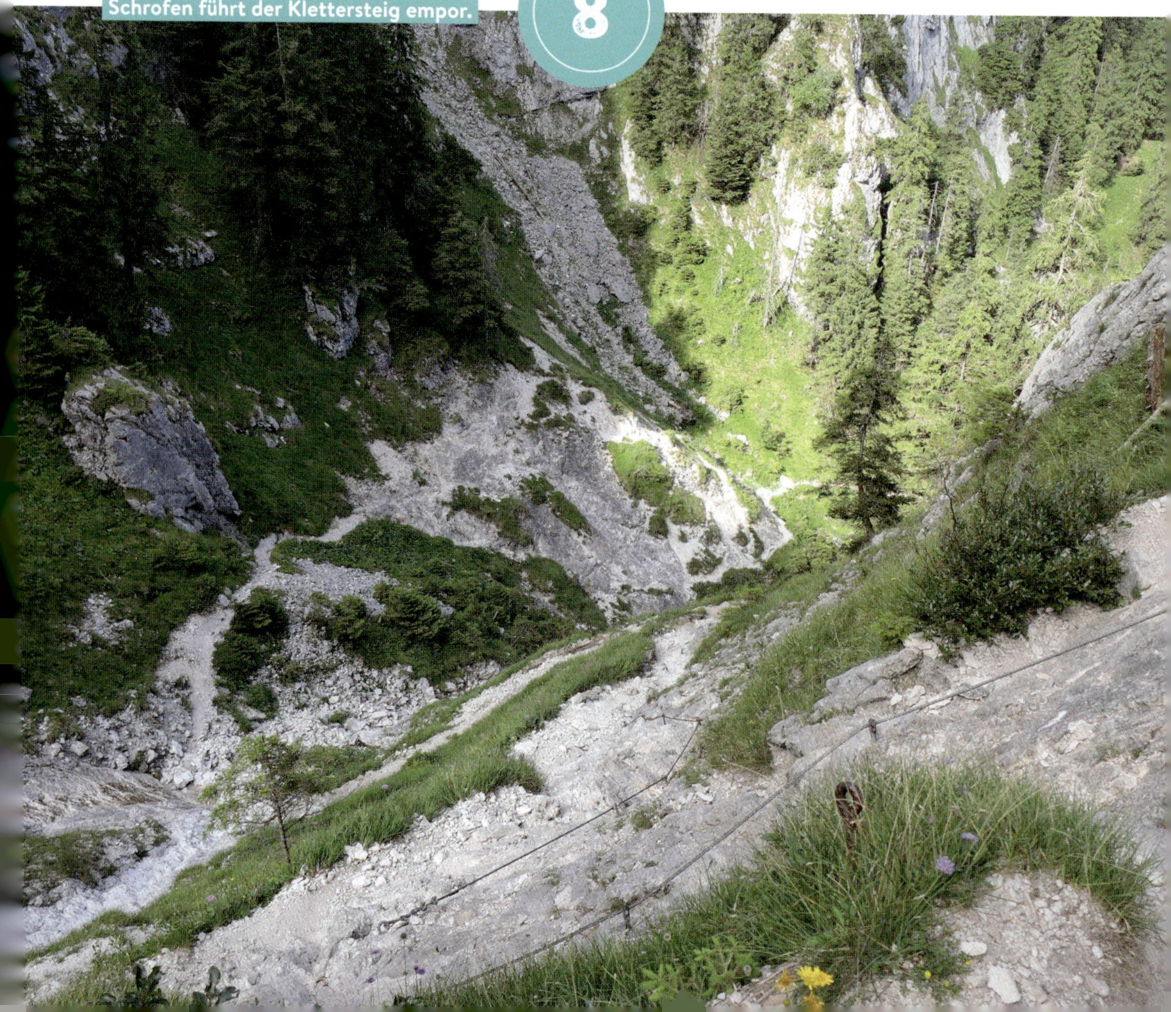

AUFSTIEG ZUM KLETTERSTEIG Wir beginnen die Tour an der **A / E Talstation der Tegelbergbahn** (840 m) und spazieren auf der Teerstraße links der Sommerrodelbahn bergauf. Nach einem 20-minütigen steilen Aufstieg im Mischwald aus Bergahorn, Bergulme, Esche, Fichte, Vogelbeere und Weide nehmen wir den **1 Abzweig an der Skipiste** nach rechts auf den ausgewaschenen Forstweg. Schon nach wenigen Minuten biegen wir auf den wurzeligen Pfad durch Fichtenwald. Am Waldboden blühen Alpendost, Nesselblättriger Ehrenpreis, Schwalbenwurz-Enzian, Wald-Erdbeere, Giersch, Fuchs' Greiskraut, Große Händelwurz, Hainsalat, Hasenlattich, Alpen-Heckenkirsche, Kohlkratzdistel, Leberblümchen, Mauerlattich, Pestwurz, Feldrose, Wald-Schlüsselblume, Seidelbast, Rundblättriger Steinbrech, Große Sterndolde, Ährige Teufelskralle, Wachtelweizen, Waldbingelkraut, Wald-Witwenblume, Waldziest und Wasserdost.
Die Stimmen von Amsel, Bachstelze, Baumläufer, Berglaubsänger, Buchfink, Dompfaff, Eichelhäher, Kolkrabe, Mäusebussard, Mönchgrasmücke, Rotkehlchen, Schwarzspecht, Singdrossel, Tannenmeise, Wintergoldhähnchen und Zaunkönig begleiten uns. Nach Queren eines Wildbachs beeindrucken uns mächtige Buchen und wir erreichen den Klettersteig. Beim Hinweisschild »Hier angurten« sollte die Ausrüstung angelegt werden, da im weiteren Verlauf wenig Platz dafür vorhanden ist.

GELBE-WAND-KLETTERSTEIG Der **2 Gelbe-Wand-Klettersteig** bietet ausreichend Tritte und ist für geübte, schwindelfreie und trittsichere Bergwanderer bei trockener Witterung leicht zu durchsteigen. Gleich nach der hohen Leiter, die den Einstieg des Tegelbergsteigs bildet, können wir die herausfordernde Seilbrücke meistern oder sie unterhalb umgehen. Der Steig schlängelt sich durch die Schlucht zwischen Torkopf und Gelbe-Wand-Schrofen empor und bietet herrliche Tiefblicke auf die Seenlandschaft des Allgäuer Alpenvorlands.
Im oberen Teil nehmen die Kletterstellen ab und wir können die Alpenflora genießen. Zwischen den Felsen wachsen Aurikel, Brillenschötchen, Alpen-Distel, Stängel-Fingerkraut, Frauenmantel, Scheuzers Glockenblume, Ästige Graslilie, Gamswurz-Greiskraut, Wollköpfiges Habichtskraut, Große Händelwurz, Sumpf-Herzblatt, Aufgeblasenes Leimkraut, Pyramidenorchis, Alpen-Säuerling, Silberdistel, Silberwurz, Simsenlilie, Skabiose, Steinquendel, Braunrote Stendelwurz, Kugelige Teufelskralle und Fels-Thymian. Nach der letzten Seilsicherung betreten wir

Tipp

GLETSCHER PRÄGTEN DIE LANDSCHAFT

Viele Millionen Jahre war das Klima im heutigen Allgäu tropisch. Dies änderte sich vor gut zwei Millionen Jahren. Das bis heute andauernde Erdzeitalter des Quartärs ist gekennzeichnet durch den Wechsel von Kaltzeiten und unterschiedlich langen Warmzeiten. Die für die Landschaft des Allgäus entscheidende Geländeausformung fand in der letzten Eiszeit, der Würm-Eiszeit, statt. Sie begann vor 120 000 Jahren und endete vor 11 000 Jahren. Die Maximalvereisung bestand vor 20 000 Jahren. Die Gletscher reichten weit ins Vorland – der Wertach-Lech-Gletscher beispielsweise erstreckte sich bis nördlich von Kaufbeuren. Über dem heutigen Füssen war der Eispanzer damals 600 Meter hoch. Tegelberg und Branderschrofen ragten aus den Eismassen heraus. Nördlich des Branderschrofen bildete sich ein lokaler Gletscher, der die Karmulde des Grüble ausformte.

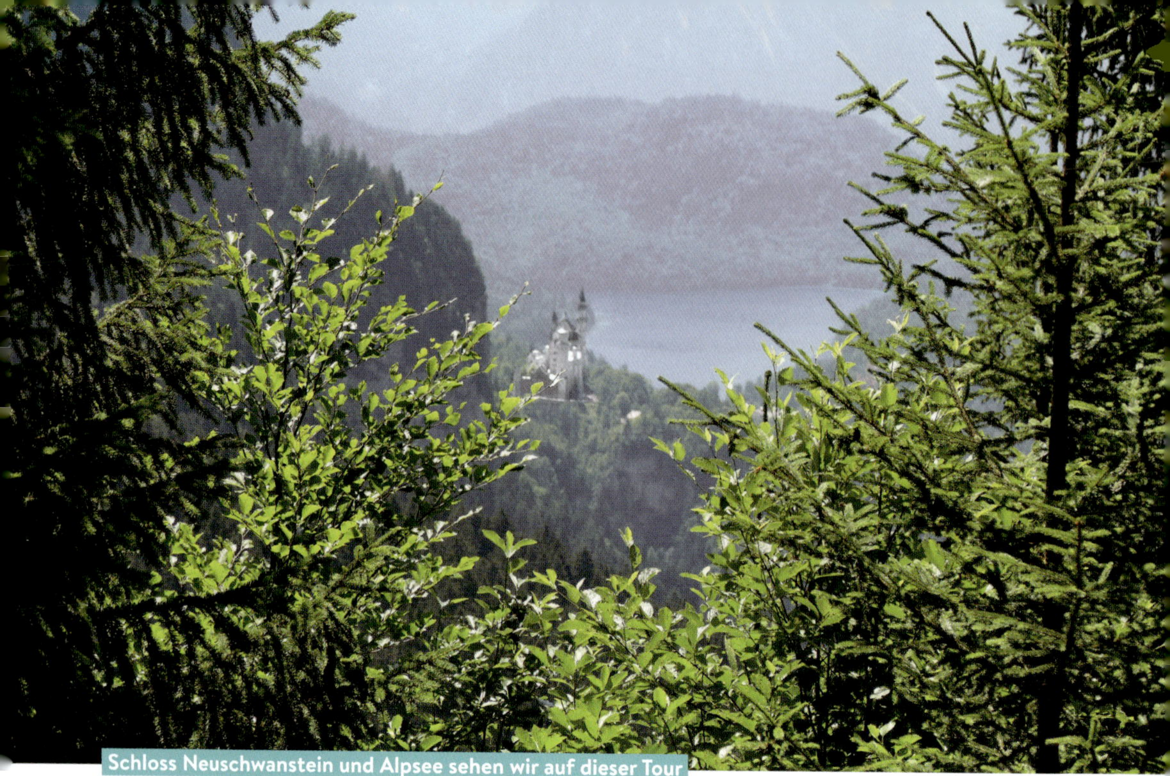

Schloss Neuschwanstein und Alpsee sehen wir auf dieser Tour aus vielen Perspektiven.

lichten Fichtenwald. Schwarzspechte und Weißrückenspechte haben einige Bäume auf der Suche nach Insekten zerhackt. Die Latschen bestehen den Überlebenskampf an den Felswänden. Bevor wir am Ende des Klettersteigs nach links auf den Wanderweg biegen, entdecken wir einige Exemplare des seltenen Alpen-Tragant und der noch selteneren Weißzüngel-Orchidee. Der Waldpfad bringt uns durch Latschengebüsch mit Bewimperter Alpenrose, Berg-Flockenblume, Mutterwurz, Ähriger Teufelskralle und Großer Sterndolde zum 3 **Abzweig im Grüble**. Am Rand der Skipiste steigen wir viele Stufen hinauf zum 4 **Tegelberghaus** (1707 m).

VOM TEGELBERG AUF DEN BRANDERSCHROFEN Oberhalb der Bergstation der Tegelbergbahn biegt nach links der Weg auf den Branderschrofen ab. Entlang des Schotterwegs zur Branderschrofenschulter überwältigt die Blumenpracht: Blauer Eisenhut, Gelber Eisenhut, Gelber Enzian, Tüpfel-Enzian, Berg-Flockenblume, Platanen-Hahnenfuß, Hufeisenklee, Kohlröschen, Herzblättrige Kugelblume, Alpen-Milchlattich, Silberwurz, Skabiose, Großblüten-Sonnenröschen, Große Sterndolde, Kugelige Teufelskralle, Türkenbundlilie, Wundklee und Zweiblatt wachsen hier. Unterhalb des Gipfels wird der Steig noch etwas anspruchsvoller und das letzte Stück Weg ist mit Drahtseil gesichert. Am 5 **Branderschrofen** (1879 m) erwarten uns bettelnde Alpendohlen und eine grandiose Aussicht: Von Ost nach West ragen aus dem Panorama Hochplatte, Hoher Straußberg, Säuling, Gehrenspitze, Gimpel und Schlicke heraus.

ABSTIEG ÜBER ROHRKOPFHÜTTE Beim Absteigen zum 4 **Tegelberghaus** erfreuen uns die zahlreichen Tagfalter auf den vielen

Alpenblumen: Alpengelbling, Kleiner Fuchs, Augen-Mohrenfalter, Schwalbenschwanz oder Tagpfauenauge. Beim **3 Abzweig im Grüble** steigen wir rechts auf der Skipiste die Karmulde hinunter. Im Zickzack geht es erst über Viehweiden und dann über einen schottrigen Forstweg durch Fichtenwald mit einzelnen alten Bergahornen zur **6 Rohrkopfhütte** (1320 m). Ab der Hütte nimmt der Anteil an Laubholz beim Abstieg immer mehr zu. Richtung Westen gibt es immer wieder Ausblicke auf die Schlösser Neuschwanstein und Hohenschwangau. Beim **7 Abzweig zur Drehhütte** wandern wir links die Forststraße hinab, die immer wieder mit Schotterpfaden verkürzt werden kann. Schließlich erreichen wir den **1 Abzweig an der Skipiste** und spazieren zurück zur **A / E Talstation der Tegelbergbahn**. Neben dem Parkplatz sind Reste eines römischen Gutshofes zu besichtigen.

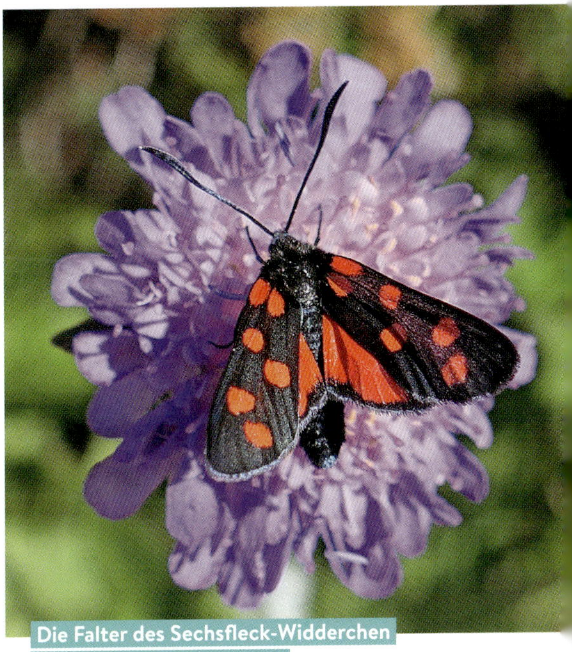

Die Falter des Sechsfleck-Widderchen fliegen im Juli und August.

INFO

TOURENCHARAKTER

Über den Gelbe-Wand-Steig geht es markiert auf den Tegelberg und den Branderschrofen. Der Klettersteig und ein kurzes Stück im Gipfelbereich des Branderschrofens sind mittels Drahtseil gesichert, hier sind Trittsicherheit und Schwindelfreiheit erforderlich.

AUSGANGS-/ENDPUNKT

Talstation der Tegelbergbahn

ANFAHRT

ÖPNV: Mit der Bahn bis Füssen und weiter mit dem Bus zur Tegelbergbahn

Auto: Von Füssen der B 17 nach Schwangau folgen. Wenn es links nach Kröb geht, rechts abbiegen und der Tegelbergstraße bis zum Parkplatz der Tegelbergbahn folgen

GEHZEITEN

Talstation Tegelbergbahn – Tegelberghaus – 3:00 Std. – Branderschrofen 3:45 Std. – Tegelberghaus 4:20 Std. – Rohrkopfhütte 5:30 Std. – Talstation Tegelbergbahn 7:00 Std.

schwierig	7,00 Std.	9 km	1200 Hm

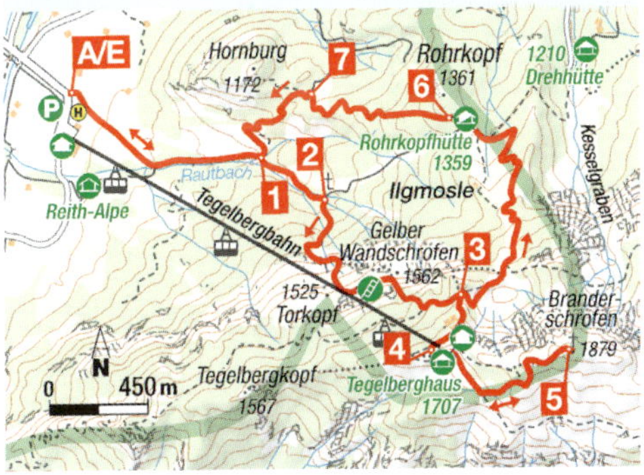

BESTE JAHRESZEIT

Sommer

EINKEHR

Tegelberghaus, www.tegelberghaus.de, Tel. 08362/ 89 80, Rohrkopfhütte, www.hotelruebezahl.de

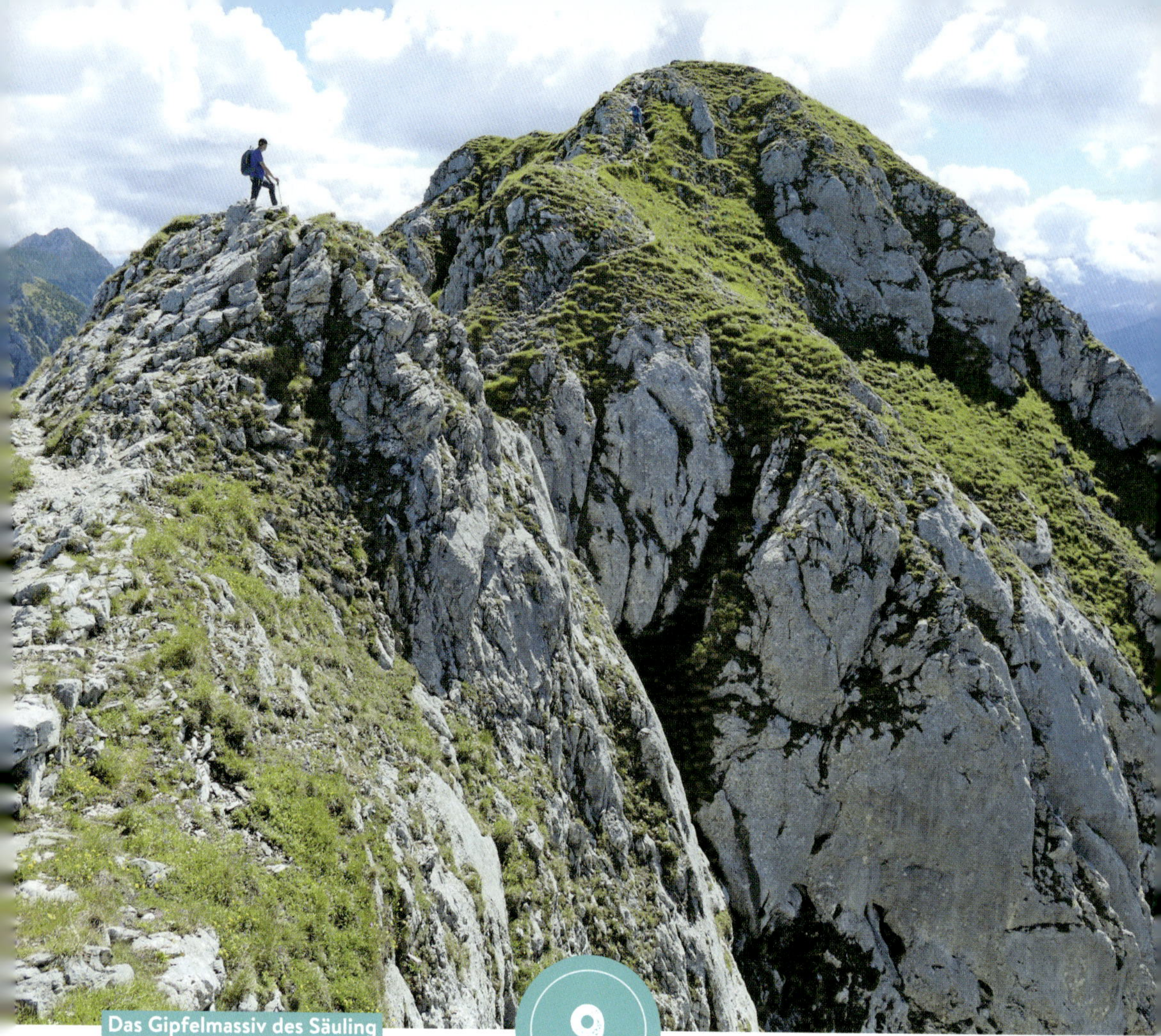

Das Gipfelmassiv des Säuling besteht aus Wettersteinkalk.

9

Säuling

Artenvielfalt beim Wächter des Ostallgäus

Das Massiv des Säuling ist einer der am meisten fotografierten Berge der Bayerischen Alpen, dient er doch als Hintergrundkulisse für das Märchenschloss Neuschwanstein. Von seinem Gipfel bietet er eine fantastische Aussicht auf die Ostallgäuer Seenlandschaft, die Königsschlösser und das Tiroler Lechtal.

VON HOHENSCHWANGAU ZUM ÄLPELE
Vom **A / E Parkplatz Hohenschwangau** (810 m) spazieren wir auf der Asphaltstraße Richtung Schloss Neuschwanstein. Kurz nach der ersten Kehre zweigt eine steile, ausgewaschene Forststraße nach rechts ab, die im Winter als Rodelbahn genutzt wird. Wir steigen durch Buchenmischwald mit Fichte, Bergahorn, Bergulme, Esche und Hasel hinauf zum **1 Busumkehrplatz und zur Haltestelle** bei der Marienbrücke. Am Waldboden blühen Kahler Alpendost, Wald-Erdbeere, Nesselblättriger Ehrenpreis, Gelber Eisenhut, Berg-Flockenblume, Wald-Geißbart, Wald-Habichtskraut, Wolliger Hahnenfuß, Hasenlattich, Fuchs' Knabenkraut, Pestwurz, Klebriger Salbei, Sanikel, Wald-Schlüsselblume, Rundblättriger Steinbrech, Sterndolde, Ährige Teufelskralle, Türkenbundlilie und Rotes Waldvögelein.
Wir folgen der Forststraße rechts hinauf durch Fichtenbestände – dies ist zugleich der Wasserleitungsweg zur Bleckenau. Wenige Minuten nach dem Wasserbehälter nehmen wir den **2 Abzweig** rechts auf den gut ausgebauten Forstweg. Wir steigen den bewirtschafteten Fichtenwald mit Buche, Bergahorn, Bergulme und wenigen Tannen hinauf zum **3 Älpele**. Der Gesang von Buchfink, Dompfaff, Fitis, Mönchsgrasmücke, Tannenmeise, Rotkehlchen, Baumläufer und Wintergoldhähnchen begleitet uns. Eichhörnchen turnen auf den hohen Fichten. Am Älpele (1296 m) verlassen wir den Forstweg und folgen dem Trampelpfad durch die feuchte Hochstaudenflur. Hier gedeihen Weißer Germer, Klettendistel, Breitblättriges Knabenkraut, Kohl-Kratzdistel, Rote Lichtnelke, Pestwurz, Wiesen-Storchschnabel und Trollblume.

VOM ÄLPELE ZUM SÄULINGSTEIG Der Waldpfad verläuft zwischen zwei dicken Fichten, die hier schon zu Beginn des bayerischen Königreichs im Jahre 1806 standen. Entlang des Pfads wachsen auch Einbeere, Sanikel und Wald-Vergissmeinnicht. An der **4 Wildsulzhütte** (1424 m) steht ein alter Bergahorn vor der feuchten Hochstaudenflur. Wir nehmen den linken Pfad und steigen auf einen Rücken mit aufgelichtetem Fichtenwald mit Bergahorn und Vogelbeere. Der wurzelige Pfad bringt uns im gemütlichen Auf und Ab durch die Naturwälder an

Tipp

KÖNIG-LUDWIG-NATIONALPARK
Das Naturschutzgebiet Ammergebirge ist mit 298,7 Quadratkilometern Deutschlands größtes Naturschutzgebiet und wurde bereits 1926 ausgewiesen. Die Bergwälder bestehen weitgehend aus der naturnahen Baumartenzusammensetzung mit Fichte, Tanne, Buche, Bergahorn und, auf trockeneren Standorten, der Kiefer. Die Verzahnung der Bergwälder mit Latschenfeldern und Schotterfluren führt zu hoher Artenvielfalt. Auch seltene Baum- und Straucharten gibt es im Ammergebirge: Baumwacholder, Eibe, Felsenbirne, Spirke, Zirbe, Zwergbirke, Felsen-Kreuzdorn, Sadebaum und Stechpalme. Besonders seltene Tierarten finden hier ihre Lebensräume, beispielsweise Fledermausarten und Vogelarten wie Auerhuhn, Birkhuhn, Dreizehenspecht, Felsenschwalbe, Flussuferläufer, Schneehuhn, Steinadler und Weißrückenspecht. Schon seit mehreren Jahren gibt es die Idee, das Ammergebirge zusammen mit dem Naturschutzgebiet Wettersteingebirge vollständig aus der landwirtschaftlichen und forstwirtschaftlichen Nutzung zu nehmen. Der »König-Ludwig-Nationalpark« würde dann vom Schloss Neuschwanstein über Schloss Linderhof bis zum Königshaus Schachen reichen.

der Nordflanke des Säuling. Beim **5 Abzweig auf den Säuling** (1551 m) beginnt der Säulingsteig mit einer kurzen Eisenleiter.

AUF DEN SÄULING Der drahtseilgesicherte Steig führt im Zickzack durch Krummholzwald aus Latsche, Grünerle, Fichte, Vogelbeere und Bergahorn. Sowohl die Rostblättrige Alpenrose als auch die Bewimperte Alpenrose wachsen am Berghang. Reichlich blühen Berg-Baldrian, Clusius' Enzian, Gelber Enzian, Skabiosen-Flockenblume, Verwachsener Frauenmantel, Oranges Habichtskraut, Zottiges Habichtskraut, Große Händelwurz, Platanenblättriger Hahnenfuß, Knöllchen-Knöterich, Herzblättrige Kugelblume, Kugelorchis, Taubenkropf-Leimkraut, Alpen-Maßliebchen, Schwarze Schafgarbe, Silberwurz, Sonnenröschen, Steinquendel, Trollblume, Türkenbundlilie und Wundklee. Zwischen den Blumen gaukeln Tagfalter, beispielsweise Augen-Mohrenfalter, Kleiner Fuchs und Schwalbenschwanz. Plötzlich stehen wir auf dem grünen Sattel der **6 Gamswiese** (1900 m). Einige zweibeinige »Gämsen«, die vom Säulinghaus hochkommen, sind hier unterwegs. Ein Schotterpfad bringt uns hinauf über leichtes Felsgelände zum **7 Gipfelkreuz des Säuling**. Der etwas höhere Hauptgipfel (2047 m) ist links vom Gipfelkreuz über eine Scharte zu ersteigen. Vom Gipfel genießen wir die tolle Aussicht auf die Königsschlösser sowie auf die Seenlandschaft des Ostallgäus. Nach Süden blicken wir weit in das Tal des Lechs und in die Lechtaler Alpen. Alpendohlen suchen den Gipfelbereich nach Essenresten ab. Hier oben blühen in den Steinrasen und an den Felsenspalten Aurikel, Zottiges Habichtskraut, Hufeisenklee, Knöllchen-Knöterich, Schwarzes Kohlröschen, Silberwurz, Sonnenröschen, Steinquendel, Kugelige Teufelskralle und Berg-Thymian.

Schwebfliegen ernähren sich vom Nektar und den Pollen des Gelben Enzians.

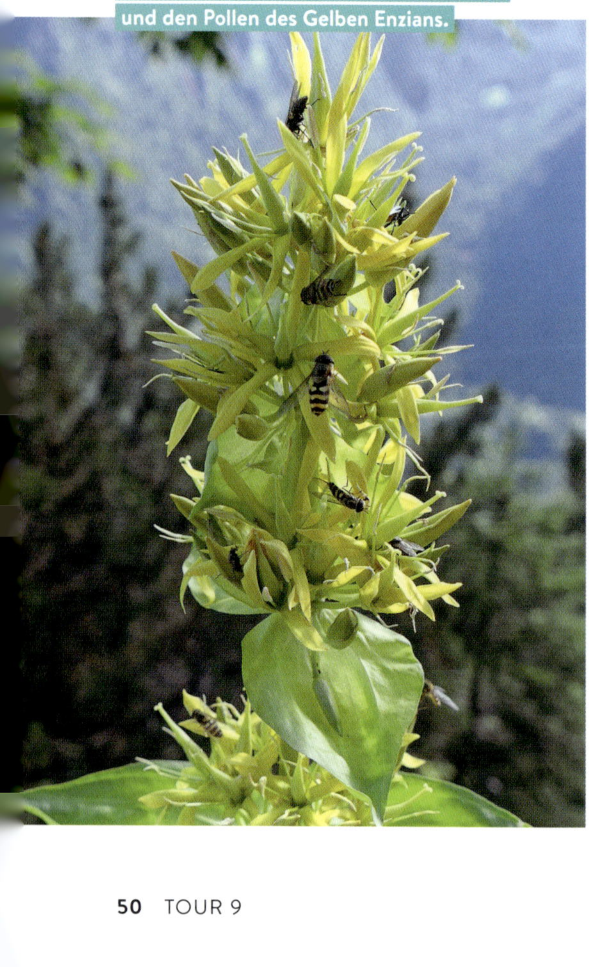

VOM SÄULING HINUNTER ZUM SÄULINGHAUS Wir steigen zurück zur **6 Gamswiese** und links durch die Südflanke. In der feuchten Felsflur gedeihen Allermannsharnisch, Kugelorchis und Trollblume. In vielen Kehren steigen wir den steilen Pfad, meist mit Drahtseilen gesichert, hinunter. Nur wenige Latschen und einzelne Fichten können den Erosionskräften widerstehen. Auf einer Verebnung an der Waldgrenze steht das **8 Säulinghaus** der Naturfreunde Deutschlands (1720 m). Über uns thront der Säuling mit Gipfelkreuz.

UM DEN PILGERSCHROFEN Am Winterraum des Säulinghauses halten wir uns

INFO

TOURENCHARAKTER

Die anspruchsvolle Tour auf den Säuling und um den Pilgerschrofen verlangt Bergerfahrung und an einigen Stellen Trittsicherheit und Schwindelfreiheit.

AUSGANGS-/ ENDPUNKT

Parkplatz Hohenschwangau

ANFAHRT

ÖPNV: Ab Hauptbahnhof München über Kaufbeuren zum Bahnhof Füssen, weiter mit RVA-Bus nach Hohenschwangau, Haltestelle Alpseestraße
Auto: Von Landsberg über Schongau auf der B 17 nach Hohenschwangau

GEHZEITEN

Hohenschwangau – Älpele 1:30 Std. – Wildsulzhütte 2:00 Std. – Säuling 4:00 Std. – Säulinghaus 5:00 Std. – Hohenschwangau 7:30 Std.

EINKEHR

Säulinghaus, www.saeulinghaus.at,
Tel. 0043/676/941 37 75

schwierig | 7.30 Std. | 15 km | 1400 Hm

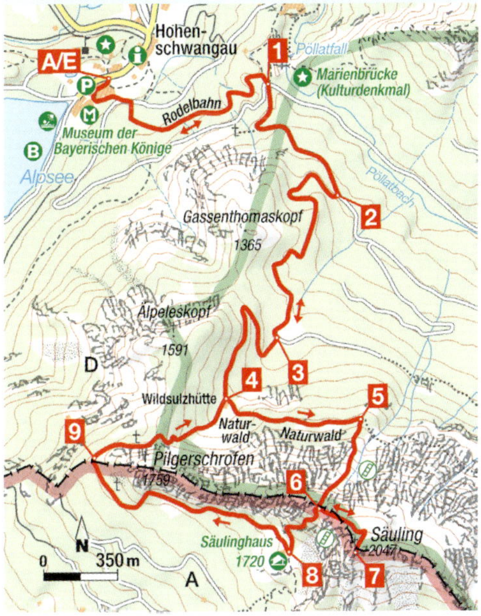

links und wandern in westlicher Richtung unterhalb der steilen Südwände des Pilgerschrofens. In den Schuttfeldern siedeln Grüner Alpendost, Berberitze, Bergahorn, Berg-Baldrian, Brillenschötchen, Zottiges Habichtskraut, Tauben-Leimkraut und Schwalbenwurz. In ebeneren Standorten steigt die Artenvielfalt und es kommen Skabiosen-Flockenblume, Ästige Graslilie und Türkenbundlilie hinzu. Im wechselnden Auf und Ab wandern wir 200 Höhenmeter hinab und kommen zu Sturmwurfflächen. Das Fichtenholz musste aufgearbeitet werden, um eine Massenvermehrung der Borkenkäfer zu verhindern. In den vergrasten Bereichen mit Bergahorn blüht reichlich die Dunkle Akelei. Unterhalb des Steigs schützt ein hoher großflächiger Zaun die Jungbäume gegen den Verbiss durch Rot- und Gamswild. Vom tiefsten Punkt des Steigs steigen wir hinauf zum 9 **Westsattel des Pilgerschrofens** (1540 m) mit weißblauer Grenzmarkierungsstange. Im Rechtsbogen queren wir am Fuße der Nordwände nach Osten ansteigend auf einen Sattel. Die Tiefblicke zum Alpsee sind atemberaubend. Als Besonderheit blüht hier purpurn der Alpen-Süßklee. Wegen seines Eiweißgehalts wird er von Tieren gerne gefressen.

ABSTIEG NACH HOHENSCHWANGAU

Nun bringt uns der Pfad durch Fichtenurwald mit Bergahorn in vielen Serpentinen abwärts zur bekannten 4 **Wildsulzhütte** und anschließend wieder hinunter zum A / E **Parkplatz Hohenschwangau**.

Um Schwansee und Alpsee

Bergwälder, majestätische Berge und zwei Seen

Abseits des hektischen Treibens an den Königsschlössern führt diese landschaftlich sehr schöne Rundwanderung um den Schwansee und den Alpsee. Traumhafte Aussichten auf die Königsschlösser von unterschiedlichen Perspektiven sind garantiert.

Vom Alpseebad schweift der Blick über den See nach Hohenschwangau.

10

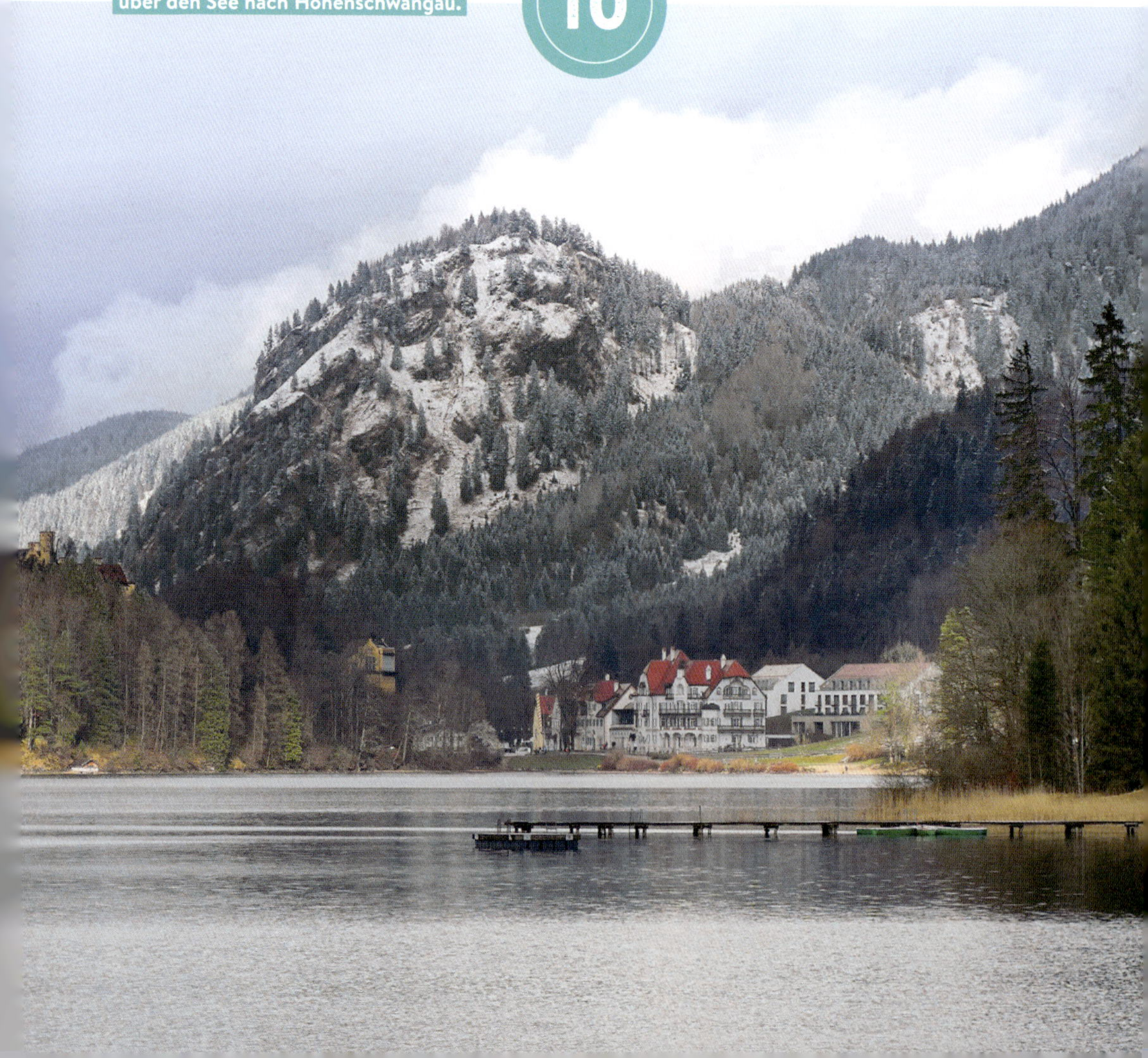

VOM SCHWANSEE ZUM PINDARPLATZ

Vom A / E **Wanderparkplatz am Schwansee** (793 m) erreichen wir in wenigen Minuten das Ufer des Sees. Wir spazieren durch den Schwanseepark, der im Auftrag des bayerischen Königs Max II. vom preußischen Landschaftsarchitekten Peter Joseph Lenné im Stil eines englischen Landschaftsgartens angelegt worden ist. Auf den Wiesen der Sichtachsen blühen im März die Krokusse und ab Mai Orchideen wie Große Händelwurz und Sumpf-Stendelwurz, aber auch die seltene Sumpfgladiole und der Klebrige Lein. Die Baumgruppen bestehen aus Fichte, Kiefer, Buche, Moorbirke, Bergahorn, Bergulme, Esche und Grauerle. Darunter wachsen Schwarzer Holunder, Kornelkirsche, Kreuzdorn, Faulbaum, Liguster, Pfaffenhütchen, Roter Hartriegel, Seidelbast, Weißdorn und Wolliger Schneeball.

Wir umrunden den Schwansee entgegen dem Uhrzeigersinn. Am Nordufer des Sees liegt der Badeplatz. Beim 1 **Abzweig** informiert eine Tafel über den Meteorit »Neuschwanstein«. Am 6. April 2002 hatte ein lichtstarker Meteorit den Nachthimmel über den Königsschlössern für fünf Sekunden erleuchtet. Der 1,7 Kilogramm schwere Meteorit stammt aus dem Asteroidengürtel zwischen Mars und Jupiter, so stellte sich heraus. Er enthält einen hohen Anteil des Magnesiumsilikats Enstatit. Der Schotterweg führt am Südufer des Sees entlang. Am Boden des schattigen Bergmischwalds aus Fichte, Tanne, Buche, Bergahorn, Bergulme, Schwarzerle und Eibe gedeiht eine üppige Vegetation: Kahler Alpendost, Wald-Bingelkraut, Nesselblättriger Ehrenpreis, Hasenlattich, Hirschzungenfarn, Leberblümchen, Milzkraut, Mondviole, Weiße Pestwurz, Klebriger Salbei, Sauerklee, Wald-Schlüsselblume, Große Sterndolde, Tollkirsche, Waldmeister, Wasserdost, Wald-Witwenblume und zahlreiche Moosarten.

Tipp

ALPSEE

Der 88 Hektar große Alpsee liegt am Fuße des Säuling. Die Hohlform des Sees entstand durch den Gletscher, der die weicheren Gesteinsschichten beseitigte. Der kalkhaltige Seeboden wird durch Kalklösung ständig tiefergelegt. Der Geruch von faulen Eiern deutet auf chemische Lösungsvorgänge hin. Umgeben ist der See von eiszeitlich geprägten rundlichen Waldbergen mit verkarsteter Hochfläche. Beim Prozess der Verkarstung verbinden sich Regentropfen mit dem Kohlendioxid der Luft. Durch die Säure löst sich der Kalk aus dem Gestein. Es entstehen Höhlen und unterirdische Wasserläufe. Das Wasser des Alpsees speist unterirdisch die Quellen des Schwansees. Der See gilt als einer der saubersten und kältesten Seen in Deutschland und wird im Sommer als Badesee in der Badeanstalt am Südufer genutzt. Im Winter friert der See zu und dient dann zum Schlittschuhlaufen. Auf dem Wasser lassen sich Blässhuhn, Haubentaucher, Reiherente, Stockente und der Höckerschwan, der Lieblingsvogel des Märchenkönigs, beobachten.

Gleich hinter dem Schwansee geht es über den Fischersteig auf den Bergrücken. An der 2 **Wegkreuzung unterhalb des Berzenkopfs** laufen wir geradeaus Richtung Alpsee und erreichen die geteerte Fürstenstraße. Auf dieser biegen wir kurz nach rechts ab und erreichen nach links den 3 **Aussichtspunkt Pindarplatz** auf einer Felsnase hoch über dem See. Dieser war angeblich der Lieblingsplatz von König Max II. Der Name Pindarplatz geht zurück auf den griechischen Dichter Pindar. Vielleicht lasen die bayerischen Könige hier seine Gedichte. Im Frühjahr

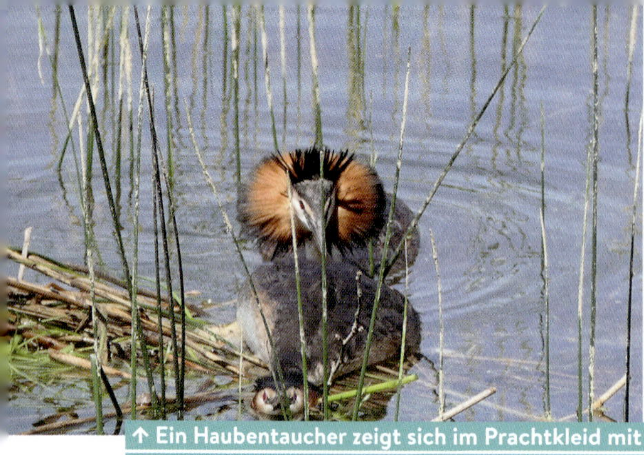

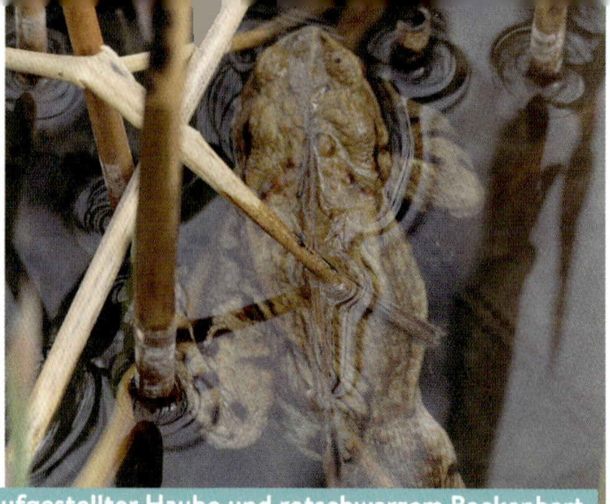

↑ Ein Haubentaucher zeigt sich im Prachtkleid mit aufgestellter Haube und rotschwarzem Backenbart.
↗ Erdkröten laichen ab März in Ufernähe der Bergseen.

blüht die Schneeheide verschwenderisch unter den Kiefern und Bergahornen.

UM DEN ALPSEE Der Weg leitet am Nordufer des Alpsees durch Buchenwald mit Tanne, Fichte, Eibe, Bergahorn, Bergulme, Vogelbeere und Mehlbeere. Die Gesänge und Rufe von Amsel, Buchfink, Dompfaff, Haubenmeise, Kolkrabe, Ringeltaube, Rotkehlchen, Schwarzspecht, Tannenmeise, Wintergoldhähnchen, Zaunkönig und Zilpzalp begleiten die landschaftlichen Ausblicke.
Wir spazieren auf halber Höhe an der Bergflanke entlang um den Alpsee, der der Lieblingsbadesee des Märchenkönigs Ludwig II. war. Hoch über dem See führt der Weg abwärts nach Westen zum **4 Marienmonument**. Das Monument erinnert an den Lieblingsort von Marie von Preußen, der Gemahlin von König Max II. und Mutter des Märchenkönigs Ludwig II. Auch Königin Marie soll hier gebadet haben.
Der Uferweg verläuft teilweise über Metallstege am Steilufer des Sees entlang. In den Buchten wachsen Grauerlen zwischen Schilf und Großseggen. Gebirgsstelze und Bachstelze sind gut zu beobachten. Ein Metalltaferl gedenkt des Holzfällers Josef Schwarz, der hier 1936 verunglückte. Gleich nach einem längeren Metallsteg erreichen wir die **5 südlichste Bucht des Sees**. Hier verlassen wir den Uferweg und biegen bei einem doppelstämmigen Bergahorn nach rechts auf die Forststraße ab, die bald in einen schmalen Waldpfad übergeht. Am »Israelit«, einem Kletterfelsen, vorbei, biegen wir im Alpseekessel links auf den Pfad, der uns durch vom Sturm aufgelichtete Fichten-Buchen-Bestände hinauf zu einem breiten Forstweg in einer Talmulde bringt. Nun wenden wir uns nach links und schon stehen wir vor der **6 Marienbuche am Lobatboden** (938 m). Heute steht auf der ehemaligen Almfläche eine rund 100-jährige Buche, doch zu Zeiten des Märchenkönigs stand dort angeblich eine große Marienbuche. Sie war das Ziel von Ausflügen der königlichen Familie.
30 Meter vor der Marienbuche gedeiht rechts der Forststraße eine zwölf Meter hohe männliche Eibe, die schon zu Zeiten des Königreichs hier stand.
Danach steigt die Forstraße kurz an und bringt uns bergab zur **7 Weggabelung am Oberen Winterzugweg**. Hier biegen wir nach links ab und steigen auf der Forststraße hinunter zum Alpseebad. Vom Seeufer lassen sich die Königsschlösser, die auf zwei Felskuppen oberhalb des Sees thronen, aber auch die Wasservogelwelt gut beobachten. Entlang des Seeuferwegs kommen wir zu den Häusern von Hohenschwangau.

ÜBER SCHLOSS HOHENSCHWANGAU ZURÜCK Nun folgen wir dem breiten Weg hinauf zum **8 Schloss Hohenschwangau**. Von der Gartenanlage genießen wir tolle

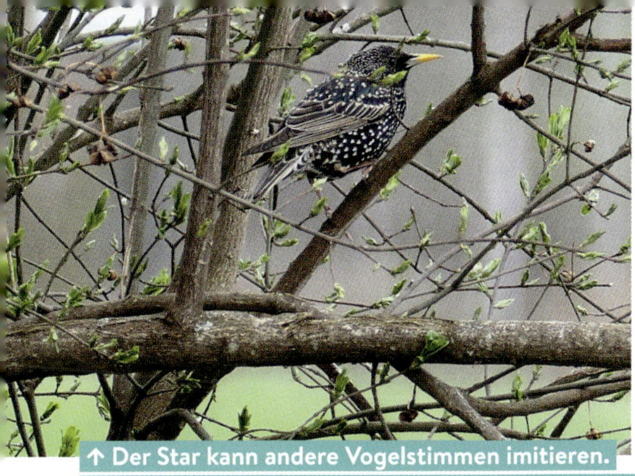

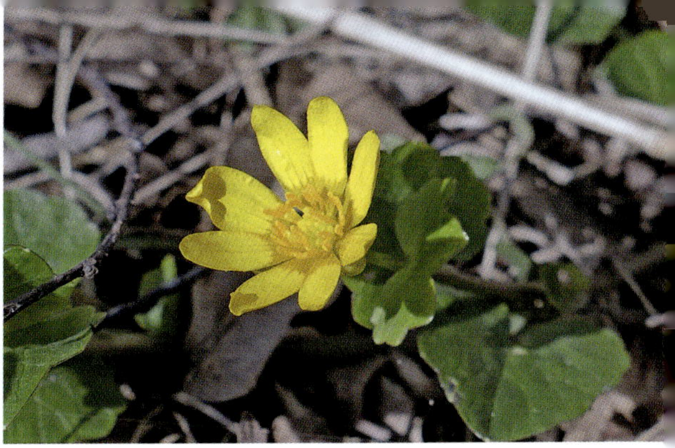

↑ Der Star kann andere Vogelstimmen imitieren.

↗ Das Scharbockskraut blüht am Waldboden. Scharbock nannte man einst die Krankheit Skorbut.

Blicke auf die majestätische Bergwelt, den Alpsee und hinüber zum Schloss Neuschwanstein. Vor dem Schlosseingang beginnt der Waldpfad hoch zu den wenigen **9 Ruinenresten der Burg Frauenstein**. Wir steigen hinunter zur **2 Wegkreuzung unterhalb des Berzenkopfs** und erreichen über den Fischersteig wieder den Schwansee. Unten angekommen, halten wir uns rechts. Zum Abschluss flanieren wir durch den Schwanseepark zurück zum **A / E Wanderparkplatz am Schwansee**.

INFO

TOURENCHARAKTER

Die abwechslungsreiche Rundwanderung verläuft teils auf wurzeligen Pfaden, die Trittsicherheit erfordern.

AUSGANGS-/ENDPUNKT

Wanderparkplatz am Schwansee

ANFAHRT

ÖPNV: Mit Regionalbahn zum Bahnhof Füssen und mit Linienbus nach Hohenschwangau zur Haltestelle Alterschrofen, Rohrachweg

Auto: Über die Autobahn A 7 sowie die Bundesstraßen B 310, B 16 und B 17 nach Füssen, dort den Wegweisern zu den Königsschlössern folgen bis zum Wanderparkplatz am Schwansee

GEHZEITEN

Wanderparkplatz Schwansee – Pindarplatz 1:00 Std. – Marienmonument 1:35 Std. – Marienbuche 2:45 Std. – Schloss Hohenschwangau 3:50 Std. – Wanderparkplatz Schwansee 4:30 Std.

BESTE JAHRESZEIT

Frühling

EINKEHR

während der Tour keine, in Hohenschwangau mehrere Möglichkeiten

mittel	4.30 Std.	12 km	500 Hm

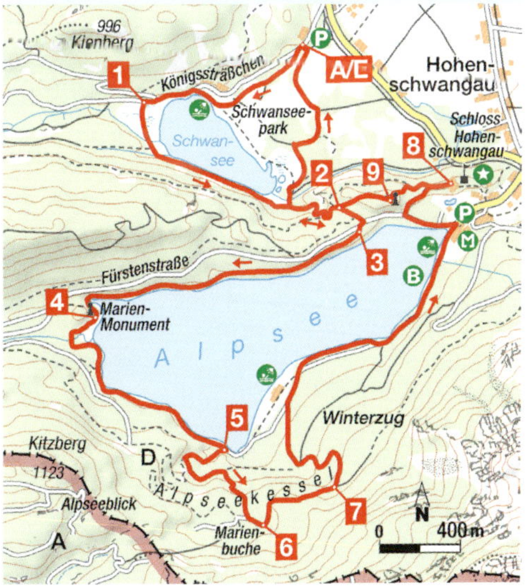

Alpenrosenweg und Frauenstein

Bergwald, Eiben, Schlösser und Badespaß

Auf dieser leichten Tour lässt sich spielerisch einiges über den Bergwald erfahren, zwei berühmte Königsschlösser bewundern und in einem Bergsee baden.

Majestätische Aussicht auf Neuschwanstein und Hohenschwangau

11

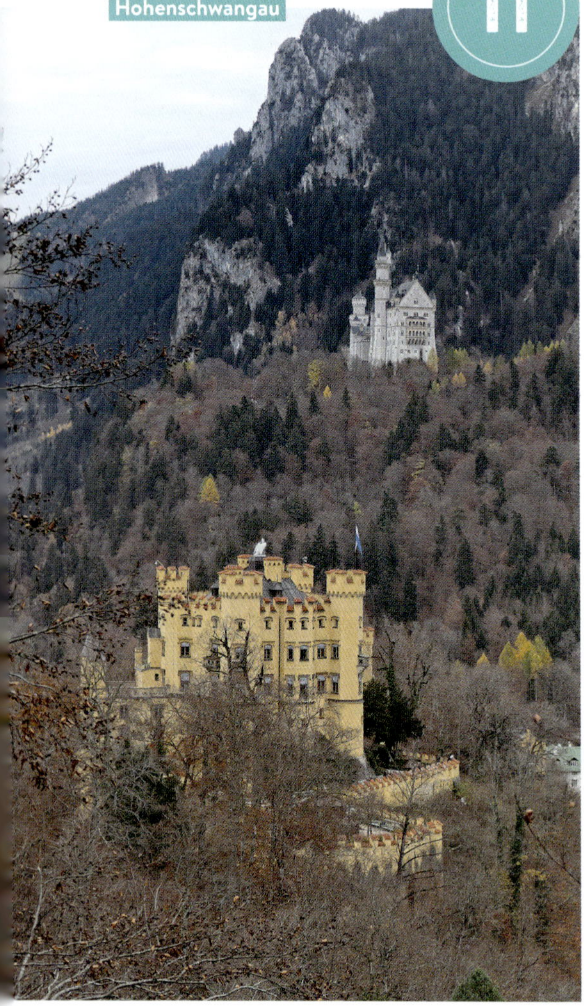

BERGWALDPFAD UND ALPENROSENWEG Gegenüber des **A** / **E** **Walderlebniszentrums Ziegelwies** beginnt der 1,7 Kilometer lange »Bergwaldpfad«. Er führt als sogenannter Alpenrosenweg rechts des Spielplatzes durch den Fichtenwald. Seine Stationen informieren über den Bergwald: So schützt er uns vor Erdrutschen und Hochwasser, filtert und speichert Trinkwasser, ist Lebensraum für Tier-, Pilz- und Pflanzenarten. Besucher des Lehrpfades können zur Tierbeobachtung auf einen Jägerhochstand klettern oder den Klängen des Waldxylophons lauschen. Bei der Station, an der man über Stufen zu einer Aussichtsplattform gelangt, sollte man nach der sehr seltenen Bewimperten Alpenrose suchen. Bei den Tafeln zu den im Wald spielenden Märchen steht eine **1** **überdachte Brotzeithütte**. Hier spazieren wir rechts auf dem Alpenrosenweg Richtung Hohenschwangau. König Maximilian II. ließ diesen Höhenweg, der von Ziegelwies bis Schloss Hohenschwangau führt, um 1850 anlegen. Er verläuft meist durch schattigen Buchenwald und ist teils mit Geländern und Stegen gesichert.

ZUR RUINE FRAUENSTEIN Nach einer weiten Linkskurve kommen wir zu einer **2** **Kreuzung unterhalb des Berzenkopfs**. Von hier wandern wir links in wenigen Minuten

INFO

leicht | 3.00 Std. | 9 km | 200 Hm

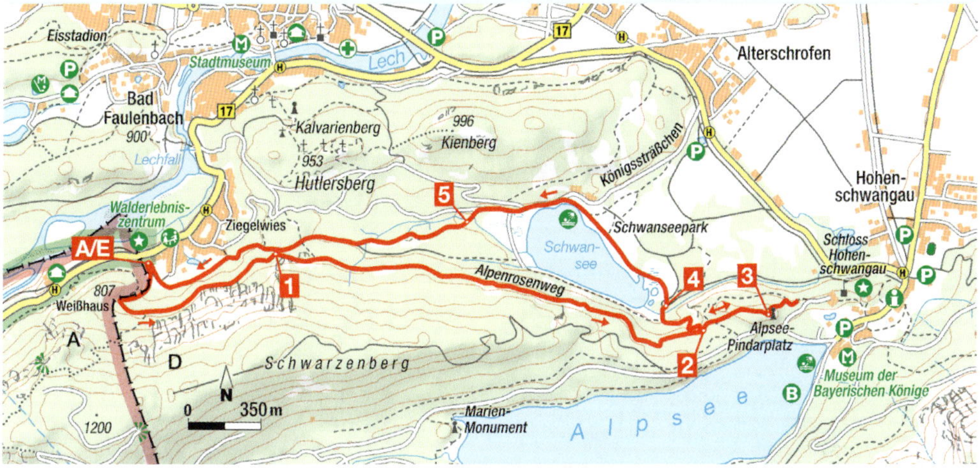

TOURENCHARAKTER
Leichte Rundtour auf ausgebauten Wegen, geringe Steigung

AUSGANGS-/ENDPUNKT
Walderlebniszentrum Ziegelwies (Tirolerstr. 10, 87629 Füssen)

ANFAHRT
ÖPNV: Mit Regionalbahn zum Bahnhof Füssen, mit Bus 74 (Richtung Reutte) zur Haltestelle Ziegelwies
Auto: Über die Autobahn A 7 sowie die Bundesstraßen B 310, B 16 und B 17 gelangen Sie direkt nach Füssen und zur Ziegelwies.

GEHZEITEN
Ziegelwies – Alpenrosenweg 0:30 Std. – Ruine Frauenstein 1:30 Std. – Schwansee 1:50 Std. – Ziegelwies 3:00 Std.

BESTE JAHRESZEIT
Herbst, auch im Winter reizvoll

EINKEHR
Während der Tour keine, in Füssen mehrere Möglichkeiten

hoch zur 3 **Ruine von Frauenstein** (890 m) und genießen die Aussicht auf die Schlösser Hohenschwangau und Neuschwanstein. Im neogotischen Schloss Hohenschwangau verbrachte Märchenkönig Ludwig II. gemeinsam mit seinen Eltern viele Wochen des Jahres. Dahinter erhebt sich Schloss Neuschwanstein aus dem Bergwald. Rechts unter uns liegt der Alpsee, der Lieblingsbadesee des Märchenkönigs (s. Tour 10).

VOM SCHWANENSEE ZUM WALDERLEBNISZENTRUM Wir kehren zurück zur 2 **Kreuzung unterhalb des Berzenkopfs** und nehmen den steilen Fischersteig hinunter durch den Buchenmischwald zum 4 **Schwansee**. Rechts des Sees befindet sich der Schwanseepark, den König Maximilian II. vom preußischen Landschaftsarchitekten Peter Joseph Lenné anlegen ließ. Wir umrunden den Schwansee entgegen dem Uhrzeigersinn. Am Nordende des Sees erreichen wir die Königsstraße, die wir schon nach wenigen Minuten nach links verlassen und durch den 5 **Grauerlen-Weiden-Bachwald-Bestand** westlich des Sees wandern. Auf der Forststraße geht es zur 1 **Brotzeithütte** im »Märchenwald«. Hier stoßen wir auf den unteren Teil des Alpenrosenwegs und kehren über den »Bergwaldpfad« zurück zum A / E **Walderlebniszentrum Ziegelwies.**

Rote Wand und Dreiländerblick

Orchideen, Waldpfade und ein Waldbrandgebiet

Die Wälder zwischen Füssen und Pinswang bieten eine erstaunliche Artenvielfalt. Auf dieser Rundwanderung begegnen uns ein Waldbrandgebiet, ein historischer Grenzstein sowie die Höhlenburg Loch. Von der Rotwand und dem Dreiländerblick bieten sich schöne Aussichten auf die Umgebung.

12

Im Naturwald oberhalb von Ziegelwies gedeihen viele Orchideenarten.

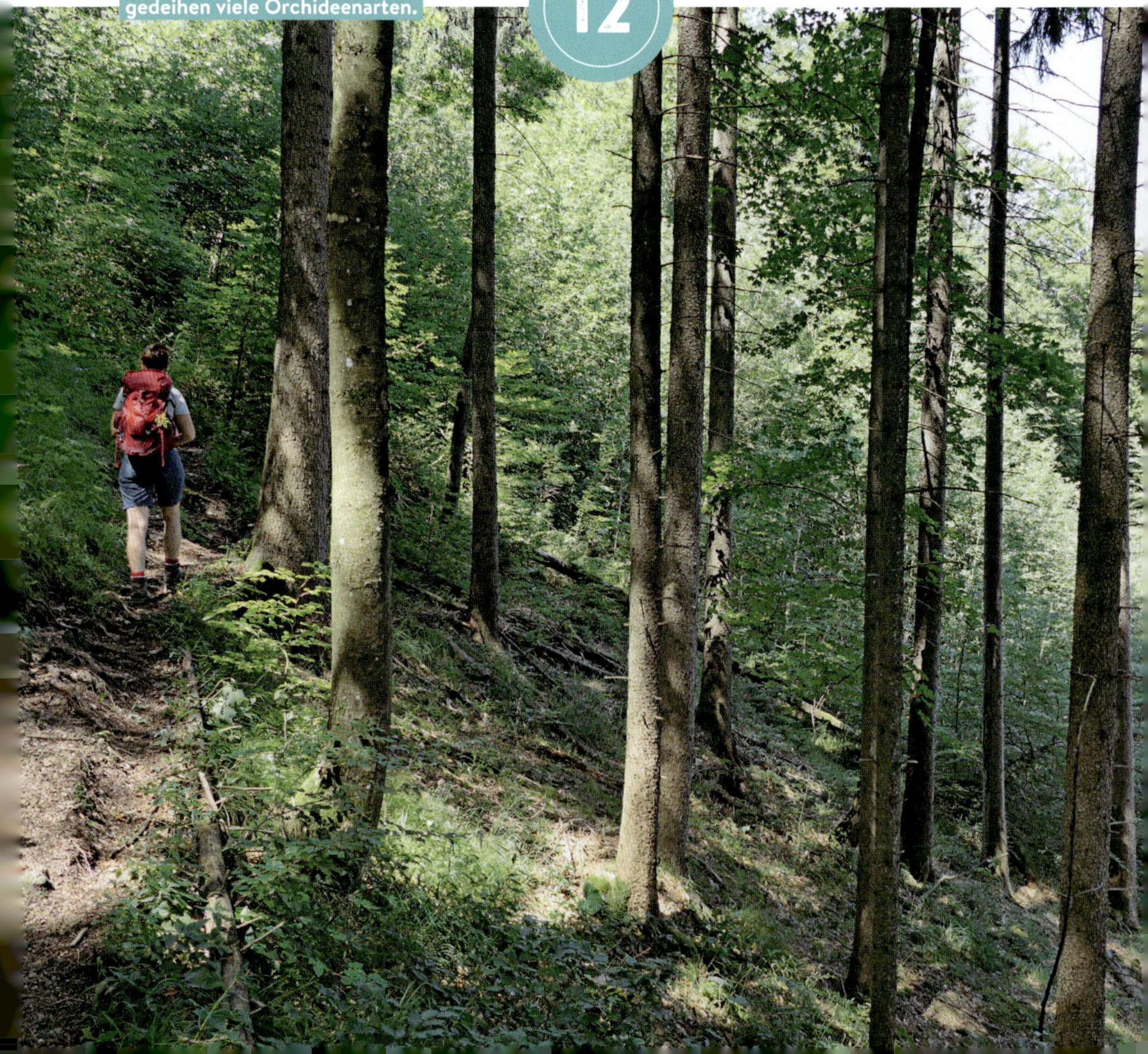

VON ZIEGELWIES AUF DIE ROTE WAND

Gegenüber des A / E **Walderlebniszentrums Ziegelwies** spazieren wir rechts auf dem »Alpenrosenweg« durch Fichtenwald mit Buche, Bergahorn, Bergulme, Esche, Moorbirke, Hasel und Tanne. Nach der 1 **Station über Wildtiere** zweigt nach rechts ein wurzeliger Waldpfad ab. Im Zickzack steigen wir im Naturwald aus Buchen- und Fichtenbeständen mit den Mischbaumarten Bergahorn, Bergulme, Mehlbeere, Vogelbeere und Tanne hinauf. In den Altholzbeständen blühen viele Orchideenarten: Große Händelwurz, Fuchs' Knabenkraut, Braunrote Stendelwurz, Vogelnestwurz und Rotes Waldvögelein. Viele weitere Waldpflanzen begleiten unseren Aufstieg: Kahler Alpendost, Nesselblättriger Ehrenpreis, Gelber Eisenhut, Schwalbenwurz-Enzian, Wald-Erdbeere, Berg-Flockenblume, Wald-Geißbart, Giersch, Wald-Habichtskraut, Hasenlattich, Alpen-Heckenrose, Wald-Schlüsselblume, Seidelbast, Rundblättriger Steinbrech, Große Sterndolde, Ährige Teufelskralle, Türkenbundlilie, Waldbingelkraut, Waldmeister, Waldziest und Akeleiblättrige Wiesenraute. Von den Vogelarten sind zu hören oder zu sehen: Amsel, Buchfink, Dompfaff, Fitis, Mönchsgrasmücke, Rotkehlchen, Schwarzspecht, Sperber, Tannenmeise, Turmfalke und Wintergoldhähnchen. Nach fast einer Stunde Anstieg verläuft der ausgewaschene Waldpfad durch einen Bergahorn-Bestand mit etwas Esche und Buche. Der Boden ist übersät mit dem Wilden Silberblatt, das im Mai und Juni blüht. Die bis zu neun Zentimeter langen Früchte hängen silbern glänzend oft bis zum nächsten Frühjahr an der Pflanze. Vor dem Abzweig mit den Wegweisern führen Steigspuren nach rechts hinauf zur 2 **Roten Wand** (1127 m). Früher wurde der rötliche Kalkstein an der Roten Wand als »Farbmarmor« abgebaut. Es handelt sich um keinen echten Marmor, aber durch Polieren glänzt der Stein wie echter Marmor. Das Gestein wurde auf dem Lech transportiert und fand Verwendung beim Bau von Kirchen und Schlössern der Umgebung und Südbayerns. Beispielsweise sind Teile der Säulen der Füssener Pfarrkirche St. Mang von der Roten Wand. Die rote Farbe entstand durch fein

Tipp

WALDBRAND BEI PINSWANG

Die heißen und trockenen Sommer der letzten Jahre haben die Waldbrandgefahr steigen lassen. 90 Prozent aller Brände in den Alpen entstehen durch den Menschen. Hauptursachen sind weggeworfene Zigaretten, außer Kontrolle geratene Feuer, Funkenflug durch Züge, Brandstiftung, heiße Asche sowie Stromleitungen. Nur zehn Prozent der Waldbrände werden durch Blitzschläge ausgelöst. Das Feuerverhalten, einschließlich der Ausbreitung und Intensität, hängt vom Feuchtigkeitsgehalt des Materials, der Vegetationsstruktur, der Topografie und dem Wind ab. Am 12. März 2022 waren mittags baumhoch schlagende Flammen am Schwarzenberg bei Pinswang gesehen worden. Feuerwehren aus Tirol und Bayern sowie Löschhubschrauber kamen zum Einsatz. Das Feuer soll im steilen Hang nordöstlich von Unterpinswang ausgebrochen sein. Als Ursache sind ein offenes Feuer oder eine weggeworfene Zigarettenkippe denkbar. Fünf Hubschrauber transportierten Wasser von zwei in Pinswang aufgebauten Bassins zur Brandstelle am Schwarzenberg. Das Feuer hatte sich auf eine Fläche von 35 Hektar ausgedehnt. Die Gefahr von Waldbränden in den Alpen wird in naher Zukunft steigen, da die Intensität von Dürreperioden und Hitzewellen ansteigt und Freizeitaktivitäten zunehmen.

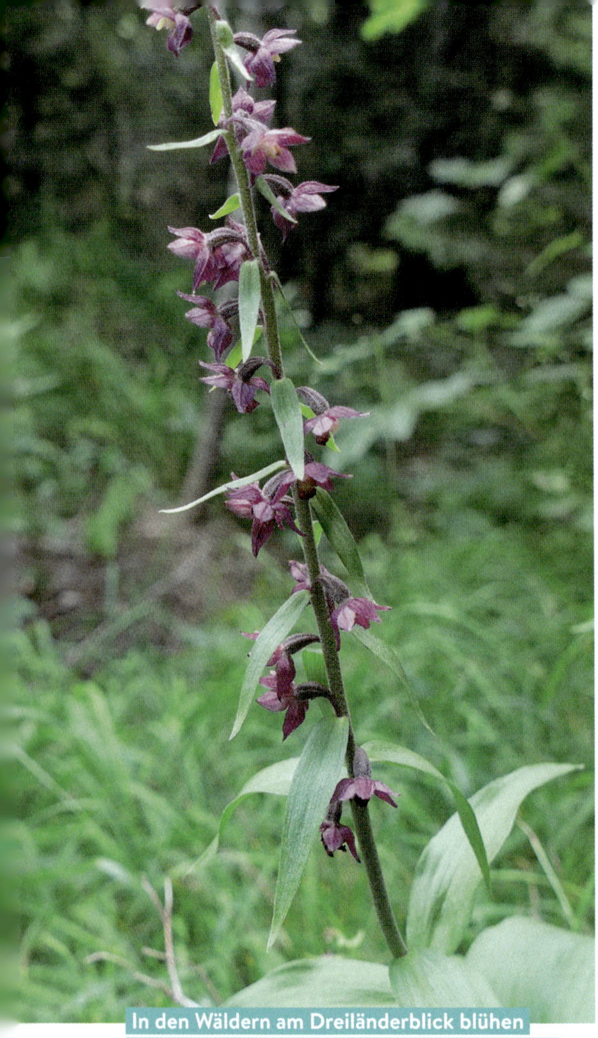

In den Wäldern am Dreiländerblick blühen viele Exemplare der Braunroten Stendelwurz.

verteiltes Eisenoxid, das sich vor 200 Millionen Jahren im Meer bildete.

Von der Roten Wand haben wir schöne Aussichten auf die Stadt Füssen, das Lechtal und das Vilser Tal. Auf den Felsen bilden Buchen, Fichten und Kiefern die Baumschicht. Darunter wachsen Augentrost, Kriechendes Gipskraut, Rundblättrige Glockenblume, Scheuchzers Glockenblume, Hasenlattich, Heidelbeere, Wilder Majoran, Wiesen-Wachtelweizen und Waldbingelkraut. Zwischen den Blumen gaukeln Tagfalter, beispielsweise Kleiner Fuchs, Kaisermantel, Mohrenfalter und Schwalbenschwanz.

VON ROTER WAND ZUM DREILÄNDERBLICK Von der Roten Wand gehen wir zurück zum Wanderweg und am Abzweig nach links durch aufgelichteten Fichtenwald hinauf zum Ende einer Forststraße. Auf ihr umrunden wir den Schwarzenberggipfel und kommen zu einem **3 Abzweig am Jesuskreuz**. Von hier bringt uns ein kurzer Stichweg zum **4 Dreiländerblick**. Vom Aussichtspunkt können wir auf Füssen und die Ostallgäuer Seenlandschaft blicken. Ein kurzer Abstieg von zwei Minuten bringt uns zu einem historischen Grenzstein an der Grenze zwischen Bayern und Tirol. Früher war hier das Dreiländereck. Das dritte im Bunde war einst das Hochstift Augsburg, das 1805 an das neu gegründete Königreich Bayern fiel. Im hohen Gras blühen verschwenderisch Braunrote Stendelwurz und Türkenbundlilie.

VOM DREILÄNDERBLICK ZUM ERSCHBACHWEIHER Zurück beim **3 Abzweig am Jesuskreuz,** nehmen wir die Forststraße hinunter ins Tal. Der lichte Wald aus Fichte, Waldkiefer, Buche, Bergahorn, Bergulme, Mehlbeere und Vogelbeere zeigt eine artenreiche Bodenflora: Alpendost, Skabiosen-Flockenblume, Ästige Graslilie, Dorniger Hauhechel, Wilder Majoran, Weidenblättriges Ochsenauge, Schwalbenwurz und Rotes Waldvögelein. Kleiner Heufalter, Kaisermantel und Schachbrettfalter gaukeln von Blüte zu Blüte. Die westlichen Serpentinen der Waldstraße reichen bis an das Waldbrandgebiet vom März 2022 heran. Viele Kiefern haben einen verkohlten Stamm, aber eine grüne Krone. Wir biegen auf den **5 Fürstenweg** und wandern nach Westen. An der nächsten **6 Serpentine mit einer alten Linde** biegen wir rechts auf den vergrasten Waldweg ab. Bald wird der Weg zum schmalen Pfad durch lichten Fichten-Kiefer-Wald mit Bergahorn, Vogelbeere und Mehlbeere. Der Waldpfad quert den untersten Bereich der Waldbrandfläche und führt hinunter zur Schotterstraße im Tal. Am 12. und 13. März 2022 loderten die Flammen von hier bis auf 1100 Meter hinauf.

AUF DEM KRATZERSTEIG NACH ZIEGELWIES Vor dem **7 Erschbachweiher** biegen wir nach rechts auf den Wiesenweg ein. Nach wenigen Minuten bietet sich die Möglichkeit, in einer Viertelstunde zu den Resten der Höhlenburg Loch hochzusteigen. Die Burg wurde im 13. Jahrhundert zum Schutz der Straße und Zollstätte erbaut. Sie wechselte mehrfach die Besitzer und wurde wohl bereits Mitte des 14. Jahrhunderts aufgegeben. Spannender sind die Artenschutzmaßnahmen am Erschbachweiher: Für die vom Aussterben bedrohten Amphibienarten Kammmolch, Kreuzkröte und Laubfrosch wurden am Weiher ein Flachwasserbereich gestaltet und Teiche gebaut. Auf dem schattigen Waldpfad steigen wir im Eschenbestand mit reichlich vorkommendem Wilden Silberblatt hoch zur Forststraße. Nun spazieren wir auf dem Kratzersteig durch Fichten-Mischwald hinunter zum **8 Abzweig auf den Höhenweg nach Weißhaus**.
Nach kurzem Anstieg erreichen wir einen netten Aussichtspunkt mit Blick ins Tiroler Lechtal. Wir erkennen die Geröllbremse, an der das Schotterwerk zwei Drittel des Kieses aus dem Lech entnimmt. Unterhalb der Geröllbremse fließt der Lech noch bis zum Lechfall als Wildfluss. Oberhalb des Wasserkraftwerks Weißhaus bringt uns der Waldpfad zurück zum **A / E Walderlebniszentrum Ziegelwies**.

INFO

TOURENCHARAKTER

Die Rundwanderung erfordert an einigen Stellen etwas Trittsicherheit. Die Rote Wand und der Dreiländerblick ermöglichen tolle Tiefblicke auf das Lechtal und auf Füssen.

AUSGANGS-/ENDPUNKT

Walderlebniszentrum Ziegelwies (Tirolerstr. 10, 87629 Füssen)

ANFAHRT

ÖPNV: Mit Regionalbahn zum Bahnhof Füssen, Bus 74 (Richtung Reutte) zur Haltestelle Ziegelwies
Auto: Über die Autobahn A 7 sowie die Bundesstraßen B 310, B 16 und B 17 geht es nach Füssen und weiter zum ehemaligen Grenzübergang Ziegelwies.

GEHZEITEN

Ziegelwies – Rote Wand 1:00 Std. – Dreiländerblick 1:30 Std. – Fürstenweg 2:30 Std. – Erschbachweiher 3:20 Std. – Ziegelwies 4:00

BESTE JAHRESZEIT

Mai und Juni

mittel | 4.00 Std. | 12 km | 500 Hm

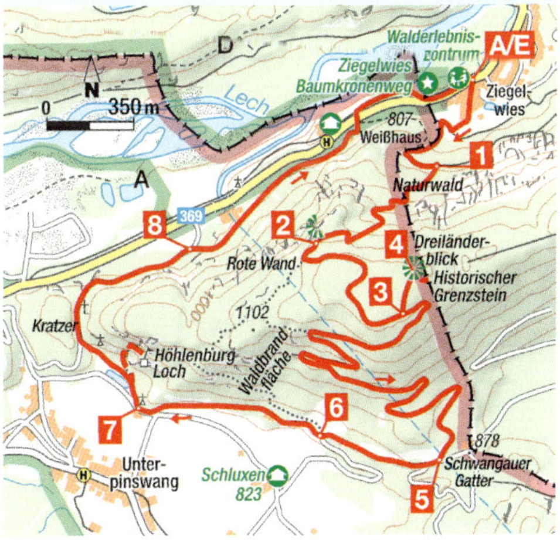

EINKEHR

Während der Tour keine, in Füssen mehrere Möglichkeiten

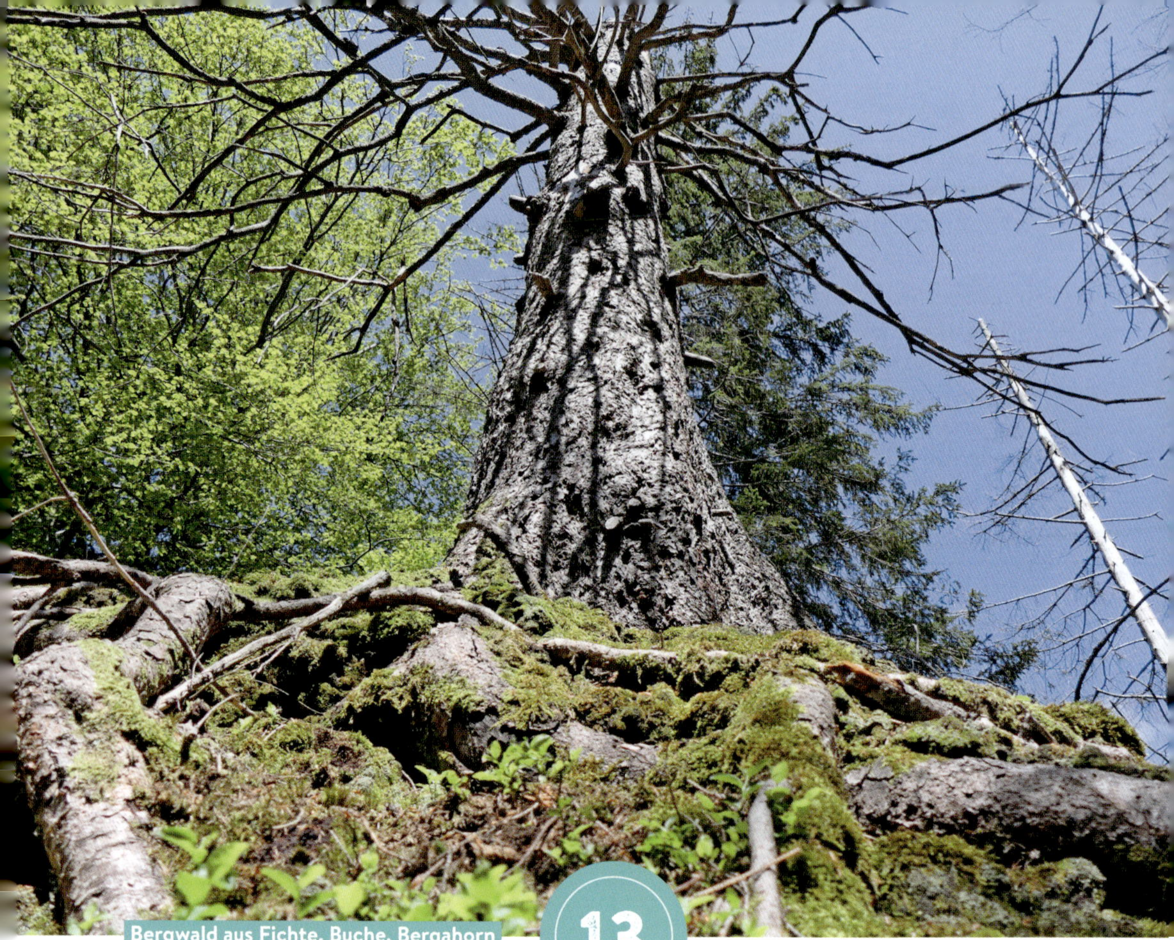

Bergwald aus Fichte, Buche, Bergahorn und Vogelbeere auf dem Zirmgrat

13

Falkenstein, Zirmgrat und Alatsee

Schlossplanungen und Seegeheimnisse

Über dem Vilser Tal thront die Burgruine Falkenstein. An diesem exponierten Ort plante der Märchenkönig Ludwig II. sein letztes Schloss. Entlang des Zirmgrats beobachten wir Schmetterlinge und genießen spektakuläre Tief- und Ausblicke. Der idyllisch gelegene Alatsee birgt erstaunliche Geheimnisse.

AUFSTIEG ZUR BURGRUINE Wir starten die Tour am **A Bahnhof Pfronten-Steinach** (850 m) und spazieren kurz entlang der Bundesstraße Richtung Osten. An der ersten Straße biegen wir nach links ab, überqueren die Bahnlinie und die Vils. Ein schmaler Pfad führt uns durch den steilen Südhang des Falkensteins empor. Den Abzweig zur Schlossangeralp lassen wir links liegen und folgen rechts dem Hauptweg, der uns durch den Bergwald aus Fichte mit Buche, Bergahorn, Tanne, Mehlbeere und Waldkiefer aufwärts leitet. Bald strahlt über den Baumkronen die helle Felswand des Falkensteins. Wir erreichen den Wandfuß und steigen hoch zur Mariengrotte, einer breiten Felsspalte, in der eine überlebensgroße Statue der heiligen Maria steht.
Von der Grotte geht es auf dem linken Pfad über viele Stufen zum Burghotel Falkenstein hinauf. Links des Restaurants bringt uns der gut ausgebaute Weg zur **1 Burgruine Falkenstein** (1277 m). Um die Mauerreste fliegen Buchfinken, Hausrotschwänze und Spatzen. Sie nutzen die Fichten, Bergahorne, Wacholder, Bergkiefern und Sommerlinden als Sitzwarten. Am Boden blühen Ästige Graslilie, Große Händelwurz, Ochsenauge, Oreganum, Weiße Schwalbenwurz, Sonnenröschen, Thymian und Wundklee. Von hier oben bietet sich ein grandioser Rundumblick auf die Allgäuer Alpen und das Alpenvorland. Im Süden liegen Breitenberg und Aggenstein. Ein besonderes Schmankerl ist der Blick über den Zirmgrat bis zum Schloss Neuschwanstein. König Ludwig II. plante, hier oben sein letztes Traumschloss zu errichten.

ÜBER DEN ZIRMGRAT ZUM VIER-SEEN-BLICK Wir kehren zurück zum Burghotel, steigen die Teerstraße vier Serpentinen hinunter und biegen rechts auf den Waldpfad zum **2 Luimentalsattel**. Den Steilhang stabilisiert Bergwald aus Fichte, Buche, Bergahorn, Esche und Vogelbeere. Vom Sattel mit dem weißen Plastikhirsch geht es den Gegenhang hinauf durch von Stürmen und Borkenkäfern aufgelichteten Fichtenwald. Für Trittsichere und Schwindelfreie sind auch die Gipfelanstiege auf den Einerkopf und den Zwölferkopf interessant. Alpendost, Bewimperte Alpenrose, Berg-Baldrian,

Tipp

SCHLOSS FALKENSTEIN

Auf dem hohen, steilen Falkensteinfelsen wurde um das Jahr 1280 vom Grafen Meinhard von Tirol eine Burg erbaut. Er wollte damit Eindruck schinden und seinen Anspruch auf das Gebiet untermauern. Aber schon 1290 verkaufte der Tiroler die Burg dem Bischof von Augsburg. Die Grafen von Tirol und die Bischöfe von Augsburg hatten gemeinsame Interessen gegenüber ihren mächtigen Nachbarn, den Herzögen von Bayern. Die Burg diente bis 1582 als Sitz der Augsburger Vögte, die im Winter die ungemütliche Anlage mieden. Gegen Ende des Dreißigjährigen Kriegs beschloss die katholische Tiroler Regierung die Zerstörung der Burg, um sie dem anrückenden schwedisch-protestantischen Heer nicht auszuliefern. Aber die Zerstörung war sinnlos, da dummerweise die Evangelischen ihre Marschroute änderten.
1883 erwarb schließlich der bayerische König Ludwig II. die Ruine. Hier wollte er eine Märchenburg errichten. Aber bis zum Tod seiner Majestät wurden nur eine Wasserleitung und ein neuer Weg fertiggestellt. Ein Ölgemälde des geplanten königlichen Schlafsaals und ein Modell des Schlosses befinden sich heute im Museum auf Herrenchiemsee.

Berg-Flockenblume, Nesselblättriger Ehrenpreis, Wolfs-Eisenhut, Schwalbenwurz-Enzian, Ährige Graslilie, Große Händelwurz, Heidelbeere, Fuchs' Knabenkraut, Ochsenauge, Weiße Schwalbenwurz, Seidelbast, Simsenlilie, Skabiose, Breitblättrige Stendelwurz, Ährige Teufelskralle, Kugelige Teufelskralle, Rotes Waldvögelein und Vielblütige Weißwurz erfreuen hier das Bergsteigerherz. Tagfalter wie Schwalbenschwanz, Bläulinge, Mohrenfalter und Taubenschwänzchen gaukeln über den Blüten, tanken Nektar und paaren sich. Vom **3 Zirmgrat** (1293 m) beeindrucken die Aussichten auf die Gipfel der Tannheimer Berge und der Tiefblick ins Vilstal.

Vom höchsten Punkt führt der Pfad steil hinunter durch Buchenwald mit Fichte, Bergahorn und Bergulme. Millionen von Buchheckern bieten paradiesische Verhältnisse für Eichhörnchen und Rötelmäuse. Am Boden blühen Maiglöckchen, Einbeere, Hainlattich, Waldmeister und Langblättriges Waldvögelein. Die Gesänge und Rufe von Amsel, Buchfink, Buntspecht, Kleiber, Kolkrabe, Rotkehlchen, Schwarzspecht, Singdrossel, Haubenmeise, Tannenmeise, Wintergoldhähnchen und Zaunkönig begleiten uns. Nach 150 Höhenmetern Abstieg verläuft der Waldpfad wieder flacher und wir biegen am Wegkreuz nach links ab, der Beschilderung »Vier-Seen-Blick« folgend. Bald steigt der Pfad steiler an und führt über einen wurzeligen Pfad zum **4 Vier-Seen-Blick** (1120 m). Die Vogelperspektive auf die Voralpenlandschaft ist grandios. Direkt unter uns liegen Weißensee, Hopfensee, rechts davon der Forggensee und hinten der Bannwaldsee. Diese Seen sind Relikte des großen Füssener Sees der Späteiszeit. Vom Sturm umgerissene Buchen müssen wir umgehen und gelangen zur **5 Salober Alm** (1150 m).

ÜBER DEN ALATSEE NACH VILS Eine breite Forststraße führt hinunter durch Bergwald aus Buche und Tanne mit Fichte, Kiefer,

Maiglöckchen, Waldmeister und Einbeere blühen im Mai im Buchenwald.

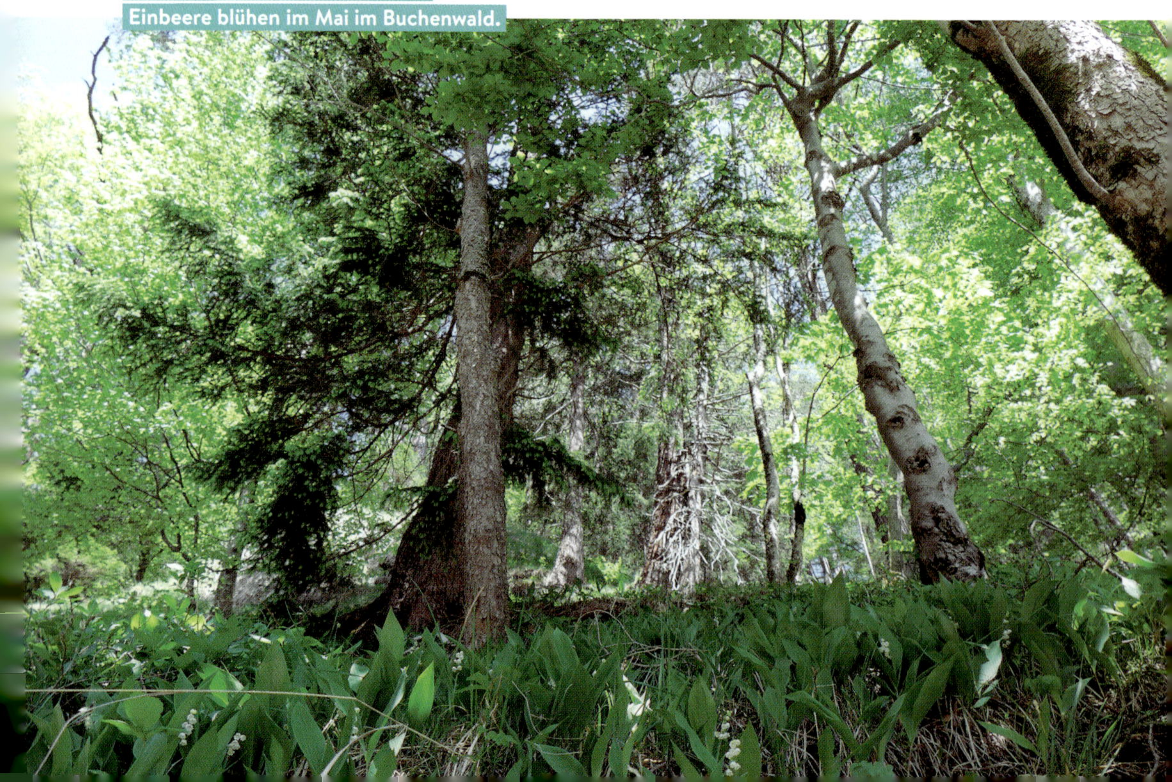

INFO

TOURENCHARAKTER

Die aussichtsreiche Wanderung oberhalb des Vilstals bietet eine Burgruine und einen idyllischen Bergsee. Die Besteigung von Einerkopf und Zwölferkopf verlangt Trittsicherheit.

AUSGANGSPUNKT

Bahnhof Pfronten-Steinach

ENDPUNKT

Bahnhof Vils-Stadt

ANFAHRT

ÖPNV: Mit der Regionalbahn zum Bahnhof Pfronten-Steinach
Auto: Über die A 7 bis zur Ausfahrt Oy-Mittelberg, dann über die B 310 nach Pfronten und weiter auf der B 309 Richtung Vils bis zum Bahnhof Pfronten-Steinach. Von Vils geht es mit dem Zug zurück zum Ausgangspunkt.

GEHZEITEN

Bahnhof Pfronten-Steinach – Ruine Falkenstein 1:20 Std. – Zirmgrat 2:20 Std. – Salober Alm 3:00 Std. – Alatsee 3:30 Std. – Bahnhof Vils 4:00 Std.

mittel | 4.00 Std. | 12 km | 600 Hm

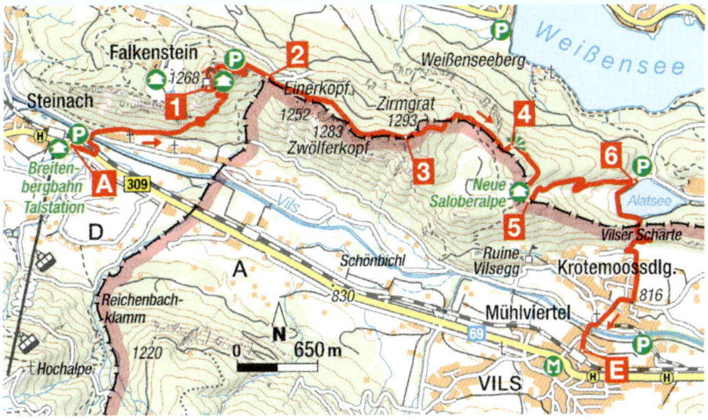

BESTE JAHRESZEIT

Herbst

EINKEHR

Salober Alm, www.saloberalm.de, Tel. 0043/56 77 87 88;
Burghotel Falkenstein, www.burghotel-falkenstein.de, Tel. 08363/91 45 40

Bergahorn, Bergulme, Esche, Vogelbeere und Mehlbeere. Beim Abstieg zum 6 **Alatsee** (868 m) genießen wir den Weitblick in die Ammergauer Berge. Im Alatsee befindet sich in 15 Metern Tiefe eine leuchtend rote Schicht aus Schwefelbakterien. Deswegen heißt er auch der »blutende See«. Oberhalb dieser Schicht ist das Wasser sauerstoffreich und es leben Fische, Insekten sowie Süßwasserpolypen darin. Während des zweiten Weltkriegs wurden im Alatsee im Auftrag des Reichsluftfahrtministeriums Tests für einen neuen Abfangjäger durchgeführt. Im See findet man noch heute große Eisenstangen, die dafür benutzt wurden. Gegen Ende des Weltkriegs sollen Goldschätze der Deutschen Reichsbank, die auf Schloss Neuschwanstein deponiert waren, im See versenkt worden sein. Da wiederholt große Mengen an Fischen starben und auch immer wieder Menschen verschwanden, gilt der See bis heute als verrufener Ort. Diese Todesfälle sind wahrscheinlich auf frei werdenden Schwefelwasserstoff zurückzuführen.
Im Gebiet wurde früher viel geschmuggelt. Sogar Gespenster sollen dort hausen und unvorsichtige Wanderer in den See ziehen. Entlang des West- und Südufers gelangen wir auf alten Schmugglerpfaden zur Vilser Scharte (878 m). Am Waldboden blühen Wald-Geißbart, Rote Heckenkirsche, Hexenkraut, Leberblümchen, Lungenkraut, Echte Nelkenwurz, Rundblättriger Steinbrech, Ährige Teufelskralle, Waldmeister, Wald-Witwenblume und Wald-Ziest. Nun spazieren wir hinunter zu den Häusern der Krotemoossiedlung und erreichen nach Überqueren des Flusses den E **Bahnhof Vils**.

Große Schlicke und Läuferspitze

Gamswild und Latschenwälder

Die Große Schlicke ist der beherrschende Gipfel auf der Nordseite des Reintals. Von der Bergstation Füssener Jöchle führt der Bergpfad meist durch Latschenwald und alpine Rasen über die Vilser Scharte zur Großen Schlicke – grandiose Ausblicke sind garantiert.

Zwischen Füssener Jöchle und Reintaler Jöchle ist die Gams ganz nah.

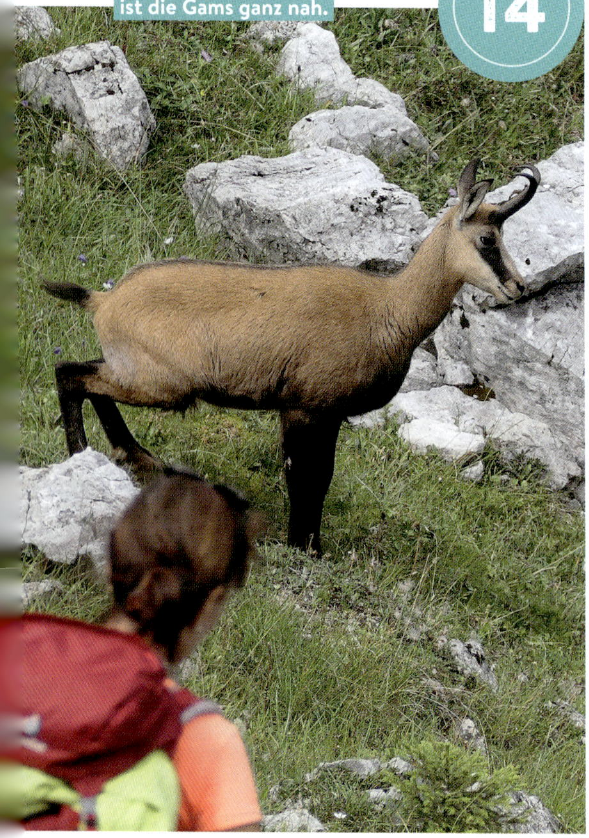

14

VOM FÜSSENER JÖCHLE ZUR VILSER SCHARTE Wir fahren möglichst mit der ersten Bahn zum A / E **Füssener Jöchle** (1818 m). Unser Blick nach Westen wandert über Wannenjoch, Rohnenspitze, Ponten, Bschießer, Geißhorn, Rauhhorn und Kugelhorn bis zur Sulzspitze. Wir steigen Richtung Osten durch das Kar zum 1 **Reintaler Jöchle**. Im Kar zwischen Füssener Jöchle und Reintaler Jöchle hält sich morgens oft ein Gamsrudel auf. Im Sommer beeindrucken hier Blauer und Gelber Eisenhut, Frauenmantel, Weißer Germer, Gamswurz-Greiskraut, Große Händelwurz, Aufgeblasenes Leimkraut und andere blühende Augenweiden.

Der Pfad führt vom Reintaler Jöchle ein kurzes Stück bergab bis zum Wegabzweig Otto-Mayr-Hütte. Leicht ansteigend quert der Weg die latschenbewachsenen Südhänge des Hahnenkopfs. Im Latschenwald gedeihen, neben zahlreichen Baumarten, z. B. Berufskraut, Brillenschötchen, Bärtige Glockenblume, Wald-Habichtskraut, Große Händelwurz, Sumpf-Herzblatt, Buchsblättrige Kreuzblume, Herzblättrige oder Nacktstängelige Kugelblume.

Sobald die Hänge flacher werden, sinkt der Latschenanteil zugunsten der Fichte. Zwischen den Latschen sind die Gamsböcke meist einzelgängerisch unterwegs. Erst im Herbst suchen sie die weiblichen Rudel zur Paarung auf. Aus den dichten Latschenbeständen hören wir das Klappern der Klappergrasmücke sowie die Rufe von Bergpieper und Zitronenzeisig. Wir erreichen die **2 Vilser Scharte** (1817 m), von der man nach Vils absteigen kann.

VON DER VILSER SCHARTE AUF DIE GROSSE SCHLICKE Wir wandern durch Latschenwälder, Zwergstrauchheiden, Hochstaudenfluren und alpine Rasen am Südhang der Kleinen Schlicke bis zur **3 Weggabelung**. Bei Sonne gaukeln über den Blumen Kleiner Fuchs, Schwalbenschwanz und andere Schmetterlingsarten. Von hier zieht der Pfad in Serpentinen durch die felsdurchsetzten Matten hinauf zur **4 Großen Schlicke** (2059 m). Es bietet sich eine überwältigende Aussicht auf die Ostallgäuer Seenlandschaft, den Säuling, die Ammergauer Berge, das Wettersteingebirge und die Allgäuer Hochalpen.

Wir steigen auf dem bekannten Weg ab zurück zum **1 Reintaler Jöchle**. Nach links geht es durch Latschen, Zwergstrauchheiden und Hochstaudenfluren am Osthang der Läuferspitze. Bei einer Verebnung biegen wir rechts ab zur Läuferspitze. Nach kurzem Anstieg im Schuttkar stehen wir vor einer Felswand. Ab hier sind Schwindelfreiheit und Trittsicherheit notwendig. Die Wand meistern wir mit Unterstützung von Metallstufen und einer Drahtseilsicherung. Nach wenigen Schritten stehen wir am Gipfelkreuz der **5 Läuferspitze** (1958 m) und genießen die Rundumsicht. Wir steigen auf gleichem Weg hinunter zum **1 Reintaler Jöchle** und wandern hinüber zum **A / E Füssener Jöchle**. Mit der Gondel fahren wir hinunter ins Tal.

INFO

TOURENCHARAKTER

Für die Bewältigung der Läuferspitze sind im obersten Stück Trittsicherheit und Schwindelfreiheit notwendig.

AUSGANGS-/ENDPUNKT

Bergstation Füssener Jöchle

ANFAHRT

ÖPNV: Mit der Bahn nach Pfronten-Steinach. Der Tälerbus Richtung Haldensee hält in Grän (Talstation). Auto: Auf der A 7 bei der Ausfahrt Oy-Mittelberg auf die B 310 nach Oberjoch fahren, dem Wegweiser Tannheimer Tal folgen bis zur Ausfahrt Grän und weiter zum Parkplatz Füssener Jöchle Bergbahn

GEHZEITEN

Füssener Jöchle – Vilser Scharte 1:00 Std. – Große Schlicke 2:00 Std. – Läuferspitze 3:30 Std. – Füssener Jöchle 4:00 Std.

BESTE JAHRESZEIT

Sommer und Herbst

schwierig	4.00 Std.	7 km	550 Hm

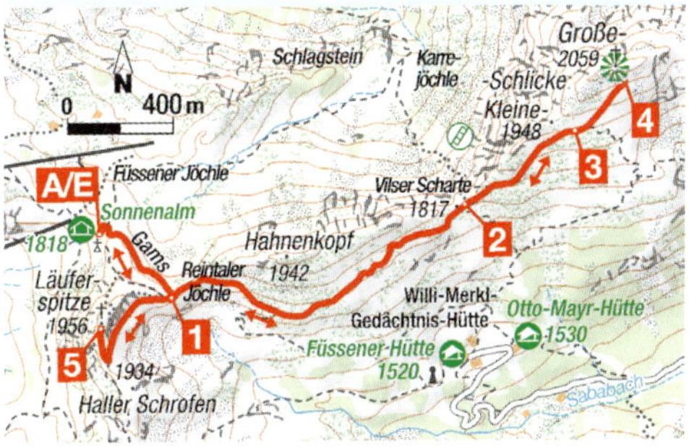

EINKEHR

Bergrestaurant Sonnenalm am Füssener Jöchle, www.sonnenalm-tirol.at, Tel. 0043/5675/5129

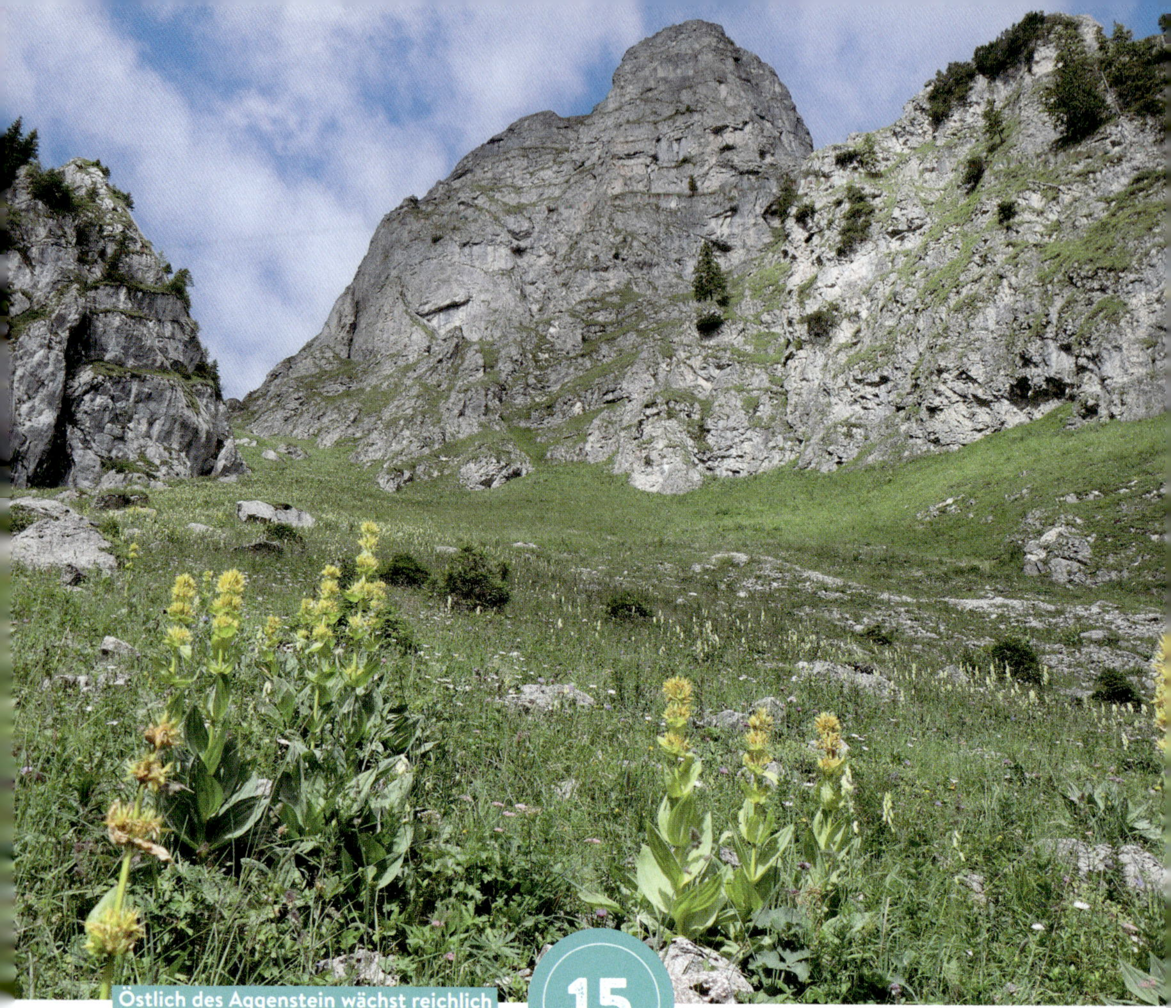

Östlich des Aggenstein wächst reichlich Gelber Enzian und Gelber Eisenhut.

15

Aggenstein und Breitenberg

Wilde Wasser und Blumenparadiese

Durch die wildromantische Reichenbachklamm windet sich der Pfad an Wasserfällen entlang über die Bad Kissinger Hütte auf den Aggenstein. Im Gipfelbereich blühen Besonderheiten wie Alpenaster, Edelweiß, Schneeenzian oder Kohlröschen. Für Alpenblumenfreaks ist diese Tour ein Paradies.

DURCH DIE REICHENBACHKLAMM Vom **A / E Bahnhof Pfronten-Steinach** (930 m) spazieren wir zur Talstation der Breitenbergbahn. Wir halten uns links, wandern über Fettwiesen und streben dem Reichenbach zu. In der **1 Reichenbachklamm** führt der wurzelige Pfad durch schattigen Schluchtwald aus Fichte, Tanne, Bergahorn, Bergulme, Buche, Mehlbeere und Grauerle. Seilbefestigungen und Ketten ermöglichen eine gefahrlose Passage. Am Boden blühen Alpendost, Berg-Flockenblume, Hasenlattich, Wald-Schlüsselblume, Rundblättriger Steinbrech, Ährige Teufelskralle und Waldbingelkraut. In dem luftfeuchten Klima wachsen auf uralten Bergahornen, Buchen und Tannen zahlreiche Moos-, Farn- und Flechtenarten. Neben mehreren kleineren Wasserfällen beeindruckt am oberen Ende der Klamm der **2 Wasserfall des Plattenbachs** (1140 m). Beim Aufstieg durch den lichter werdenden Wald begleiten uns die Stimmen von Buchfink, Buntspecht, Fitis, Gartengrasmücke, Grünspecht, Kolkrabe, Rotkehlchen, Schwarzspecht, Tannenmeise, Wintergoldhähnchen, Zaunkönig und Zilpzalp.

ZUR BAD KISSINGER HÜTTE Wir queren zweimal die Hochalpstraße und kommen zum **3 Aggensteinlift** (1205 m). Oberhalb von 1400 Metern Höhe wird die Vegetationszeit für Buche und Tanne zu kurz und die Fichte tritt als alleiniger Waldbildner auf. Aufgrund ihrer hohen Widerstandskraft sowie ihres Vermögens, auf Totholz zu keimen und so den hohen Schneelagen zu trotzen, gelingt es ihr, auch die subalpinen Lagen zu besiedeln und bei 1700 Metern die natürliche Waldgrenze zu bilden. Bergahorn, Vogelbeere und Latsche sind einzeln beigemischt. Die Waldweide und überhöhte Rotwildbestände fördern im Wald lichte Bestandsstrukturen. Über den »Bösen Tritt« führt der Weg hinauf zur **4 Bad Kissinger Hütte** (1788 m).

AUF DEN AGGENSTEIN Beim Anstieg zum Gipfel lohnt es sich, die Vegetation genauer zu betrachten. In den Polsterseggenrasen

Tipp

FFH-GEBIET »AGGENSTEIN«

Die zweigipfelige Felspyramide des Aggenstein bildet das Herzstück des 1,3 Quadratkilometer großen Fauna-Flora-Habitat-Gebiets (FFH-Gebiets). Die Hochlagenbereiche bestehen aus artenreichen alpinen Rasen und Felsfluren, die in Bayern sehr seltene und nur an diesem Ort bekannte Pflanzenarten enthalten. Nach Westen setzt sich das FFH-Gebiet als schmales Band über den Seekopf bis zu den artenreichen gemähten Adratsbachwiesen fort. Die Felspyramide des Aggenstein baut sich aus hartem Hauptdolomit auf.

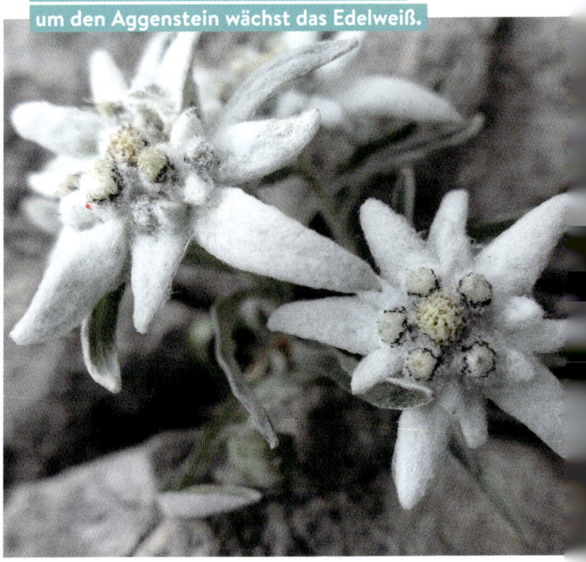

Auf den Felsen und alpinen Rasen rund um den Aggenstein wächst das Edelweiß.

gedeihen neben der namensgebenden Polstersegge Alpenhelm, Salzburger Augentrost, Felsen-Baldrian, Alpen-Bärentraube, Kopfiges Läusekraut, Zwerg-Orchis, Kerners Pippau, Silberwurz, Blaugrüner Steinbrech und Wundklee. In sonnseitigen Lagen kommen noch Blaugras-Horstseggenrasen hinzu mit Alpenaster, Edelweiß, Skabiosen-Flockenblume, Gamswurz-Greiskraut, Zottigem Habichtskraut, Stängellosem Leimkraut, Bewimpertem Mannsschild, Berg-Hahnenfuß, Schwarzem Kohlröschen, Alpen-Pippau, Großblütigem Sonnenröschen, Glänzender Skabiose und Alpen-Süßklee. Unterhalb des Gipfels muss ein kurzes Stück am Drahtseil überwunden werden. Wer aufgrund des Gegenverkehrs warten muss, kann vielleicht ein Edelweiß entdecken.
Der Ausblick vom 5 **Aggenstein** (1985 m) ist beeindruckend. Vor uns liegen das Tannheimer Tal, die Allgäuer Hochalpen mit Hochvogel, die Lechtaler und Ammergauer Alpen sowie das Wetterstein mit Zugspitze. Ein gutes Dutzend Alpendohlen partizipiert an der Brotzeit der Bergsteiger. Am Gipfelgrat lassen sich botanische Raritäten entdecken: Einblütiges Berufkraut, Edelweiß, Felsen-Ehrenpreis, Schnee-Enzian, Berg-Esparsette, Berg-Fahnenwicke, Immergrünes Felsenblümchen, Fächer-Frauenmantel, Moschus-Steinbrech, Zwerg-Miere, Vielstängeliges Wimper-Sandkraut und Felsen-Segge.

VOM AGGENSTEIN ZUM BREITENSTEIN

Der Abstieg erfolgt über den »Langen Strich« zum Breitenberg. Die Latschengebüsche bestehen aus Bewimperter Alpenrose, Rostroter Alpenrose, Meisterwurz, Grauem und

Alpenaster und Alpendohle kommen am Gipfel des Aggenstein häufig vor.

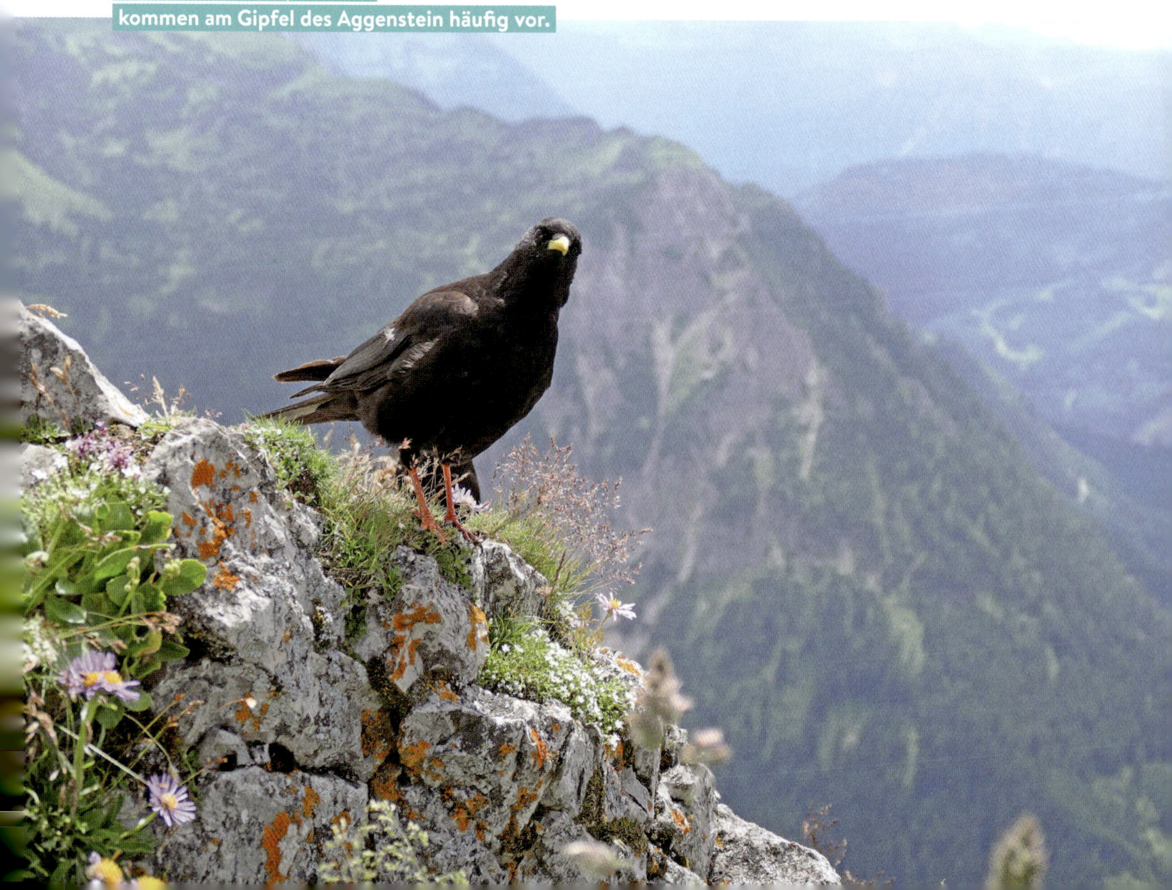

INFO

TOURENCHARAKTER

Die markierte Rundtour auf den Aggenstein erfordert in der Klamm und beim Gipfelanstieg Trittsicherheit.

AUSGANGS-/ENDPUNKT

Bahnhof Pfronten-Steinach

ANFAHRT

ÖPNV: Vom Hauptbahnhof München über Kempten nach Pfronten-Steinach

Auto: Autobahn nach Lindau bis zur Ausfahrt Jengen/Kaufbeuren, weiter über Marktoberdorf durch Pfronten bis nach Steinach zum Parkplatz der Breitenbergbahn

GEHZEITEN

Bahnhof Pfronten-Steinach – Reichenbachklamm 0:20 Std. – Aggensteinlift 1:30 Std. – Bad Kissinger Hütte 2:45 Std. – Aggenstein 3:15 Std. – Breitenberg 4:45 Std. – Breitenbergbahn 5:30 Std. – Bahnhof Pfronten-Steinach 6:00 Std.

BESTE JAHRESZEIT

Sommer

EINKEHR

Ostlerhütte, www.die-ostler-huette.de;
Bad Kissinger Hütte, www.badkissingerhuette.at

schwierig | 6 Std. | 11 km | 1400/700 Hm

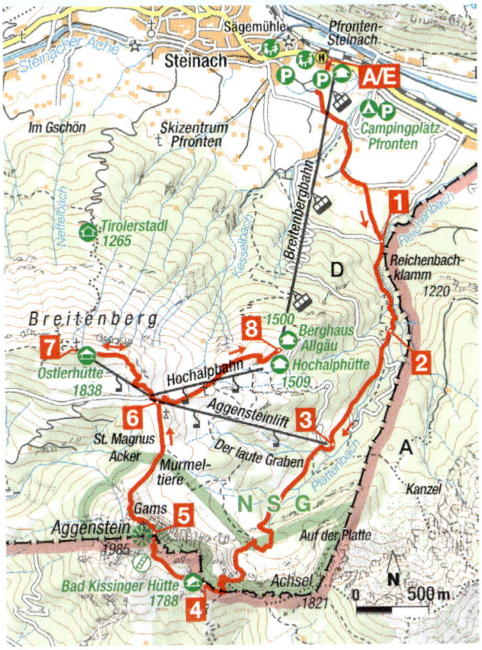

Grünem Alpendost, Alpen-Milchlattich, Stein-Beere, Alpen-Heckenrose, Schneeheide und Zwerg-Mehlbeere. In kalkarmen Bereichen können Grüner Alpenlattich, Wolliges Reitgras, Rotes Straußgras und Alpen-Habichtskraut die Pflanzenarten ersetzen, die auf Böden mit höherem pH-Wert gedeihen. Gamswild bevölkert die Latschenbestände. In vielen Serpentinen geht es hinab zum Alpgebiet des 6 **St.-Magnus-Ackers**, einem langgezogenen Rücken zwischen Aggenstein und Breitenberg. Die meist kalkarmen Gesteinstypen verwittern zu tiefgründigen Böden. Die Weidenutzung mit Rindern reichert die Vegetation deutlich an, zum Beispiel mit Kammgras, Borstgras, Hasensegge, Rasenschmiele, Rotem Straußgras und Alpen-Lieschgras. Nur vereinzelt überleben Arnika, Blauer Eisenhut, Rauer Enzian und Feldenzian, Gold-Fingerkraut, Scheuchzers Glockenblume, Geöhrtes Mausohr-Habichtskraut, Katzenpfötchen, Rauer und Schweizer Löwenzahn, Norwegisches Ruhrkraut, Silberdistel und Weißzüngel. In die tiefgründigen Böden graben Murmeltiere ihre Höhlen. Wir nehmen noch den Abstecher hinauf zur Ostlerhütte auf dem 7 **Breitenberg** (1838 m) und genießen die schöne Aussicht auf den Aggenstein und die Ostallgäuer Seen. Von der Ostlerhütte steigen wir ab zur 8 **Bergstation der Breitenbergbahn** (1498 m), schweben hinunter zum Parkplatz und spazieren die letzten Minuten zum A/E **Bahnhof Pfronten-Steinach**.

Durch die Höllschlucht zur Kappeler Alp

Wasser und Wald im Überfluss

Diese Rundwanderung durch die Höllschlucht bietet reichlich Wälder, Wildbäche und eine Wallfahrtskirche. Auf wurzeligen, steinigen und erdigen Pfaden geht es in die Waldgebiete zwischen Kappel, Nesselwang und Edelsberg.

Der Wasserfall in der Höllschlucht erzeugt eine erfrischende Gischt.

16

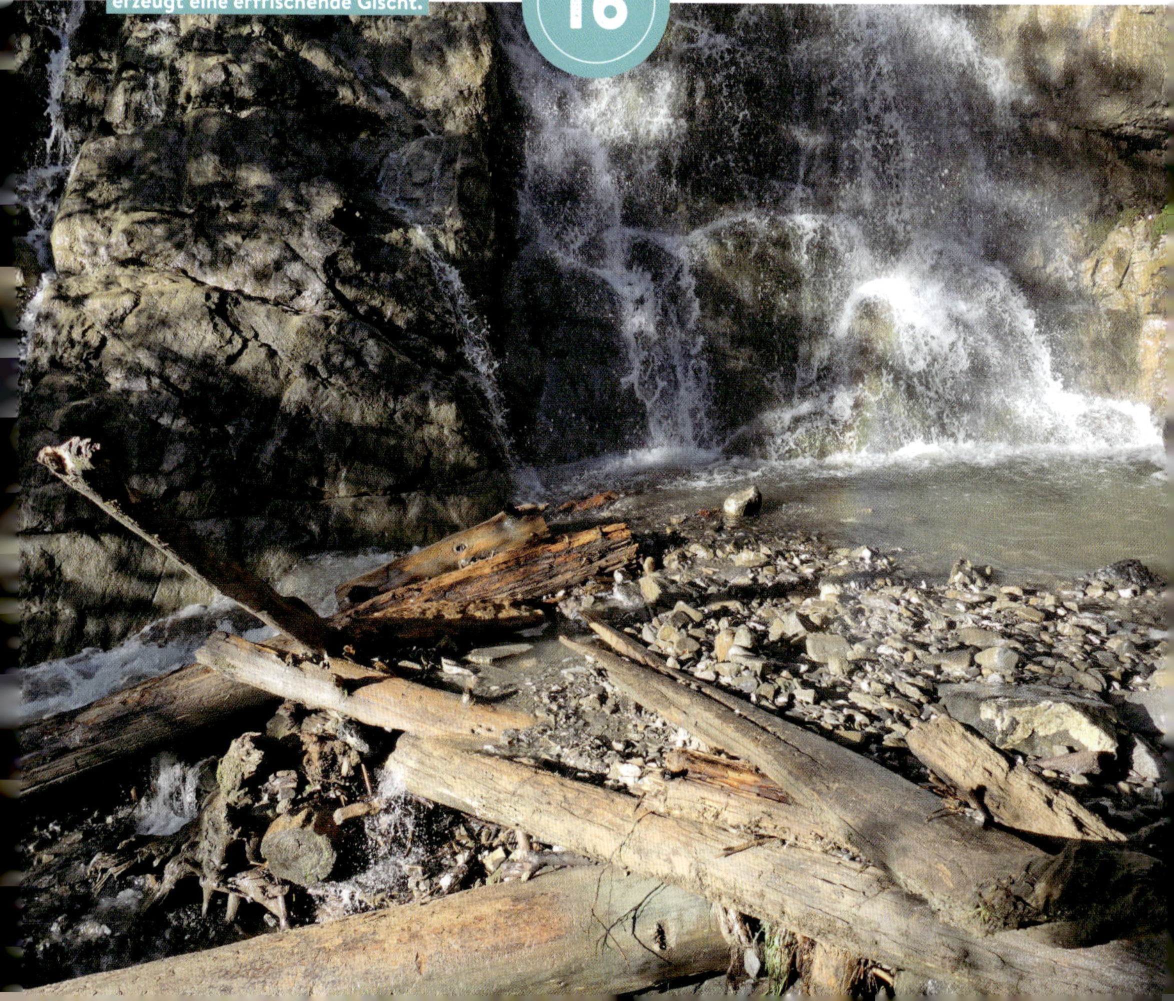

VON KAPPEL ZUR HÖLLSCHLUCHT
Vom **A / E Parkplatz Kappel** (890 m) am nördlichen Ortsrand bringt uns der Kiesweg entlang des Steinbachs durch Laubwald aus Bergahorn, Esche, Bergulme, Linde, Grauerle und Vogelbeere zum Waldseilgarten. Am **1 Parkplatz des Waldseilgartens** steigen wir die Asphaltstraße hoch und biegen nach zwei Kurven rechts ab auf die Forststraße. Diese leitet uns in südwestlicher Richtung linksseitig des Steinbachs. Wir passieren beim Aufstieg mehrere Stationen eines Bogenparcours mit Plastiktieren in Originalgröße. Ein Plastikbär kann vom Holzpferd aus erlegt werden, aber auch ein Fuchs, ein Hirsch und ein Hase ohne Ohren stehen als Ziele im Wald. Als tatsächlich lebende Tiere hören wir am Morgen die Stimmen von Amsel, Buchfink, Dompfaff, Kolkrabe, Kuckuck, Mönchsgrasmücke, Rotkehlchen, Singdrossel, Tannenmeise und Zilpzalp. Habichte und Sperber jagen sie.

DURCH DIE HÖLLSCHLUCHT Der Forstweg endet an einer **2 Eisenbrücke** (1027 m) über den Steinbach und die Höllschlucht beginnt. Über den schmalen, mit vielen Stufen ausgebauten Waldpfad steigen wir zügig bergan. Der Schluchtwald besteht aus den Baumarten Bergahorn, Fichte, Tanne, Buche und Weide. Am Waldboden wachsen Alpendost, Brombeere, Nesselblättriger Ehrenpreis, Gelber Eisenhut, Berg-Flockenblume, Einbeere, Wald-Geißbart, Goldnessel, Fuchs' Greiskraut, Wald-Habichtskraut, Hasel, Hasenlattich, Hexenkraut, Rote Heckenkirsche, Himbeere, Schwarzer Holunder, Mauerlattich, Gemeine Nelkenwurz, Weiße Pestwurz, Sanikel, Sauerklee, Wald-Schachtelhalm, Wald-Schlüsselblume, Braunrote Ständelwurz, Große Sterndolde, Ährige Teufelskralle, Wald-Veilchen, Waldbingelkraut, Waldmeister und Wald-Witwenblume. Zahlreiche Moos- und Farnarten sowie Flechtenarten erweitern die Artenvielfalt.
Linker Hand werden wir vom rauschenden Bachlauf begleitet. Wasseramsel und Zaunkönig leben am Wildbach. Über uns thronen hohe Felswände. Der Waldpfad schlängelt sich in Serpentinen am Hang empor zum großen Wasserfall. Beeindruckt von der Gischt des spektakulären Wasserfalls wenden wir uns nach rechts und steigen den steilen Hang der Höllschlucht hinauf. Der

Tipp

SCHLUCHTWALD

Schluchtwälder entstehen dort, wo die Böden in Bewegung und mit Hangschutt und Geröll bedeckt sind. Aus den steilen Oberhangbereichen bewegen sich Gesteinsbrocken und Feinmaterial durch Wasser, Frost und Wurzelsprengung hangabwärts. Die hier wachsenden Arten müssen diesen Abtrag am Oberhang und die Überschüttung am Unterhang ertragen. Schluchtwälder sind meist licht und die Krautschicht ist üppig. Zahlreiche Farne, Moose und Flechten wachsen auf den Bäumen und Felsen. Schluchtwälder sind Lebensraum überdurchschnittlich vieler spezialisierter Tier- und Pflanzenarten. So beherbergen sie zum Beispiel eine artenreiche Schnecken-, Assel- und Spinnenfauna. Typische Pflanzenarten sind: Bergahorn, Esche, Bergulme, Sommer- und Winterlinde, Hasel, Schwarzer Holunder, Stinkender Storchschnabel, Wald-Frauenfarn, Gelappter Schildfarn, Borstiger Schildfarn, Ausdauerndes Silberblatt, Gelber Eisenhut, Hohler Lerchensporn, Knoblauchsrauke, Waldnabelmiere, Wald-Geißbart, Goldnessel, Weiße Schwalbenwurz, Echtes Lungenkraut, Märzenbecher, Maiglöckchen und Breitblättrige Glockenblume.

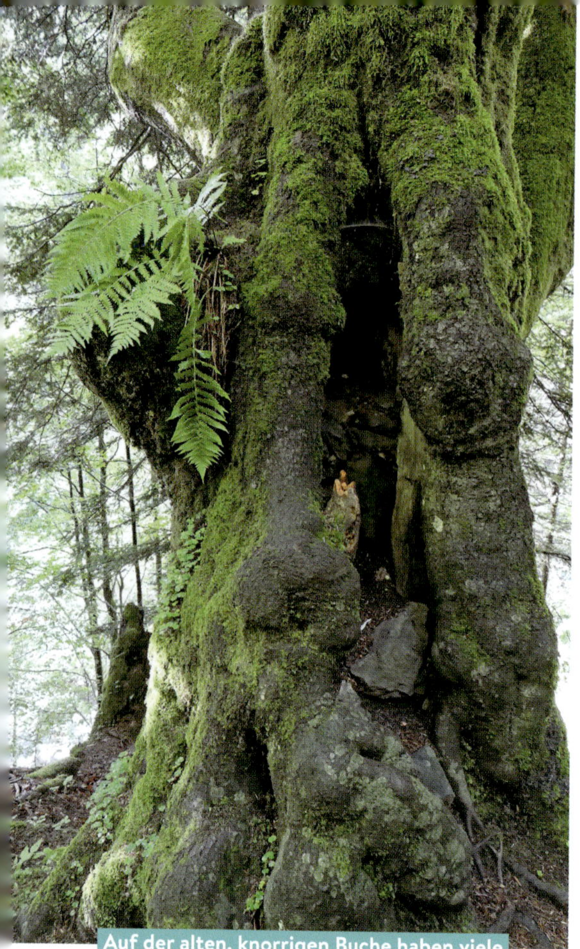

Auf der alten, knorrigen Buche haben viele Aufsitzerpflanzen ihre Nische gefunden.

Berghangwald aus Buche, Tanne, Fichte, Bergahorn und Bergulme stabilisiert die Steillagen. In Bestandslücken bekommen auch Mehlbeeren ausreichend Licht zum Überleben. Aufsitzerpflanzen wie Farne und Sauerklee besiedeln die alten Buchen. Kolkraben, Schwarzspecht und Tannenhäher sind zu hören. Der bei Nässe rutschige Pfad führt in kurzen Kehren nach oben. Wir kommen zu einem Felsspalt, den wir links liegen lassen, um nach rechts dem mit Holzgeländer und Drahtseil gesicherten Pfad zu folgen.

ZUR KAPPELER ALP Auf dem mit Fichten bestockten Bergrücken helfen die Baumwurzeln als Stufen beim Anstieg zum oberen Ende der Höllschlucht. Am Waldrand übersteigen wir den Zaun und spazieren auf lehmigem Pfad bergauf. Im Lehm erkennen wir die Abdrücke von Schuhsohlen, Hundepfoten und Schalen des Rotwilds. Auf den Weideflächen wachsen Breitwegerich, Brennnessel, Wiesen-Flockenblume, Scharfer Hahnenfuß, Hornklee, Rosen, Rossminze, Silberdistel, Spitzwegerich und Wacholder. Holzbretter helfen, moorige Bereiche trockenen Fußes zu überwinden. Über erodierte Bereiche weisen mehrere Pfadspuren den Weg zu einem kleinen Fichtenwäldchen mit Vogelbeerbäumen. Über den breiten Wiesenrücken erreichen wir das **3 Holzkreuz bei der bewirtschafteten Kappeler Alp** (1344 m). Das Panorama reicht im Osten von Klammspitze, Hochplatte, Säuling, Zugspitze, Großer Schlicke, Breitenberg und Aggenstein bis zum Einstein und Edelsberg im Süden.

ABSTIEG ZUR WALLFAHRTSKIRCHE Von der Kappeler Alp nehmen wir den Abzweig nach rechts zur Wallfahrtskirche Maria Trost. Viele Holzstufen führen steil hinab im Fichtenwald mit wenig Bergahorn, Tanne, Vogelbeere und Buche. Im schattigen, feuchten Waldklima wachsen Nesselblättriger Ehrenpreis, Gelber Eisenhut, Wald-Geißbart, Fuchs' Greiskraut, Hasenlattich, Himbeere, Pestwurz, Sauerklee und Ährige Teufelskralle. Die Bestände werden allmählich lichter und die Pflanzenvielfalt erhöht sich. Mehlbeere, Rote Heckenkirsche, Wasser-Schneeball, Wolliger Schneeball, Schwalbenwurz-Enzian, Kohldistel, Große Sterndolde sowie Waldwitwenblume kommen hinzu. Mitten im Wald steht die **4 Wallfahrtskirche Maria Trost** (1122 m). Auf der kleinen Wiese blüht ab August die Herbstzeitlose. Neben dem Brunnen steht eine mächtige Winterlinde. Das Alter des Baums ist nicht bekannt. Ihre Pflanzung könnte im Zusammenhang mit der Kirchenerweiterung im 18. Jahrhundert erfolgt sein.

ZUM UND AUF DEM KAPPELER HÖHENWEG Von der Wallfahrtskirche nehmen wir den Pfad rechts des Tobels nach Norden durch Fichtenforste mit Buche, Bergahorn, Tanne, Moorbirke, Vogelbeere und Mehlbeere. Am Waldboden ragen die hellbraunen Blütenkerzen der Vogelnestwurz hervor. Diese Pflanze benötigt als Vollschmarotzer kein Blattgrün. Der teilweise ausgewaschene Pfad gibt immer wieder das Ausgangsgestein Nagelfluh frei. Über einen mit Bauschutt gebauten Rückeweg erreichen wir den **5 Kappeler Höhenweg** (948 m). Nach rechts wandern wir in ständigem Auf und Ab auf dem Pfad durch Fichtenwald mit Buche und Tanne nach Kappel. Der Höhenweg quert mehrere Wildbäche und Grauerlensümpfe. Metallbrücken erleichtern das Passieren der Bäche und Feuchtgebiete. Nachdem wir eine Forststraße gekreuzt haben, steigt der Pfad zum letzten Mal auf weichem, humusreichem Waldboden an. Nun geht es bergab auf dem Waldpfad durch Altholz mit massereichen Fichten und Tannen, die uns wie Zwerge staunen lassen.
Eine breite Forststraße bringt uns hinunter zu Weideflächen. Mehrere Mäusebussarde kreisen am Himmel und miauen wie Katzen. Wir überqueren nochmals den Steinbach und erreichen nach der Brücke den **1 Parkplatz des Waldseilgartens**. Nun laufen wir auf bekanntem Weg zurück zum **A / E Parkplatz Kappel**.

INFO

TOURENCHARAKTER

Die markierte Rundtour verläuft vom Ortsteil Kappel durch einen Schluchtwald mit einem spektakulären Wasserfall hinauf zur Kappeler Alp. Über die Wallfahrtskirche Maria Trost geht es auf dem Kappeler Höhenweg über schattige Waldpfade zurück. Bei Nässe sind die Pfade rutschig.

AUSGANGS-/ ENDPUNKT

Parkplatz am nördlichen Ortsrand von Pfronten-Kappel

ANFAHRT

ÖPNV: Mit der Bahn über Kempten nach Nesselwang und weiter mit dem Bus zur Haltestelle Kappel. Von der Bushaltestelle gegen die Fahrtrichtung zurück zum nördlichen Ortsrand gehen

Auto: Auf der A 96 bis Buchloe, weiter auf der B 12 bis Marktoberdorf. Dort auf die St 2007 abbiegen nach Nesselwang, dort links nach Kappel fahren

GEHZEITEN

Parkplatz Kappel – Höllschlucht 0:25 Std. – Kappeler Alp 1:30 Std. – Maria Trost 2:00 Std. – Parkplatz Kappel 3:00 Std.

mittel	3.00 Std.	10 km	600 Hm

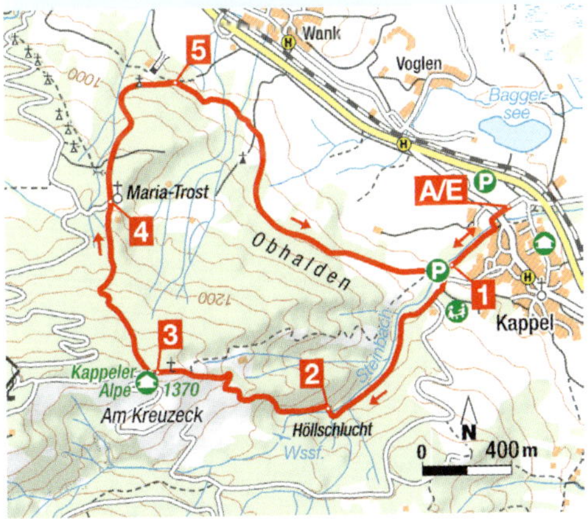

BESTE JAHRESZEIT

Sommer bis Oktober

EINKEHR

Kappeler Alp, www.kappeleralp.de, Tel. 08361/9251751

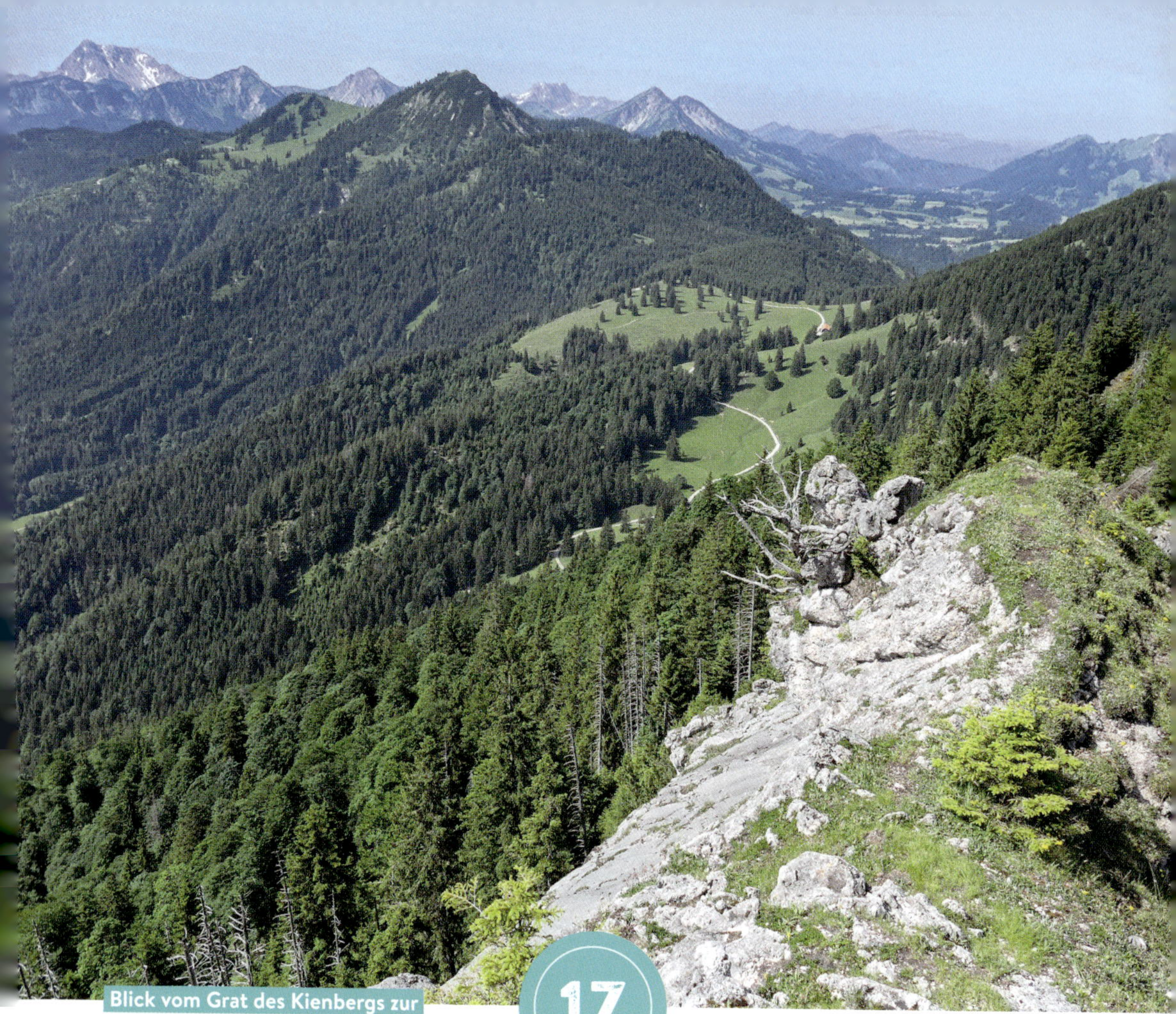

Blick vom Grat des Kienbergs zur Bärenmoos Alpe und weiter nach Westen

17

Kienberg und Bärenmoos Alpe

Blumenpracht auf Mähwiesen und im Bergwald

Dem Kienberg muss man sich mit Ehrfurcht nähern. Denn die markierte Wanderung führt durch Lebensräume gefährdeter Tierarten. Außerdem ist der Gipfelgrat ausgesetzt. Unerwartete Tierbegegnungen sind möglich und eine wunderschöne Blütenpracht ist garantiert.

VON DER FALLMÜHLE ZUM HIMMELREICH Wir starten am **A**/**E** **Parkplatz des Gasthofs Fallmühle** (930 m) und spazieren entlang des Bachs nach Westen durch Buchenmischwald mit Fichte, Tanne, Bergahorn, Bergulme, Esche, Sommerlinde, Hasel, Vogelbeere und Grauerle. Am Boden blühen Alpendost, Wald-Erdbeere, Berg-Flockenblume, Wald-Geißbart, Hasenlattich, Rote Heckenkirsche, Hexenkraut, Gemeine Nelkenwurz, Wald-Schlüsselblume, Rundblättriger Steinbrech, Wald-Storchschnabel, Ährige Teufelskralle, Akeleiblättrige Wiesenraute, Wald-Witwenblume und Waldziest. Auch Moose, Farne und Gräser, wie die Hängesegge und das Perlgras, bedecken den Waldboden.

Nach zehn Minuten queren wir über den Wildbach und folgen dem ansteigenden Forstweg zum »Himmelreich«. Nach der ersten Kehre erreichen wir die **1** **artenreichen Bergmähwiesen »Auf dem Schnall«** (980 m). Hier können wir eine große Blumenvielfalt entdecken: die rotblühende Varietät der Großen Bibernelle, außerdem Wiesen-Bocksbart, Braunelle, Perücken-Flockenblume, verschiedene Frauenmantel-Arten, Herbstzeitlose, Fuchs' Knabenkraut, Margerite, Weichhaariger Pippau, Europäische Trollblume, Große Sterndolde und Wald-Storchschnabel. Auf und zwischen den Blüten fliegen Tagfalter, Wildbienen und Schwebfliegen.

Der ausgewaschene Schotterweg zieht in Serpentinen durch Fichten-Buchen-Mischwald mit Bergahorn, Bergulme und etwas Tanne zum **2** **Abzweig am Himmelreich**. Über 50 grasende Rinder sind durch ihr vielstimmiges Glockengeläut zu hören und bald zu sehen. In Waldrandnähe ziehen Gämsen ihre Runden auf der Suche nach Futter.

VOM HIMMELREICH AUF DEN KIENBERG Gleich nach einem Metalltor am **3** **nördlichen Ende des Himmelreichs** (1202 m) biegen wir rechts auf den schmalen Waldpfad ein. Alte Tannen, Fichten und Buchen spenden

Tipp

FFH-GEBIET »KIENBERG«

Im Fauna-Flora-Habitat-Gebiet (FFH-Gebiet) »Kienberg mit Magerrasen im Tal der Steinacher Achen« soll die Berglandschaft mit einem Mosaik aus naturnahen Waldbeständen, Felsbandvegetation, Kalkschuttfluren, wärmeliebenden Trockengesellschaften und Buckelwiesen erhalten bleiben. Bedeutend sind vor allem die Lebensräume Kalkmagerrasen und Bergmähwiesen. Die im bayerischen Alpenraum stark rückläufigen Bergmähwiesen sind am Kienberg größtenteils in einem hervorragenden Zustand. Kleinflächig existieren um Quellaustritte auch Kalkflachmoore.

Abgestorbene Fichtenstümpfe sind Lebensraum für viele Pilze.

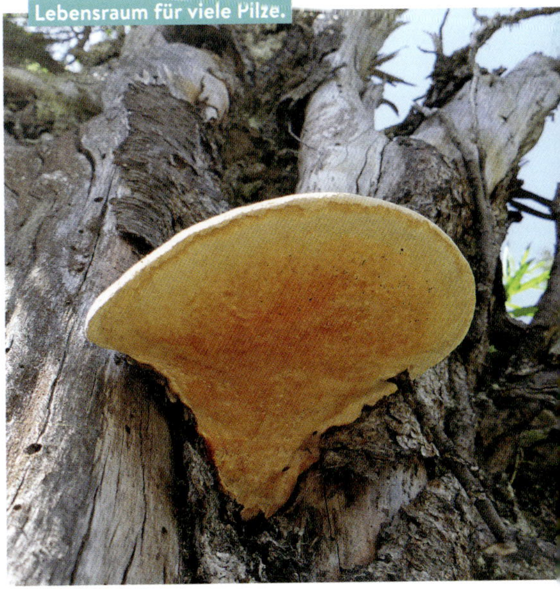

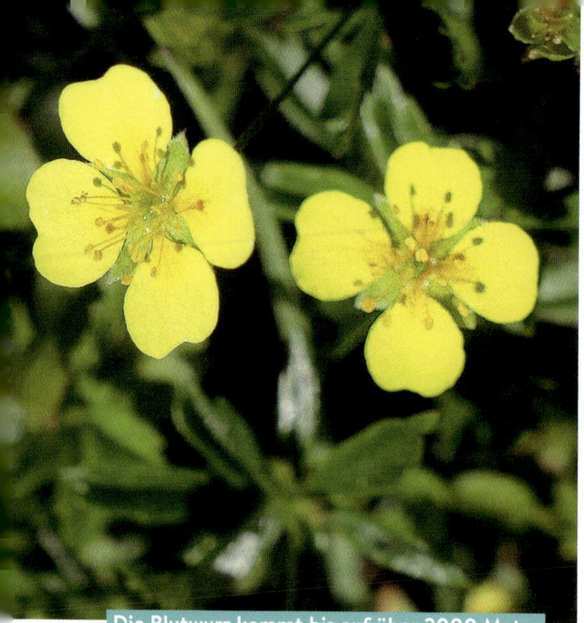

Die Blutwurz kommt bis auf über 2000 Meter Höhe in den Allgäuer Alpen vor.

Schatten und beeindrucken durch ihre Höhe und Stammstärke. Waldmeister-Buchenwälder bilden die klassischen Bergmischwälder auf den kalkreichen Standorten. Sie sind die dominierende Waldgesellschaft bis zu einer Höhe von 1400 Metern, der natürlichen Obergrenze der Buche. Die Hauptbaumarten sind Buche, Tanne und Fichte, sie werden von Bergahorn, Bergulme und Mehlbeere begleitet. Alpendost, Berg-Baldrian, Wald-Erdbeere, Berg-Flockenblume, Wald-Habichtskraut, Hasenlattich, Fuchs' Knabenkraut, Herzblättrige Kugelblume, Rundblättriges Labkraut, Schneeheide, Seidelbast, Ährige Teufelskralle, Türkenbundlilie und Waldbingelkraut blühen am Waldboden. Aus der Vegetation ragen die hellbraunen Blütenkerzen der Vogelnestwurz heraus. Die Wurzeln dieser Orchidee sind fleischig und miteinander wie ein Vogelnest verflochten. Als Vollschmarotzer braucht die Vogelnestwurz kein Blattgrün. Ein Pilz versorgt sie mit Wasser, Nährsalzen und Kohlenhydraten. Da dieser Pilz auch in Symbiose mit den Wurzeln von Bäumen lebt, stammen die organischen Verbindungen von den Waldbäumen.

Beim Aufstieg durch den lichter werdenden Wald begleiten uns die Stimmen von Buchfink, Buntspecht, Fichtenkreuzschnabel, Fitis, Gartengrasmücke, Kolkrabe, Ringdrossel, Schwarzspecht und Zilpzalp. Auerwild und Birkwild könnten hier ebenfalls leben. Die Pfadspuren führen um große Mengen von stehendem und liegendem Totholz. Mit steigender Meereshöhe ersetzen Kiefer, Lärche, Latsche und Mehlbeere die Baumarten Buche und Tanne.

AM GRAT DES KIENBERGS Am Grat bilden niedrige Fichten die natürliche Waldgrenze. Da die Umsetzung der organischen Substanzen durch das Bergklima stark gehemmt ist, entstehen mächtige Tangelhumusauflagen. Neben der Fichte können nur noch Bergahorn und Vogelbeere überleben. Auf den vermodernden Fichtenstämmen kriecht reichlich der Schlangen-Bärlapp. In den waldfreien Flächen am Grat des Kienbergs finden sich alpine Kalkrasen, kleine Latschenbestände und Gesteinsschuttfluren. In den alpinen Magerrasen gedeihen Alpenmaßliebchen, Felsaurikel, Zottiges Habichtskraut, Große Händelwurz, Gewöhnliches Katzenpfötchen, Herzblättrige Kugelblume, Kugelorchis, Geschnäbeltes Läusekraut, Silberwurz, Kugelige Teufelskralle, Berg-Thymian und Wundklee. Zahlreiche Tagfalter gaukeln zwischen der Blumenpracht: Kleiner Fuchs, Augen-Mohrenfalter, Scheckenfalter und Schwalbenschwanz. Schließlich kommen wir zur höchsten Erhebung des Grats, dem 4 **Kienberg** (1536 m). Es bietet sich eine grandiose Aussicht: im Norden der Edelsberg, im Süden Breitenberg und Aggenstein, südwestlich der Einstein und dahinter die Allgäuer Hochalpen. Das große Holzkreuz steht weiter östlich.

ABSTIEG ZUR BÄRENMOOS ALPE Vom Gipfelkreuz kehren wir um und steigen auf dem Waldpfad wieder hinab ins Himmel-

INFO

TOURENCHARAKTER

Der Kienberg westlich von Pfronten lässt sich ab der Fallmühle am einfachsten erreichen. Zum Himmelreich führt ein ausgewaschener Forstweg. Am Grat des Kienbergs ist Trittsicherheit notwendig. Bei Schnee und Nässe ist von der Tour abzuraten.

AUSGANGS-/ENDPUNKT

Parkplatz des Gasthofs Fallmühle

ANFAHRT

ÖPNV: Vom Hauptbahnhof München über Kempten nach Pfronten-Ried. Der Tälerbus Richtung Haldensee hält an der Fallmühle.
Auto: Autobahn nach Lindau bis zur Ausfahrt Jengen/Kaufbeuren, weiter über Marktoberdorf durch Pfronten bis nach Steinach, rechts Richtung Tannheim bis zum Gasthaus Fallmühle

GEHZEITEN

Gasthof Fallmühle – Himmelreich 1:00 Std. – Kienberg 2:30 Std. – Bärenmoos Alpe 4:00 Std. – Gasthof Fallmühle 5:00 Std.

schwierig	5 Std.	10 km	700 Hm

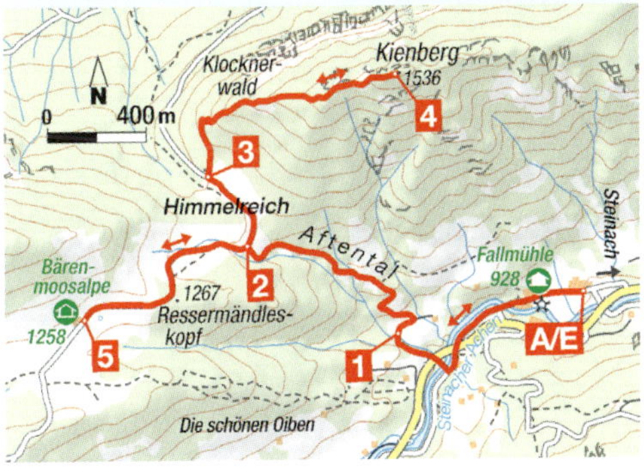

BESTE JAHRESZEIT

Mai bis Oktober

EINKEHR

Gasthof Fallmühle, www.fallmuehle.de, Tel. 08363/481

reich. Beim 2 **Abzweig am Himmelreich** biegen wir rechts auf die Schotterstraße durch Weideflächen zur 5 **Bärenmoos Alpe** (1248 m). Viele junge Rinder, die hier ihr Himmelreich genießen, begleiten uns. Nach einer Brotzeit auf der Alpe spazieren wir auf dem Forstweg hinunter zu den 1 **artenreichen Bergmähwiesen »Auf dem Schnall«** und erreichen wieder den A / E **Parkplatz des Gasthofs Fallmühle**.

Die Herzblättrige Kugelblume mit ihren kugelförmigen Blüten wächst auf den alpinen Magerrasen am Kienberggrat.

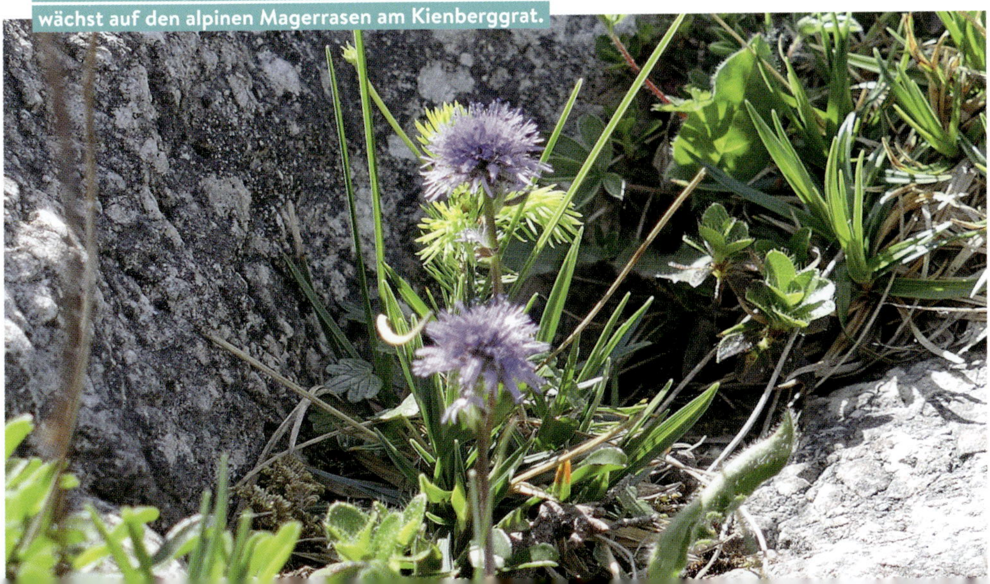

Alpspitz und Edelsberg

Auf den nördlichsten Gipfeln der Allgäuer Alpen

Der Alpspitz bildet den nördlichsten Gipfel der Allgäuer Alpen und ist der Hausberg von Nesselwang. Die Rundwanderung auf Alpspitz und Edelsberg führt durch malerische Wälder und blumenreiche Almen. Der Aufstieg kann mit der Alpspitzbahn verkürzt werden. Mit dem Alpspitzkick oder der Sommerrodelbahn kommt man schnell ins Tal.

18

Verwunschener Ort: Die Nesselburg ist von uralten Fichten umstellt.

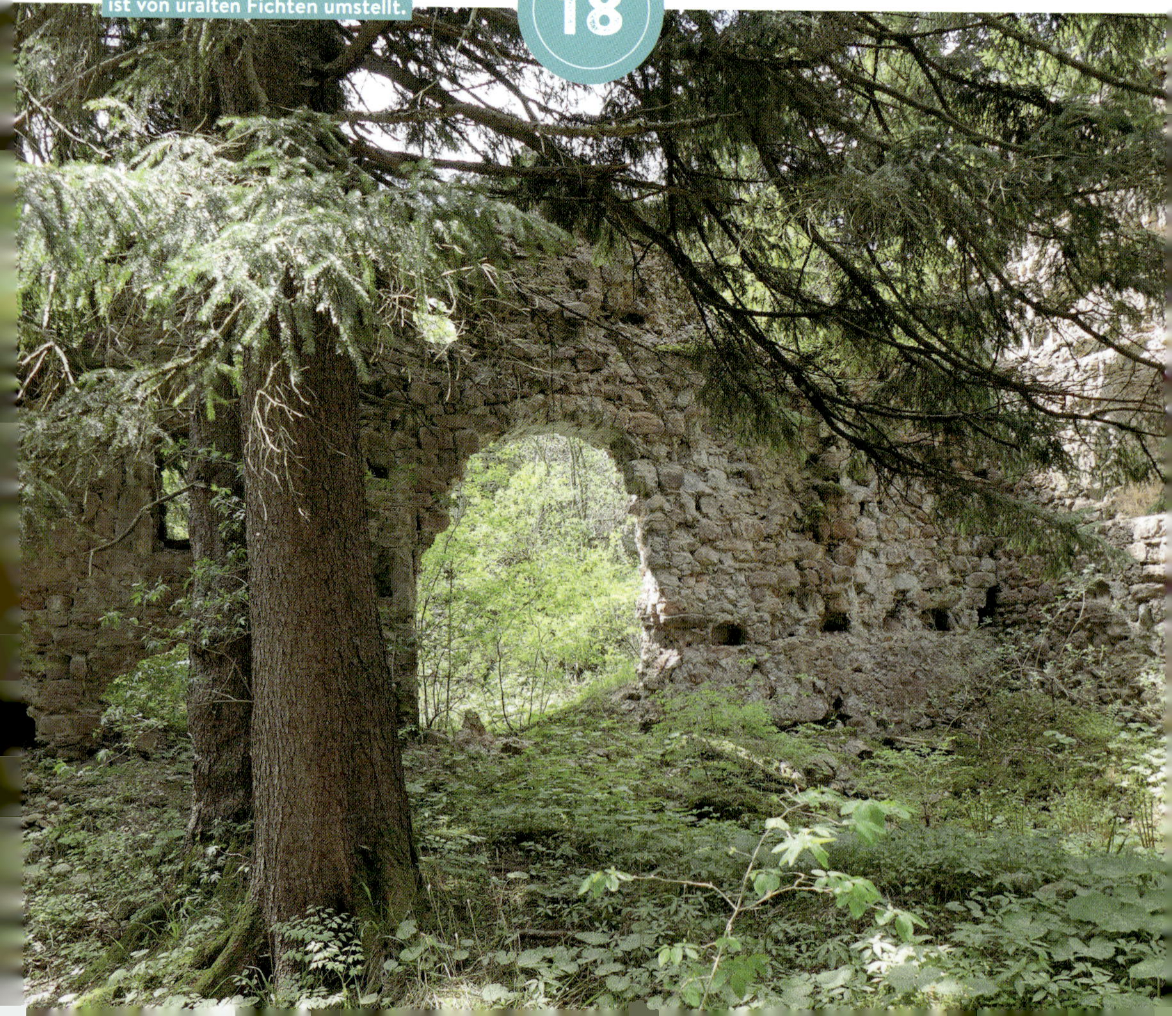

VON NESSELWANG ZUR RUINE NESSELBURG Wir starten am A/E **Bahnhof Nesselwang** und überqueren die Gleise im Osten. Wir spazieren am Mühlbach entlang und folgen dem Wegweiser zum Wasserfallweg. Autofahrer erreichen den Wasserfallweg auch vom Parkplatz der Alpspitzbahn. An der 1 **Brücke über den Bach** beginnt der Wasserfallweg. Von hier könnten wir auch direkt die Ruine Nesselburg erreichen.
Durch Fichtenwald mit Bergahorn, Bergulme, Buche, Esche, Grauerle und Tanne erreichen wir Metallstufen am Wasserfall. Das Wildwasser bearbeitet seit Jahrtausenden die Sandsteine, Tonsteine und Nagelfluhfelsen. Es geht über zahlreiche Stufen und Stege steil bergauf. Oberhalb des Wasserfalls zweigt nach links ein Waldpfad ab zur wildromantisch gelegenen 2 **Ruine Nesselburg**. Bald nach dem Abzweig erkennen wir rechts vor einer Metallbrücke eine alte Eibe. Die Umrundung der Burgruine lohnt sich auch wegen einiger uralter Fichten, auf denen Eichhörnchen turnen.
Die Nesselburg erbauten gegen Ende des 13. Jahrhunderts die edlen Herren von Rettenberg. Erstmals erwähnt wurde die Burg 1302. Im Bauernkrieg plünderten Aufständische 1525 die Burg und legten Feuer. Die Burg wurde daraufhin wieder bewohnbar gemacht. Als 1595 ein erneuter Brand die Räume abermals unbewohnbar machte, verfiel sie. 1996 erwarb ein Privatmann die Burg und ließ Sanierungsmaßnahmen des einsturzgefährdeten Mauerwerks durchführen. Die Sanierung wurde jedoch 1997 eingestellt. Das Mauerwerk besteht aus Gesteinen der Region wie Nagelfluh, Tuffstein, Sandstein und Bachgeröll. Wegen Einsturzgefahr ist die Ruine nicht begehbar.

VON DER BURGRUINE ZUM SPORTHEIM BÖCK Wir kehren zurück zum Abzweig und steigen durch Fichtenbestände den Wasserfallweg weiter hinauf. Am Waldboden blühen Berg-Flockenblume, Einbeere, Wald-Geißbart, Pestwurz, Sauerklee, Wald-Schlüsselblume, Große Sterndolde, Ährige Teufelskralle, Türkenbundlilie, Gelbes Veilchen, Wald-Veilchen, Waldbingelkraut und Akeleiblättrige Wiesenraute. Auf den Lilien fressen Lilienhähnchen. Diese Blattkäfer sind an ihrer knallroten Oberseite gut zu erkennen.
Mit zunehmender Höhe steigt der Anteil der Fichte und als Mischbaumarten kommen nur noch vereinzelt Buche, Tanne und Vogelbeere hinzu. Die Stimmen von Amsel, Buchfink, Kolkrabe, Kuckuck, Mönchsgras-

Tipp

ÖSTLICHE FLYSCHBERGE DES ALLGÄUS

Die nördlichsten Gipfel der Allgäuer Alpen zeigen sich kaum felsig und von runder Form. Alpspitz, Edelsberg, Sonnenköpfe und Wertacher Hörnle bilden die östlichen Allgäuer Flyschberge. Tonschichten dichten den Untergrund ab, sodass das Wasser überwiegend oberflächig abfließt. Die aus der Schweiz stammende Bezeichnung Flysch bezieht sich auf die Neigung zum Hangfließen und zu Rutschungen. Flysch bildete sich vor mehr als 65 Millionen Jahren. Die Böden der Flyschberge sind zwar relativ instabil, aber sehr fruchtbar und feucht. Die mächtigen Bäume bilden hohe Holzvorräte. Da die Böden sowohl kalkhaltig als auch silikatisch sind, müsste man eine abwechslungsreiche Vegetation erwarten. Doch die Forstwirtschaft der letzten Jahrhunderte hat zu einer starken Dominanz der Fichte geführt. Tanne, Eibe, Buche, Bergahorn, Bergulme und Esche kommen nur in unerschlossenen Bereichen etwas häufiger vor.

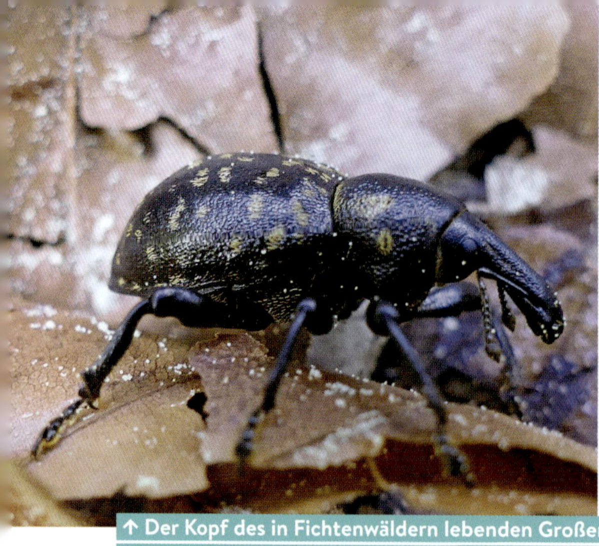
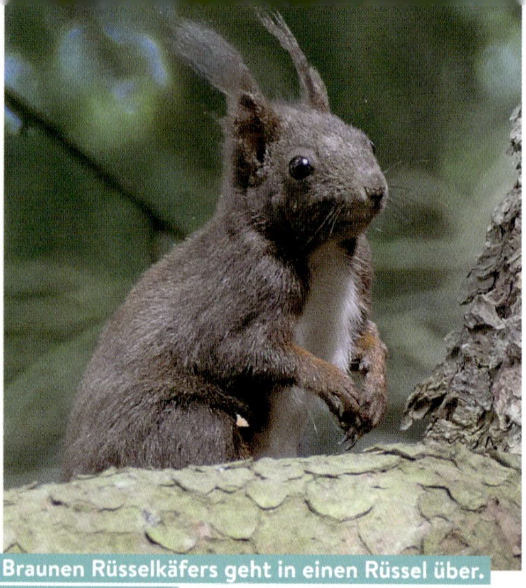

↑ Der Kopf des in Fichtenwäldern lebenden Großen Braunen Rüsselkäfers geht in einen Rüssel über.
↗ Auf den alten Fichten rund um die Burgruine turnen Eichhörnchen.

mücke, Singdrossel, Tannenmeise und Zilpzalp begleiten uns. Waldmäuse und Maulwürfe huschen über den Waldboden. Über unseren Köpfen rauschen kreischende Wesen mit dem Alpspitzkick ins Tal. Auf dem »Wurzelsteig« gewinnen wir rasch an Höhe in den aufgelichteten Fichtenbeständen mit einzelnen Weißtannen. In den Feuchtflächen wachsen Binsenarten, Weiße Pestwurz und Sumpfdotterblume. Das letzte Stück zum 3 **Sportheim Böck** (1450 m) legen wir über eine Almstraße zurück.

VOM SPORTHEIM BÖCK AUF DEN EDELSBERG Vom Sportheim Böck nehmen wir den Schotterweg zum Sattel zwischen Alpspitz und Edelsberg. Auf den Almwiesen blühen Frauenmantel, Frühlingsenzian, Huflattich, Knabenkraut, Buchsblättrige Kreuzblume, Wald-Schlüsselblume und Soldanelle. Nach einem kurzen Anstieg stehen wir am Holzkreuz des 4 **Edelsberg** (1630 m). Ein Panoramabild erklärt die Gipfel von der Zugspitze im Osten über das Gaishorn bis zum Hochvogel. Im Norden liegt oberhalb des Sattels der Alpspitz, unser nächstes Ziel.

AUF DEN ALPSPITZ UND ABSTIEG Wir wandern wieder zum Sattel hinab und steigen über die Almwiesen auf den Felsgrat des 5 **Alpspitz** (1575 m). Die Blüten von Felsaurikel, Frühlingsenzian und Wundklee erzeugen attraktive Farben im alpinen Rasen.
Den Abstieg machen wir durch schattige Fichtenwälder über Bayerstetten. Vom Alpspitzgipfel folgen wir dem flachen Westgrat, der perspektivisch auf den Grüntensee zuläuft. Nach einer halben Stunde biegen wir rechts nach Norden ab auf den allmählich breiter werdenden Pfad. Viele Quellbäche fließen durch den Fichtenwald mit etwas Tanne, Buche und Vogelbeere. In Auflichtungen finden wir Feuchtwiesen mit den Blüten von Germer, Eisenhutblättrigem Hahnenfuß, Mehlprimel, Buntem Schachtelhalm, Wald-Schlüsselblume, Sumpfdotterblume, Trollblume und Wiesenschaumkraut.
6 **Kurz vor den Häusern von Bayerstetten** nehmen wir den Wiesenpfad nach rechts. In den gedüngten Fettwiesen blühen Wiesen-Bärenklau, Brennnessel, Kriechender Günsel, Scharfer Hahnenfuß, Rot- und Weißklee, Rote Lichtnelke, Löwenzahn, Sauerampfer und Wiesen-Storchschnabel. An der Sommerrodelbahn vorbei erreichen wir die Talstation der Alpspitzbahn und spazieren zurück zum A / E **Bahnhof Nesselwang**.

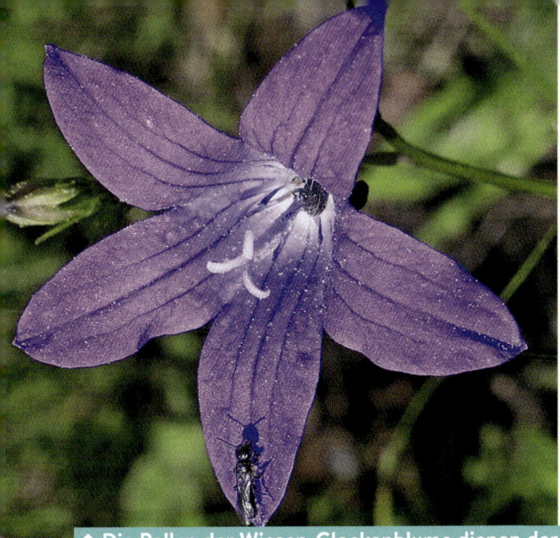
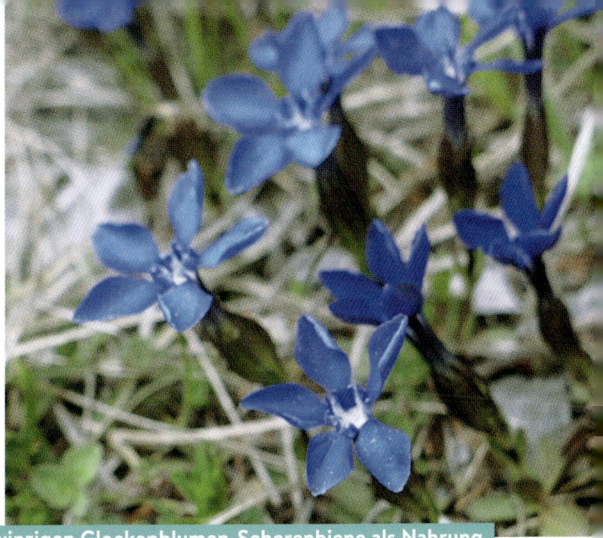

↑ Die Pollen der Wiesen-Glockenblume dienen der winzigen Glockenblumen-Scherenbiene als Nahrung.
↗ Auf alpinen Wiesen und Weiden weit verbreitet: der Frühlingsenzian

INFO

TOURENCHARAKTER

Genussvolle Rundtour auf die beiden Hausberge von Nesselwang

AUSGANGS-/ ENDPUNKT

Bahnhof Nesselwang

ANFAHRT

ÖPNV: Mit der Außerfernbahn nach Nesselwang
Auto: Von München kommend die A 96 bis Buchloe fahren, weiter auf die B 12 bis Marktoberdorf, dort auf die St 2007 abbiegen und dieser bis Nesselwang folgen. Parkplätze gibt es am Bahnhof Nesselwang und an der Talstation der Alpspitzbahn.

GEHZEITEN

Bahnhof Nesselwang – Ruine Nesselburg 1:00 Std. – Sportheim Böck 2:30 Std. – Edelsberg 3:00 Std. – Alpspitz 3:30 Std. – Abzweig Bayerstetten 4:40 Std. – Nesselwang 5:00 Std.

BESTE JAHRESZEIT

Mai bis Oktober

EINKEHR

Sportheim Böck, www.sportheim-boeck.de, Tel. 08361/31 11

mittel | 5 Std. | 10 km | 800 Hm

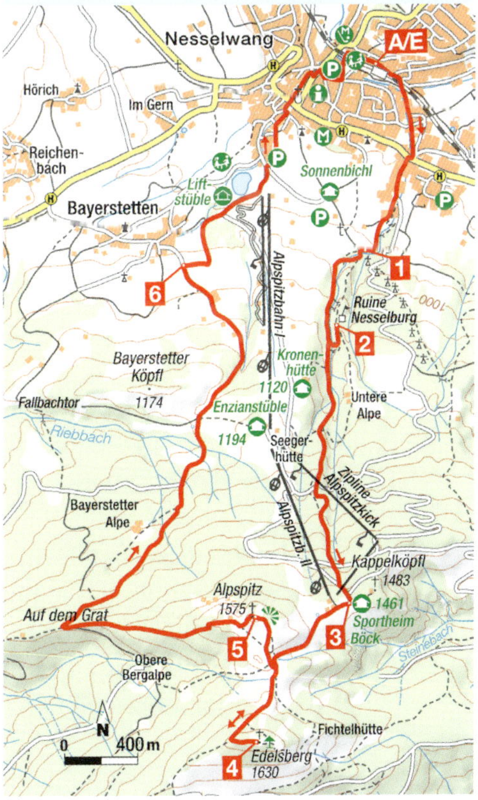

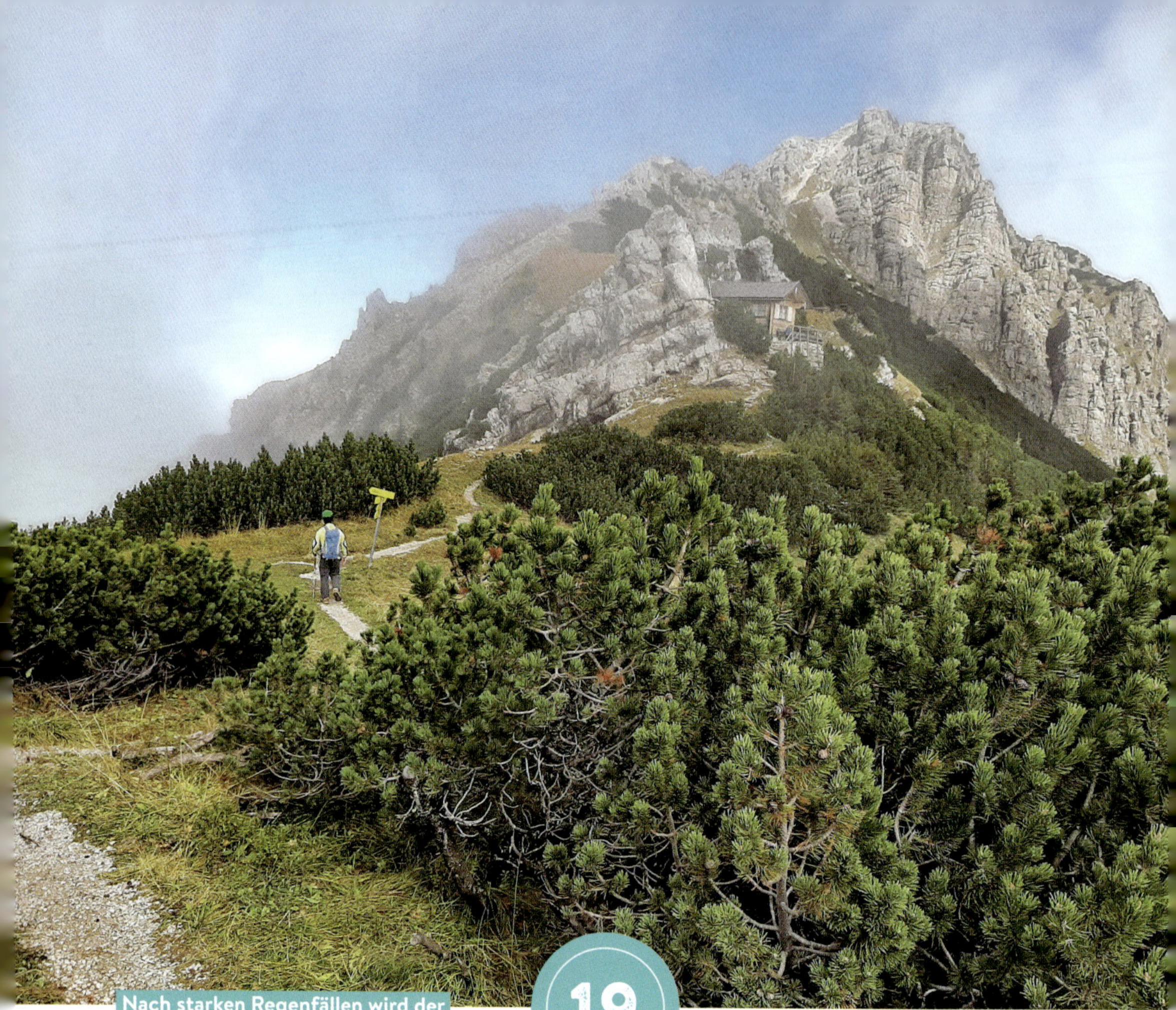

Nach starken Regenfällen wird der Waldpfad im Älpelestal zum Wildbach.

19

Rohnenspitze und Zirleseck

Einmalige Bergfauna, grandiose Aus- und Tiefblicke

Auf einer genussvollen Route lässt sich die zwischen Gaishorn und Ponten vom Allgäuer Hauptkamm nach Norden vorspringende Rohnenspitze überschreiten. Uns begegnen eine großartige Landschaft, Gamswild, Bergvögel, eine artenreiche Flora und jede Menge Wasser.

DURCHS ÄLPELESTAL ZUR ALMWIRTSCHAFT ÄLPELE Vom **A / E Wanderparkplatz Tannheim** (1097 m) spazieren wir entlang der Viehweide südlich der Wohnhäuser einige Minuten nach Westen und biegen beim **1 Abzweig** nach links auf die Forststraße ins Älpelestal. Schon nach der ersten Kehre nehmen wir den Waldpfad rechts durch von Rindern beweideten Fichtenwald mit Bergahorn und Vogelbeere. Oberhalb des Älpelebachs steigen wir überwiegend auf dem Waldpfad aufwärts, der die weiten Straßenkehren abschneidet. Am Boden gedeihen Alpendost, Blutwurz, Alpen-Distel, Blauer Eisenhut, Wald-Erdbeere, Silber-Frauenmantel, Scheuchzers Glockenblume, Wald-Habichtskraut, Heidelbeere, Buchsblättrige Kreuzblume, Nacktstängelige Kugelblume, Aufgeblasenes Leimkraut, Pestwurz, Preiselbeere, Rippenfarn, Wald-Schlüsselblume, Simsenlilie, Sterndolde, Wald-Witwenblume und Wurmfarn. Ab September kommen viele Pilze hinzu. Schließlich öffnet sich das Tal und wir erreichen die Weideflächen der **2 Almwirtschaft Älpele** (1526 m). Neben den Rindern weiden um die Alpe auch Pferde.

AUF DAS ZIRLESECK Eingerahmt von den steil ansteigenden Wänden der Rohnenspitze rechts und denen des Schnurschrofen links, breitet sich ein weites Hochtal aus. Jahrhundertelange Beweidung hat eine Almlandschaft mit Gehölzgruppen aus Fichte, Vogelbeere, Latsche, Wacholder und Alpenrose hervorgebracht. Tagfalter gaukeln in der Luft: Kleiner Fuchs, Schwalbenschwanz, Trauermantel und verschiedene Mohrenfalter sowie Bläulinge. Nach der **3 Verzweigung** (1665 m) geht es rechts kurz abwärts über den Wildbach und dann das Kar unter dem Zererköpfle steil zu einem Sattel empor, der den Übergang zum Hintersteiner Tal bildet. Im Kar können wir Gämsen beobachten. Wir halten uns rechts und steigen über den Rücken hinauf zum **4 Zirleseck** (1872 m) mit schöner Aussicht auf die Allgäuer Hochalpen. Wer Glück hat, kann hier einen Wanderfalken bei der Jagd beobachten.

Tipp

BRAUNVIEH AUF DER ALP

Was im Allgäu eine Alpe ist, heißt im Rest Bayerns Alm. Alpen oder Almen sind Bergweidegebiete, meist mit einer Hütte für die Hirten und Ställen für das Vieh, die nur während der Sommermonate bewirtschaftet sind. Auf den Alpen steht im Sommer meist das Allgäuer Braunvieh. Die Fellfarbe der Tiere variiert von mausgrau bis dunkelbraun. Die Spitzen der Hörner sind dunkel. Die Bullen sind generell dunkler als die Kühe. Reinrassiges Braunvieh existiert im Allgäu kaum noch. Wegen Krankheiten und aufgrund der besseren Produktionsleistungen wurde es mit der US-amerikanischen Zuchtlinie »Brown Swiss« gekreuzt. Im Vergleich zum modernen Braunvieh ist das originale Braunvieh kürzer und kleiner, hat aber mehr Fleisch auf den Rippen. Die moderne Braunviehkuh ist ca. 1,5 Meter hoch und erreicht ein Gewicht von 650 bis 700 kg. Die Kühe bekommen im Schnitt ab dem dritten Lebensjahr ein Kalb pro Jahr. Innerhalb eines Jahres gibt jede Kuh über 5000 Liter Milch. Oft stehen auf den Alpen aber keine Kühe, sondern junge Rinder bis zu drei Jahren, die noch keinen Nachwuchs haben und deshalb keine Milch geben. Traditionell endet mit dem Viehscheid der Alpsommer. Das Vieh wird an einem Tag Mitte September von den Alpen wieder zurück ins Tal getrieben.

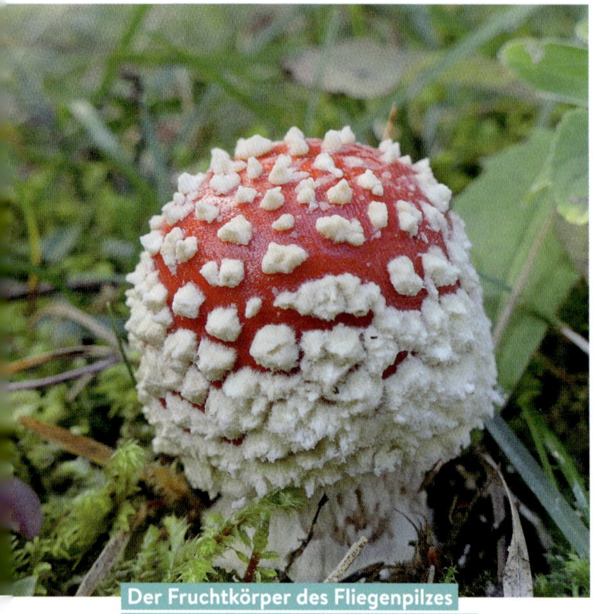

Der Fruchtkörper des Fliegenpilzes hat die Humusschicht durchbrochen.

AUFSTIEG ZUR ROHNENSPITZE Wir folgen dem Grat nach Norden zur Bergwachthütte. Vor dieser geht es drahtseilgesichert links um den Felsaufschwung. Der Steig erfordert kleine Kraxeleinlagen, die etwas Trittsicherheit erfordern. Auf dem Gratrücken geht es abwechselnd über Felsen, Schrofengelände und durch Latschengebüsch. Im Sommer schauen die Alpenblumen wie bunte Farbklekse aus: Aurikel, Kleine Glockenblume, Herzblättrige Kugelblume, Schneeheide, Silberwurz, Skabiose, Blaugrüner Steinbrech, Fetthennen-Steinbrech, Steinquendel und Wundklee. Das Kreuz der 5 **Rohnenspitze** (1990 m) steht ein wenig nördlich des Gipfels, damit man es vom Tal aus betrachten kann. Ein grandioses Panorama mit Einstein und Aggenstein im Norden, Roter Flüh und Gimpel im Osten und den Allgäuer Hochalpen im Süden beeindruckt uns. Mehrere hungrige Alpendohlen begrüßen die Gipfelstürmer. Auch Zitronengirlitz und Alpenbraunellen sind zu sehen.

ABSTIEG INS PONTENTAL Vom Gipfel bringt uns der Bergpfad mit schönen Talblicken über die steile Nordflanke durch Geröll hinunter zur Latschenregion. Eine freigeschnittene Gasse führt durch das Dickicht aus Latsche, Fichte, Vogelbeere, Alpenrose, Grünerle, Großblättriger Weide, Heidelbeere, Seidelbast und Schneeheide. Mit steigendem Fichtenanteil wird der Wald dichter und Bergahorn sowie Vogelbeere kommen hinzu. Plötzlich dreht der Waldpfad nach links und stößt bald auf den Weg, der durch das Pontental ansteigt. Nach rechts steigen wir die Rinne durch Fichtenwald bergab. Massenhaft blüht von August bis in den Oktober beidseits des Pfads der Schwalbenwurz-Enzian. Wegen seiner späten Blütezeit wird er auch Hirschbrunft-Enzian genannt. Zu hören sind die brunftigen Geweihträger ab Ende September.
Wir erreichen eine 6 **Forststraße**, auf der wir kurz nach links und gleich wieder nach rechts auf den Waldpfad abbiegen. Der lichte Fichtenwald begünstigt die Besiedelung mit Waldameisen, deren Burgen im Laufe des Sommers immer größer werden.

ZURÜCK NACH TANNHEIM Bei der Skipiste des Rohnenlifts, die im Sommer von Rindern freigehalten wird, kommen wir zu einer Forststraße. Die Pistenschneise mit Schneekanonen bietet eine schöne Aussicht auf den Einstein und hinunter nach Zöblen. Die Forststraße erschließt die Fichtenforste am unteren Nordhang der Rohnenspitze. Wir wandern auf diesem Panoramaweg, bis rechts ein kurzer Stichweg zum 7 Höfer See abzweigt. Schließlich geht es auf dem Schotterweg abwechselnd über Viehweiden und durch Wald, bis der 1 **Abzweig** des Aufstiegswegs erreicht ist. In wenigen Minuten erreichen wir den A / E **Wanderparkplatz Tannheim**.

INFO

TOURENCHARAKTER

Die Tour verläuft auf markierten Wegen durch attraktive Landschaften. Für die einfachen Kletterstellen im ausgesetzten Schrofengelände zum Gipfel ist etwas Trittsicherheit erforderlich.

AUSGANGS-/ ENDPUNKT

Wanderparkplatz westlich von Tannheim

ANFAHRT

ÖPNV: Mit der Bahn nach Pfronten-Steinach und mit dem Wanderbus über Grän nach Tannheim
Auto: Über die B 309 nach Pfronten und durch das Engetal über Grän nach Tannheim

GEHZEITEN

Parkplatz Tannheim – Jausenstation Älpele 1:30 Std. – Rohnenspitze 3:30 Std. – Höfersee 6:00 Std.– Parkplatz Tannheim 6:30 Std.

schwierig | 6.30 Std. | 13 km | 950 Hm

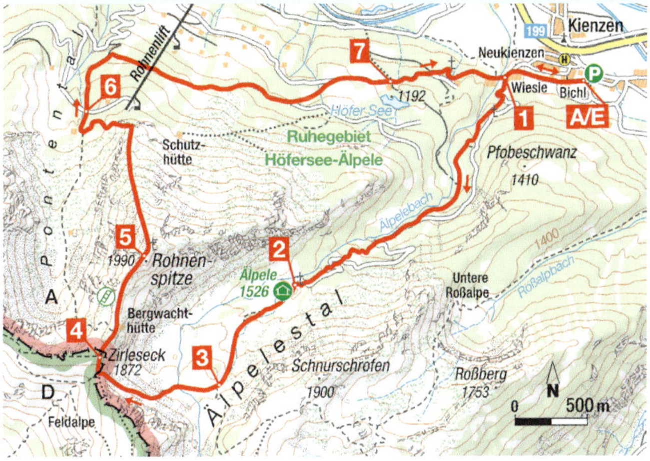

BESTE JAHRESZEIT

Sommer

EINKEHR

Almwirtschaft Älpele,
Tel. 0043/67 69 54 78 66

Nach stundenlangem Regen löst sich über dem Pontental die Wolkendecke auf und die Sonne bricht hervor.

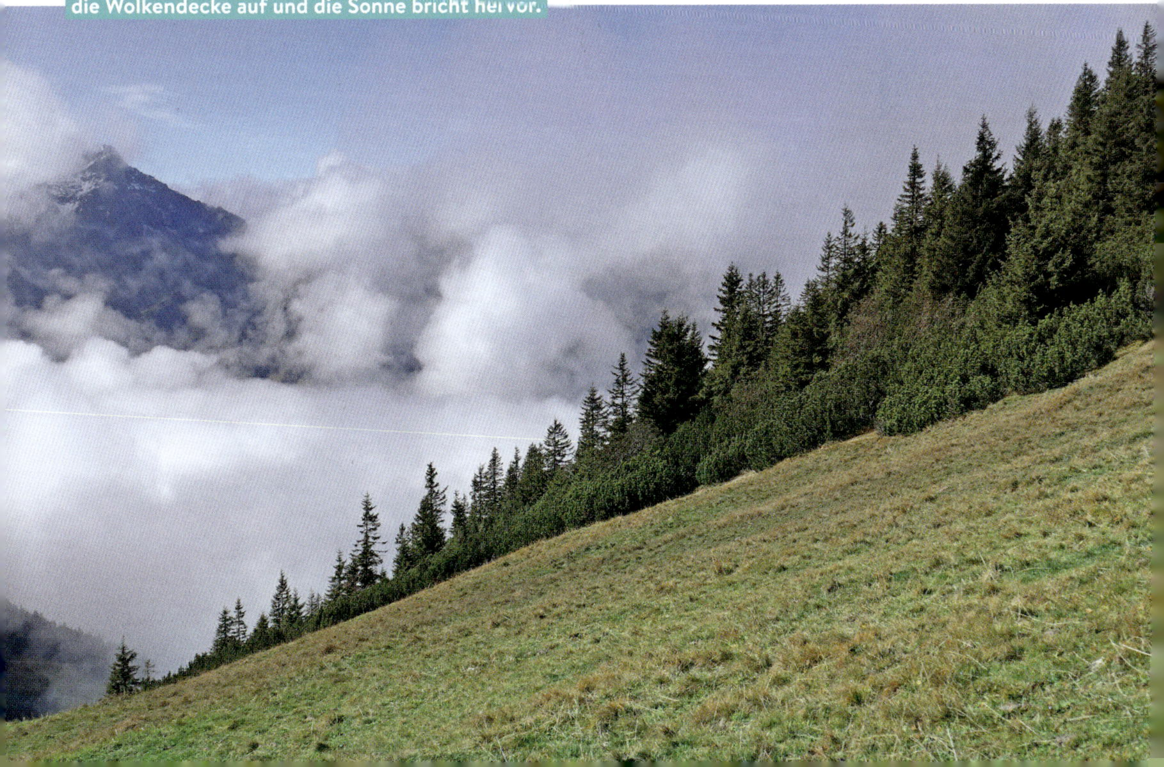

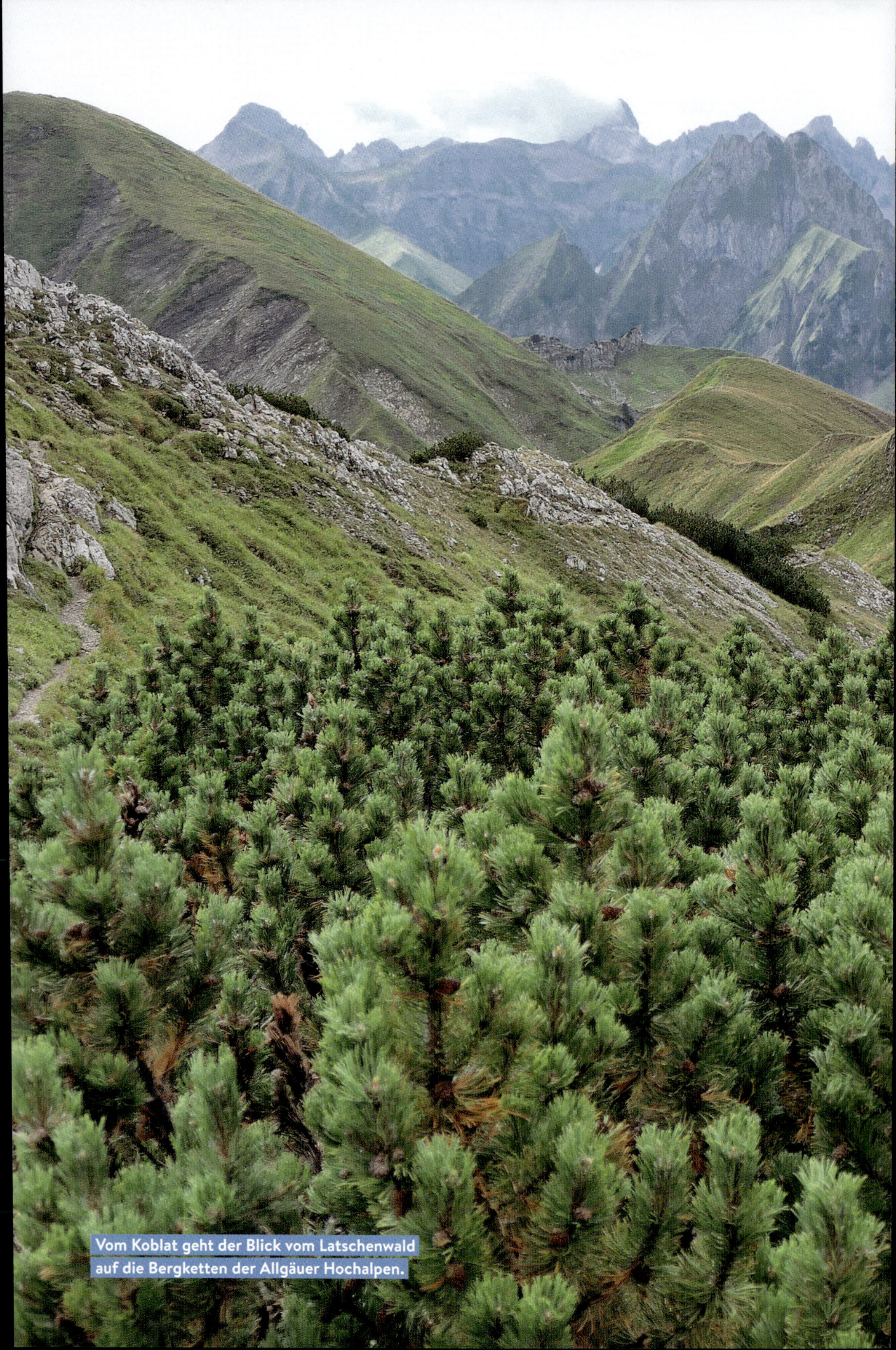

Vom Koblat geht der Blick vom Latschenwald auf die Bergketten der Allgäuer Hochalpen.

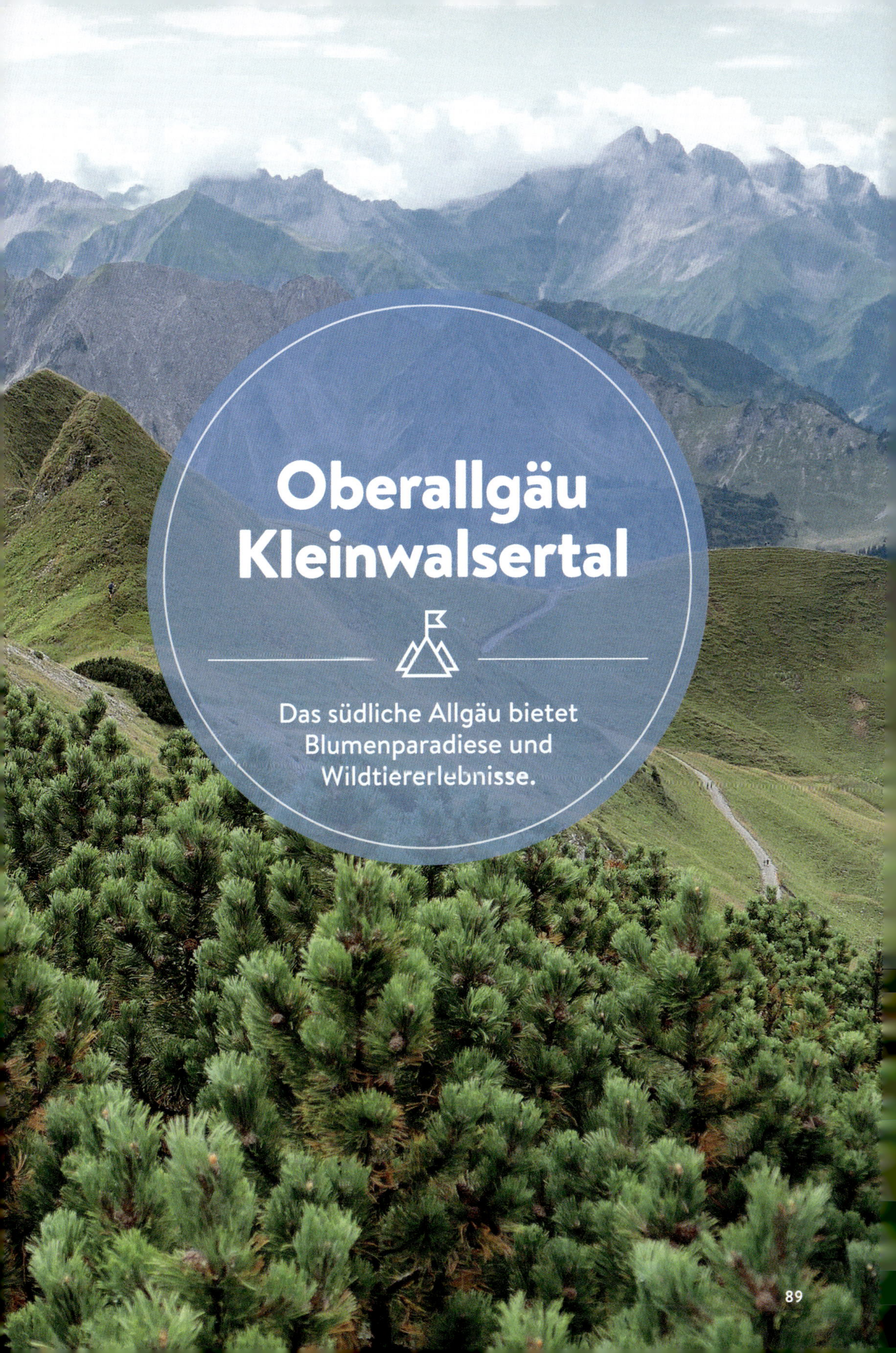

Oberallgäu Kleinwalsertal

Das südliche Allgäu bietet Blumenparadiese und Wildtiererlebnisse.

Zinken und Sorgschrofen

Blumenparadies am Felsgrat bei Jungholz

Die Rundtour auf die beiden Felszacken Zinken und Sorgschrofen beginnt leicht, erfordert jedoch rund um die beiden Gipfel Trittsicherheit und Schwindelfreiheit. Ab Mitte Mai blühen Felsaurikel und Silberwurz, auch das extrem seltene Gespornte Veilchen ist zu bewundern.

20

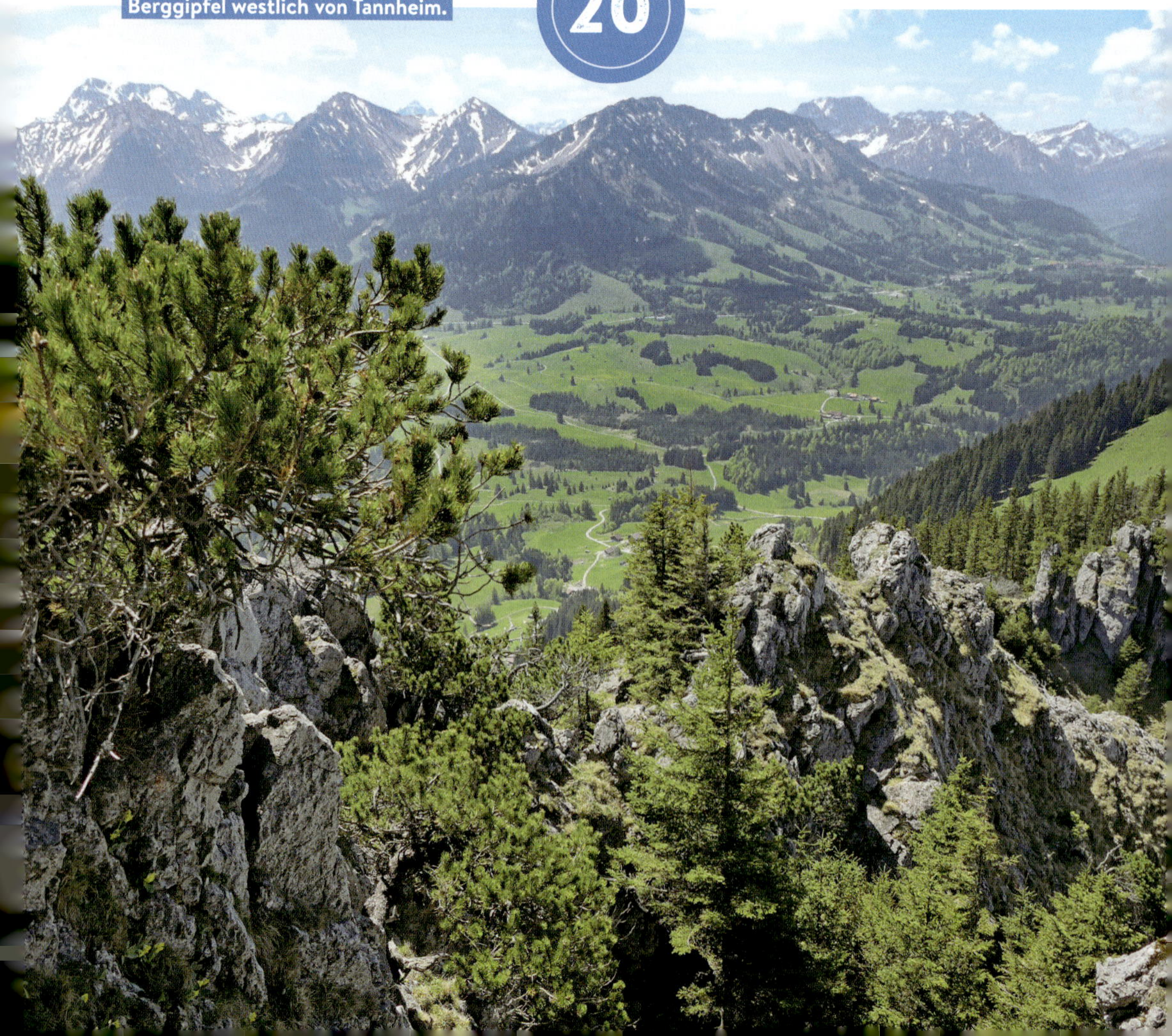

Vom Zinken blicken wir auf die Berggipfel westlich von Tannheim.

Tipp

ZOLLANSCHLUSSGEBIET JUNGHOLZ

Das Gemeindegebiet von Jungholz ist fast vollständig vom Freistaat Bayern umgeben. Nur in einem Punkt nahe dem Sorgschrofen besteht eine Verbindung mit dem Land Tirol. Erste urkundliche Erwähnung fand »Junkhholz« in einem Kaufvertrag von 1342 zwischen einem Bewohner von Wertach und einem aus dem Tannheimer Tal. Dadurch kam das Gebiet von Bayern zu Tirol und verblieb dort trotz Grenzstreitigkeiten bis heute. Die endgültige Festlegung der Grenzen zwischen Bayern und Österreich erfolgte durch den Grenzvertrag von 1844. Bis heute ist Jungholz Zollanschlussgebiet der Bundesrepublik Deutschland. Bis zur Einführung des Euro war die Deutsche Mark das offizielle Zahlungsmittel.

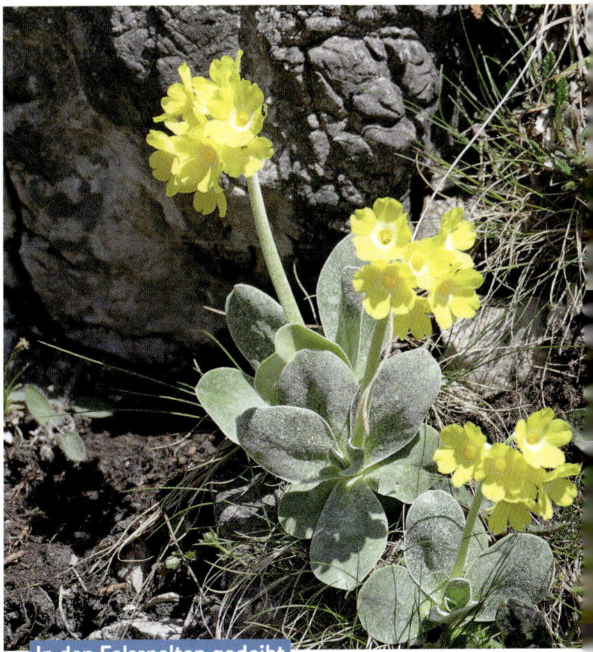

In den Felsspalten gedeiht die goldgelb blühende Aurikel.

VON UNTERJOCH ZU DEN ZEHRERHÖFEN Wir starten in A / E **Unterjoch** (1013 m), überqueren die Wertach und spazieren vor der Kirche rechts auf den Steinebergweg. Mehrere Krähen attackieren einen Mäusebussard, der ihrem Nest zu nahegekommen ist. Im Nahbereich der Bauernhöfe fliegen Rauchschwalbe, Hausrotschwanz und Feldsperling. Beidseits der Teerstraße zu den Zehrerhöfen weiden Rinder und Schafe. Auf den Fettwiesen dominieren vor der ersten Mahd Löwenzahn und Scharfer Hahnenfuß. Dazwischen erzeugen Gänseblümchen, Kriechender Günsel, Rote Lichtnelke, Rotklee und Wiesenbocksbart bunte Farbkleckse. Kleinflächig existieren Magerwiesen mit Verwachsenem Frauenmantel, Hornklee, Knabenkraut, Kleinem Mädesüß und Wundklee.

AUF DEN ZINKEN Oberhalb der 1 **Zehrerhöfe** endet die Teerstraße und ein schmaler Schotterweg führt uns nach links zu einem Bachlauf. Am Bach entlang erreichen wir lichten Fichtenwald mit wenig Buche, Bergahorn und Tanne. In diesem beweideten Wald lohnt es sich, nach Gämsen zu schauen. An den südwestlichen Hängen des Zinkens bergauf wandernd, sehen wir am Waldboden Berg-Baldrian, Berg-Hahnenfuß, Frauenmantel, Sauerklee, Waldbingelkraut, Waldmeister und Wald-Veilchen. Zu hören sind während der Tour die Gesänge und Rufe von Baumpieper, Buchfink, Fichten-Kreuzschnabel, Kolkrabe, Mönchsgrasmücke, Ringdrossel, Rotkehlchen, Tannenmeise und Zilpzalp. An einigen Stellen wächst in den sonnigen Wiesenhängen das in Deutschland extrem seltene Gespornte Veilchen. Auf den trockenen Standorten gedeihen auch Kleines Habichtskraut, Oreganum und Berg-Thymian. Im dunklen Fichtenwald bringen uns viele Serpentinen zum Grat des Zinken. Der Pfad wird nun felsiger. In den Felsritzen und Matten leuchtet tausendfach das Felsaurikel, begleitet von Clusius' Enzian, Frühlingsenzian, Gelbem Veilchen, Gletscher Hahnenfuß, Silberdistel und Silberwurz. Kurz nachdem wir das Gipfelkreuz zum ersten Mal sehen, zweigt nach links der drahtseilgesicherte Steig ab zum **2 Zinken** (1613 m). Gaishorn, Ponten und Bschießer präsentieren sich im Süden, im Westen zeigt sich das Wertacher Hörnle.

VOM ZINKEN AUF DEN SORGSCHROFEN

Im Osten ist unser nächstes Ziel, der Sorgschrofen, zu sehen. Wir klettern den Steig wieder hinunter und halten uns an der Abzweigung links. Schon nach ein paar Schritten stehen wir vor einer engen Felsspalte. Wir nehmen die Rucksäcke ab und zwängen uns durch die Engstelle. Im steilen Gelände umrunden wir einen markanten Felskopf und folgen dem schmalen Steig unterhalb der Felsen. An den Felsen kleben Bewimperte Alpenrose, Latsche und Wacholder. Bald führt uns der Weg steil bergauf und wir stehen wieder auf dem Grat. Erneut steigen wir einige Meter bergab, um, durch das Drahtseil gesichert, den Gipfel des **3 Sorgschrofen** (1635 m) zu erklimmen. Auch der Sorgschrofen bietet eine herrliche Rundumsicht. Im Nordosten erkennen wir den Edelsberg (s. Tour 18) und im Osten erheben sich die Spitzen von Breitenberg und Aggenstein (s. Tour 15).

ABSTIEG NACH UNTERJOCH Der Abstieg bringt uns hinunter zu den Skipisten von Jungholz und zur Älpele Alpe. Drahtseilgesichert steigen wir auf der Nordseite ab. Im Kalkschutt präsentiert sich die Nacktstängelige Kugelblume. Etwas flacher geht es auf einen Masten zu. Wir spazieren am Grenzverlauf entlang und lesen auf den Grenzsteinen die Zahl 1844. Im Jahre 1844 wurde der Grenzvertrag zwischen dem Königreich Bayern und dem Kaisertum Österreich zur Gebietsabtretung von Jungholz geschlossen. Wir wandern hinunter zur Gipfelstation eines Schlepplifts, halten uns links und erreichen die **4 Älpele Alpe**. Hoch über uns thronen die beiden Felsgipfel. In den durch die Hangquellen ständig feucht gehaltenen

Bunte Blumenwiesen mit Knabenkräutern erfreuen uns auf dem Weg zum Zinken und Sorgschrofen.

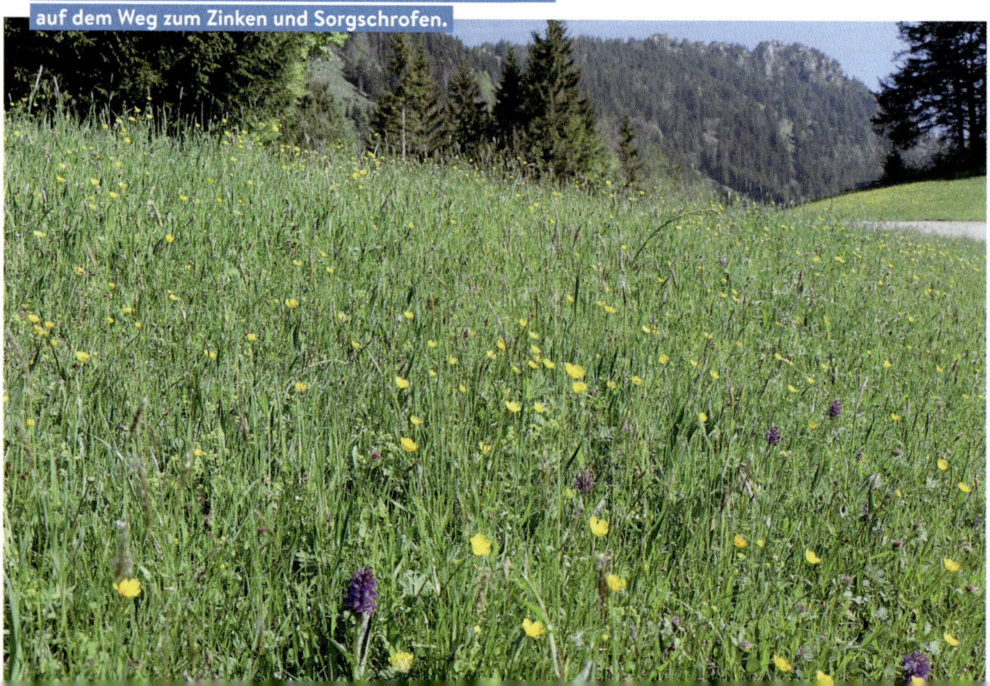

Wiesen gedeihen Alpen-Maßliebchen, Bunter Schachtelhalm, Frühlingsenzian, Huflattich, Knabenkraut, Pestwurz, Sumpf-Dotterblume und Wundklee. Über eine Wiese geht es in einen schattigen Fichtenwald mit Buche. Im Wald zeigen zahlreiche Grenzsteine sowie ein Steinwall mit rostigem Stacheldraht den Grenzverlauf der österreichischen Enklave Jungholz.

Nach Verlassen des Waldgebiets bringt uns ein Pfad durch eine Orchideenwiese zu einem Metalltürchen, das den Übertritt der **5 Grenze zwischen Österreich und Deutschland** ermöglicht. Die Forststraße auf deutschem Staatsgebiet verläuft durch ältere Fichtenforste, feuchte Grauerlenbestände und junge Bergahorngruppen hinunter zur Kirche von Unterjoch. In wenigen Minuten spazieren wir bequem nach **A / E Unterjoch** zurück.

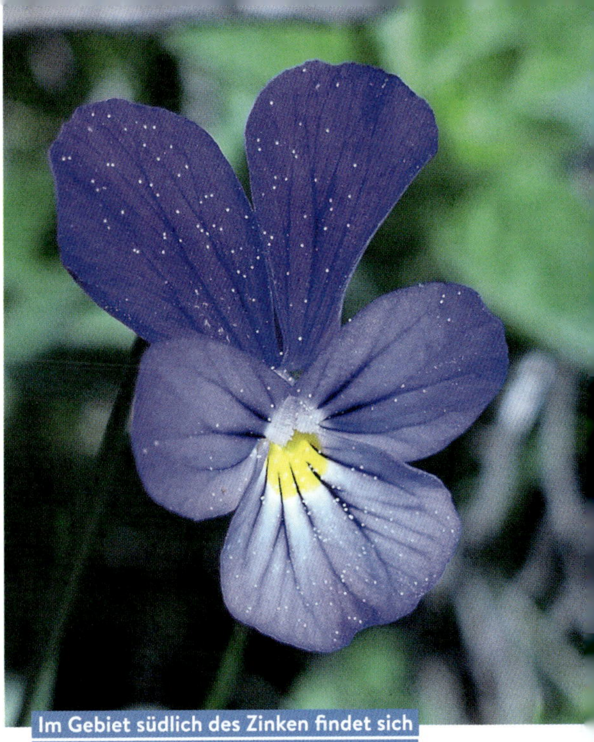

Im Gebiet südlich des Zinken findet sich das extrem seltene Gespornte Veilchen.

INFO

TOURENCHARAKTER

Bergtour, die im Gipfelbereich Schwindelfreiheit und Trittsicherheit erfordert. Ausgesetzte Stellen sind durch Drahtseil gesichert.

AUSGANGS-/ENDPUNKT

Parkplatz am Ortseingang von Unterjoch

ANFAHRT

ÖPNV: Mit der Bahn nach Sonthofen und weiter mit dem Bus nach Unterjoch

Auto: Von München auf der A 96 bis zur Anschlussstelle 22 und weiter auf der B 12 Richtung Kempten fahren. Bevor Kempten erreicht wird, auf die A 7 Richtung Füssen bis zur Anschlussstelle 137 und dort auf die B 309 Richtung Wertach wechseln, auf der B 310 nach Wertach und weiter nach Unterjoch

GEHZEITEN

Unterjoch – Zinken 2:15 Std. – Sorgschrofen 2:40 Std. – Älpele Alpe 3:30 Std. – Unterjoch 4:30 Std.

BESTE JAHRESZEIT

ab Mitte Mai

EINKEHR

nach Tourende in Unterjoch

schwierig	4.30 Std.	10 km	700 Hm

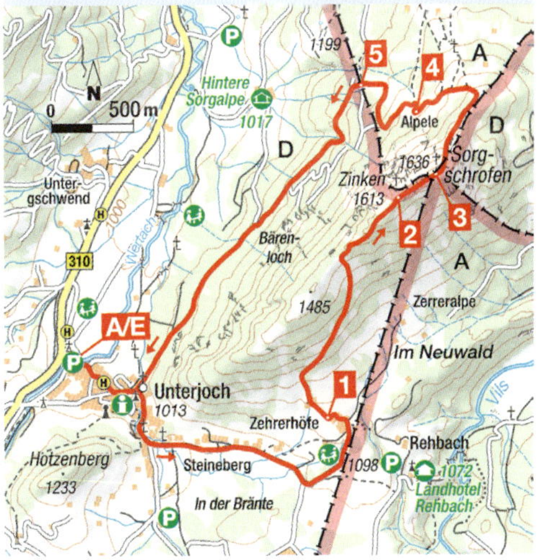

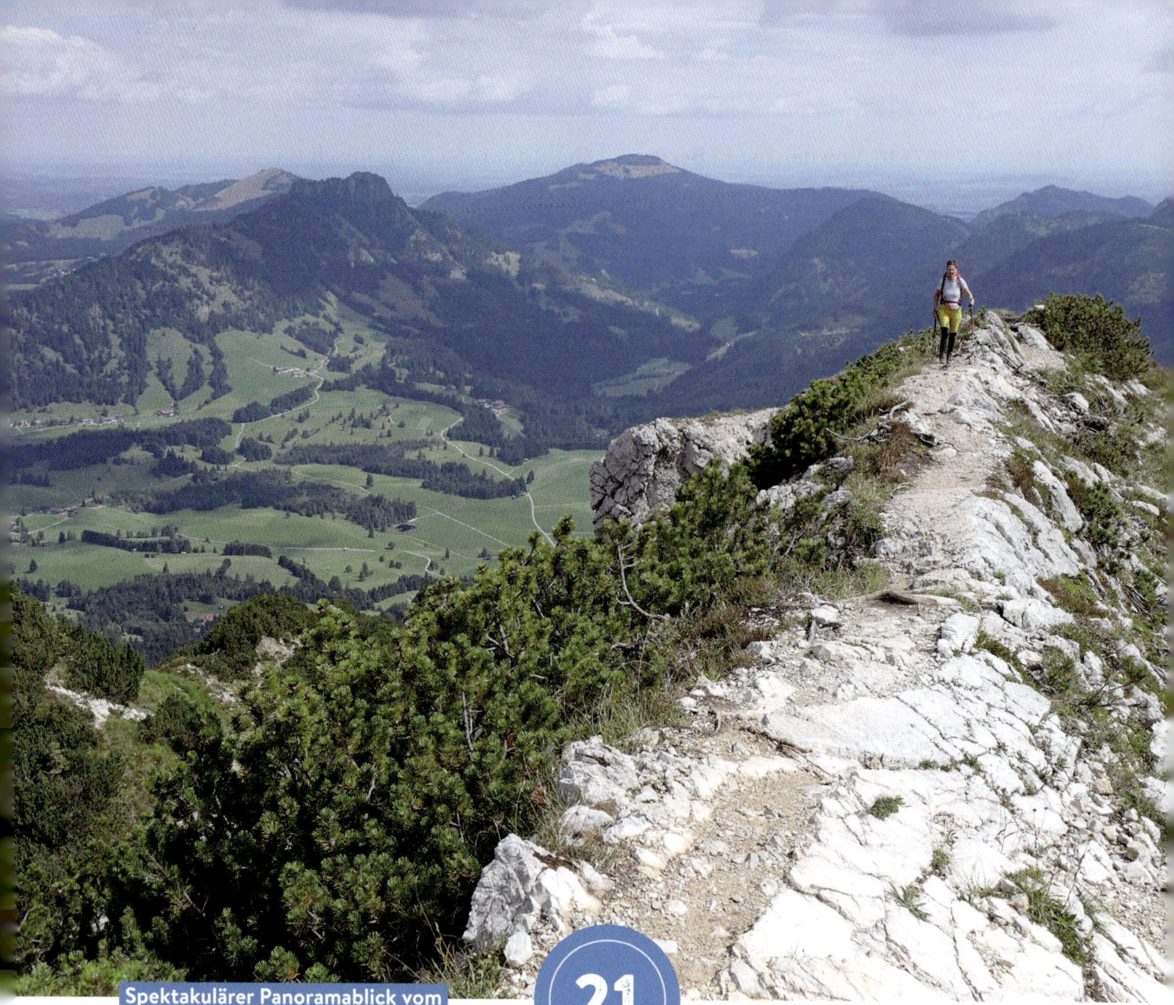

Spektakulärer Panoramablick vom Grenzkamm zwischen Tirol und Bayern

21

Auf Wannenjoch und Iseler

Naturerlebnisse am Grat

Am Iselergrat geht es zweisprachig zu: Mehrere seiner Felszacken heißen im Allgäu anders als im Tannheimer Tal – etwa Kühgundspitze, Kühgundrücken, Kühgundkopf, Wannenjoch und Wiedhag. Vom Grenzkamm zwischen Bayern und Tirol eröffnen sich fantastische Ausblicke.

SCHMUGGLERSTEIG Von der **A / E Bergstation der Wannenjochbahn** (1570 m) nehmen wir den Weg nach Osten. Auf dem hier beginnenden »Schmugglersteig« lässt sich heute spielerisch nacherleben, was jahrhundertelang bitterer Ernst war: Zu der Zeit, als Salz in Bayern viel billiger war als in Tirol, nutzten Schmuggler den Weg in der Hoffnung auf schnell verdientes Geld. Im Schutz der Nacht brachten Menschen Kaffee, Eier und Speck und auch Kälber über die grüne Grenze bei Schattwald. Der teils wurzelige Steig führt leicht abwärts durch lichten Fichtenwald mit Vogelbeere, Bergahorn, Latsche und einzelnen Buchen. In großer Zahl blühen im Sommer Bewimperte Alpenrose, Alpendost, Keulen-Bärlapp, Alpen-Distel, Blauer Eisenhut, Gelber Eisenhut, Gelber Enzian, Schwalbenwurz-Enzian, Berg-Flockenblume, Wiesen-Flockenblume, Weißer Germer, Scheuchzers Glockenblume, Fuchs' Greiskraut, Platanen-Hahnenfuß, Hasenlattich, Hornklee, Kohl-Kratzdistel, Nacktstängelige Kugelblume, Weidenblättriges Ochsenauge, Perlgras, Pfeifengras, Silberdistel, Silberwurz, Simsenlilie, Skabiose, Großblüten-Sonnenröschen, Große Sterndolde, Sumpf-Herzblatt, Kugelige Teufelskralle, Wald-Witwenblume und Wundklee.

AUF DAS WANNENJOCH Der Blick in Richtung des Wannenjochs und auf die umliegenden Gipfel ist zu empfehlen. Denn im Kar sind Gämsen unterwegs. Zu hören sind die Gesänge und Rufe von Baumpieper, Buchfink, Kolkrabe, Fichten-Kreuzschnabel, Ringdrossel und Tannenmeise. Auf dem »Schmugglersteig« kommen wir zu einem nachgebauten rotweißen Zöllnerhäuschen mit Holzschranke und gleich darauf zum **1 Abzweig beim Wiedhag**. Auf dem schmalen Felspfad, der links und rechts schroff über die Latschenhänge abfällt, sind die ausgesetzten Stellen mit Drahtseil reichlich gesichert. Im Latschengebüsch wachsen Bewimperte Alpenrose, Alpen-Distel, Deutscher Enzian, Wald-Habichtskraut, Alpen-Heckenrose, Heidelbeere, Sumpf-Herzblatt, Nacktstängelige Kugelblume, Zwerg-Mehlbeere, Preiselbeere, Schneeheide, Rosmarin-Seidelbast, Steinbeere, Vogelbeere, Wacholder und Wiesen-Wachtelweizen.

Tipp

LATSCHE, BERGKIEFER, KRUMMHOLZKIEFER ODER LEGFÖHRE?

Die **Bergkiefer** ist eine vielgestaltige Pflanzenart aus der Gattung der Kiefern. Gemeinsam haben die Individuen dieser Baumart, dass die dunkelgrünen, spitzen Nadeln zu zweit an den Kurztrieben wachsen und die harten eiförmigen Zapfen nahe dem Ende junger Langtriebe stehen. Bei der Bergkiefer unterscheidet man drei Unterarten: die **Latsche**, auch als Latschenkiefer, Bergföhre, Legföhre, Legkiefer, Krummholzkiefer oder Krüppelkiefer bezeichnet. Diese Unterart wächst meist strauchartig und erreicht Wuchshöhen von bis zu drei Metern. Typisch ist der krumme Wuchs mit bogig aufsteigenden Stämmen und Ästen. Latschen können Hänge besiedeln, auf denen häufig Lawinen abgehen, die andere Baumarten zerstören würden. Eine weitere Unterart ist die **Spirke**, auch Hakenkiefer oder Aufrechte Bergkiefer genannt. Die Spirke wächst baumförmig und erreicht Wuchshöhen bis zu 25 Metern. Die dritte Unterart ist die **Moor-Bergkiefer**, auch Moor-Spirke genannt. Je nach Standort ähnelt sie mit niederliegend-aufstrebenden Ästen ohne erkennbaren Hauptstamm der Legföhre oder als aufrechter, oft mehrstämmiger Baum von acht bis zehn Metern Höhe der Hakenkiefer.

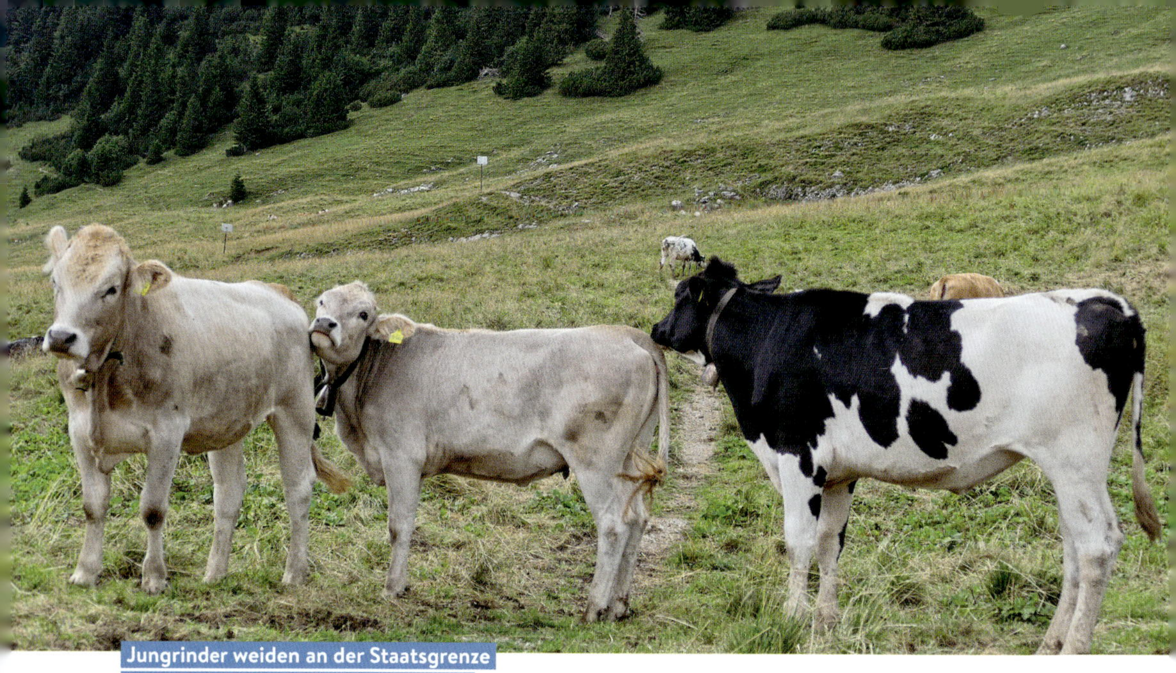

Jungrinder weiden an der Staatsgrenze um die verfallene Obere Stuibenalm.

Der gut gesicherte Steig wird im Gipfelbereich felsiger. In den Felsritzen gedeihen Felsaurikel, Zwerg-Glockenblume, Kleines Habichtskraut, Herzblättrige Kugelblume, Silberdistel, Silberwurz und Fetthennen-Steinbrech. Erfüllt von der Reichhaltigkeit der Alpenblumen, erreichen wir das 2 **Wannenjoch** (1852 m), das im Allgäu Kühgundspitze genannt wird. Vom Gipfel haben wir eine imposante Aussicht fast bis zum Bodensee, nach Norden hinüber zum Sorgschrofen und im Osten zu den Felszacken der Tannheimer Berge.

VOM WANNENJOCH ZUM ISELER Vom Wannenjoch kann man wieder zur Wannenjochbahn absteigen. Wir folgen dem Gratverlauf nach Süden und kommen zur höchsten Erhebung, dem unscheinbaren 3 **Kühgundkopf** (1907 m). Die Anzahl der Personen mit Steinschlaghelm und Klettersteigset nimmt deutlich zu, da hier der Salewa-Klettersteig endet. Wir nehmen den letzten Aufschwung mit vielen Stufen und Drahtseilsicherung, dann erreichen wir das westliche Gratende mit dem 4 **Iseler** (1876 m). Die seltene Alpenbraunelle ist im Gipfelbereich auf der Suche nach Nahrung anzutreffen.

ZURÜCK ZUR WANNENJOCHBAHN Wir steigen ein paar Minuten nach Westen bergab und gehen beim 5 **Abzweig** scharf nach links hinunter. An den Südhängen des Iselergrats blühen bunt Blauer Eisenhut, Gelber Enzian, Berg-Flockenblume, Skabiosen-Flockenblume, Wiesen-Flockenblume, Klappertopf, Margerite, Mutterwurz, Weidenblättriges Ochsenauge, Skabiose und Witwenblume. Rinder von der Zipfelsalpe weiden in den flacheren Bereichen. In den vom Vieh häufig aufgesuchten Flächen, sogenannten Lägerfluren, ändert sich die Vegetation. Dort wachsen Alpen-Ampfer, Breitwegerich, Alpen-Greiskraut, Knäuelgras, Acker-Kratzdistel, Stängellose Kratzdistel und Silberdistel.

Der Pfad führt in einen lichten Fichtenwald mit Latsche, Vogelbeere und Bergahorn, der teilweise von Rindern beweidet ist.

INFO

TOURENCHARAKTER
Abwechslungsreiche Rundtour ab der Bergstation der Wannenjochbahn, die am Grat Schwindelfreiheit und Trittsicherheit erfordert. Die ausgesetzten Stellen sind gut durch Drahtseil gesichert.

AUSGANGS-/ ENDPUNKT
Bergstation der Wannenjochbahn in Schattwald

ANFAHRT
ÖPNV: Mit der Bahn nach Sonthofen und weiter mit dem Bus über Oberjoch nach Schattwald zur Wannenjochbahn
Auto: Aus Deutschland von Sonthofen über Hindelang-Oberjoch oder von der A 7 Ausfahrt Oy-Mittelberg auf der B 310 nach Oberjoch und weiter nach Schattwald im Tannheimer Tal zum Parkplatz der Wannenjoch-Bahn. Auch von Pfronten durch das Engetal über Grän und weiter nach Schattwald

GEHZEITEN
Bergstation Wannenjochbahn – Wiedhag 0:20 Std. – Wannenjoch 1:15 Std. – Iseler 2:00 Std. – Bergstation Wannenjochbahn 3:30 Std.

BESTE JAHRESZEIT
Sommer

schwierig | 3.30 Std. | 10 km | 500 Hm

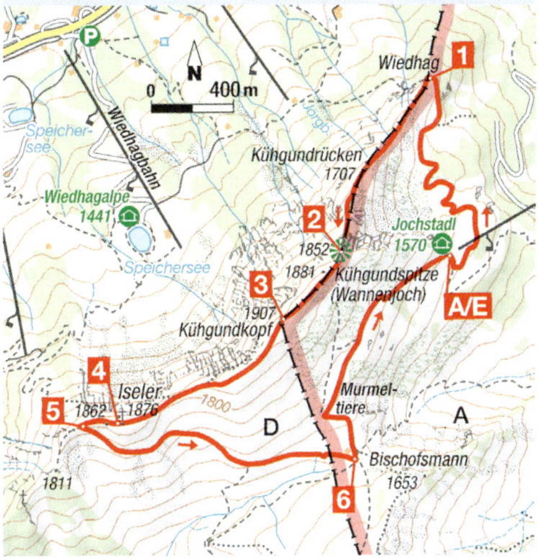

EINKEHR
Jochstadl an der Bergstation der Wannenjochbahn, Tel. 0043/567 54 33 23

Schließlich erreichen wir bei der verfallenen **6 Oberen Stuibenalm** den Sattel zwischen Wannenjoch und Bschießer. Von hier kann man über das Stuibental nach Schattwald absteigen. Wer Murmeltiere erleben will, steigt nach links 100 Höhenmeter den Hang hinauf und fährt mit der Bahn ins Tal. Die Murmeltiere verraten sich mit ihrem lauten Warnpfiff. Beim Blick hoch zum Wannenjoch sehen wir die freigeschnittene Schneise, die den Grenzverlauf zwischen Österreich und Deutschland markiert.
Ab dem Weidezaundurchstieg leitet der Pfad durch lichtes Latschengebüsch mit Fichte und Vogelbeere hinunter zur **A / E Bergstation der Wannenjochbahn**. Mehrere Exemplare der Orchidee Kugelorchis blühen entlang des Wegs.

Die Alpenbraunelle sucht im felsigen Gelände nach Kleintieren und Samen.

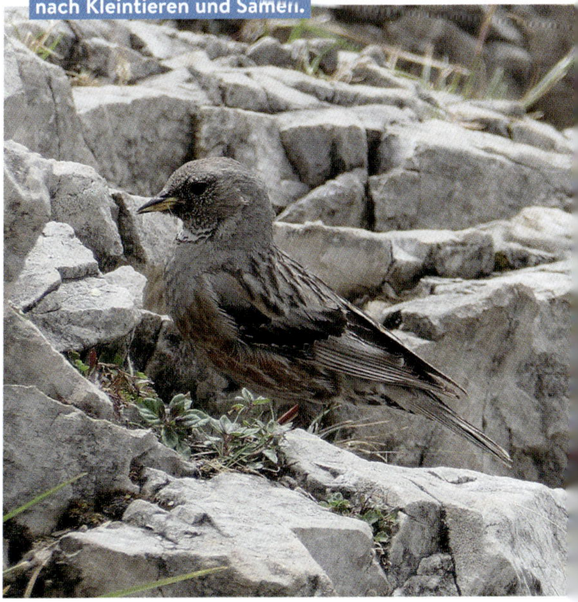

Spieser und Großer Hirschberg

Auf der Suche nach dem Hirsch

In den Allgäuer Bergen leben mehrere Tausend Hirsche. Zwischen Bad Hindelang und Unterjoch werden zwei Gipfel als Hirschberg bezeichnet – diese Tour bringt uns in das Gebiet des Großen Hirschbergs und der Hirschalpe. Ob wir einem Hirsch begegnen?

22

König des Waldes: Ein stolzer Vierzehnender überblickt sein Revier.

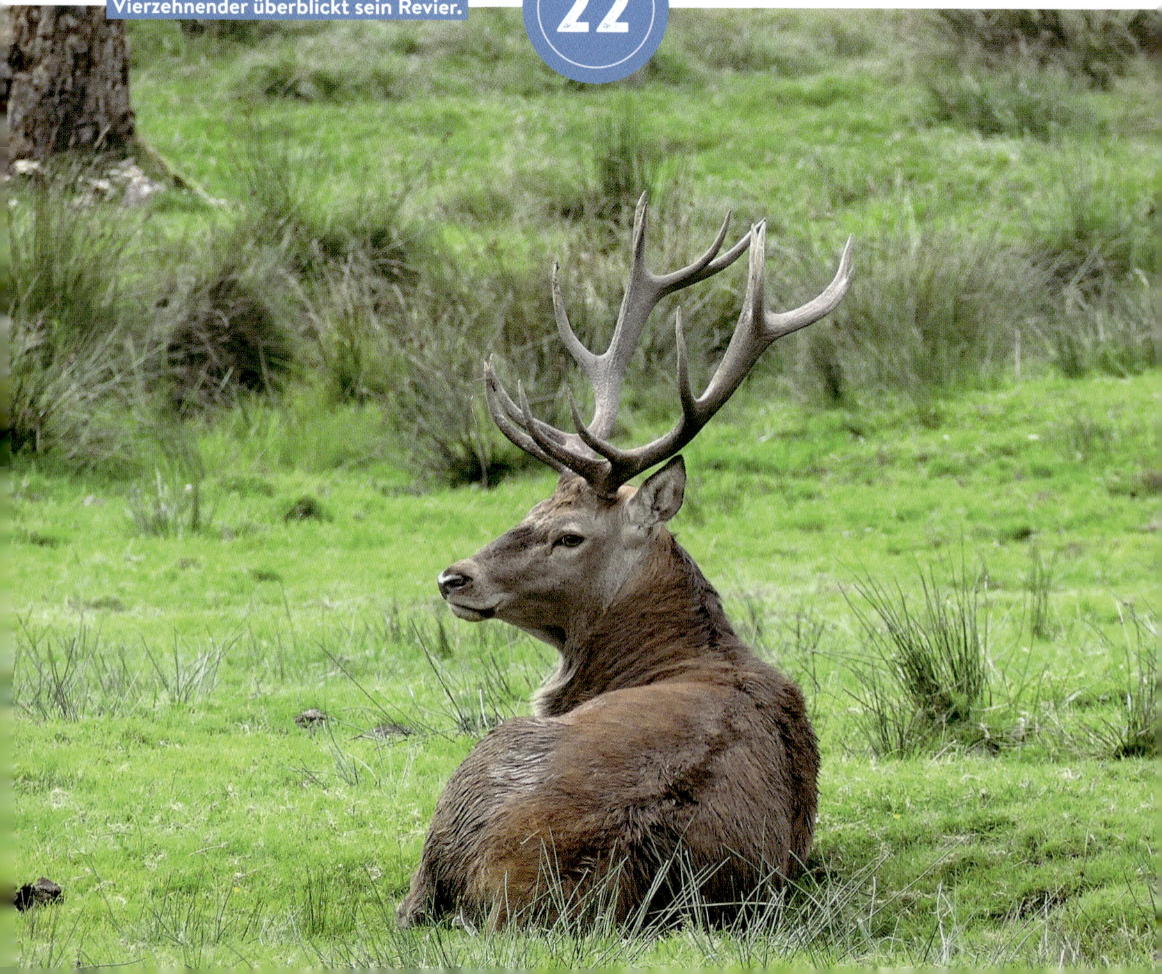

VOM TAL ZUM STEINPASSSATTEL Von der A / E **Bushaltestelle Obergschwend** (1050 m) spazieren wir über die Weißenbachbrücke zur Skipiste der Spieserlifte. Auf dem Wiesenpfad am rechten Schlepplift gewinnen wir rasch an Höhe. Für den Skitourismus wurden mehrere Schneisen in die Wälder geschlagen. Beidseits der Lifttrasse sehen wir noch weitgehend intakten Bergmischwald, der die Hänge stabilisiert. Im Sommer wird die Skiabfahrt großteils als Rinderweide genutzt. Dort wachsen Augentrost, Braunelle, Schwalbenwurz-Enzian, Wiesen-Flockenblume, Sumpf-Herzblatt, Hornklee, Huflattich, Acker-Kratzdistel, Rot-Klee, Perlgras, Rossminze, Große Sterndolde, Teufelsabbiss, Trollblume, Sumpf-Vergissmeinnicht, Breit-Wegerich und Wollgras. In Tälern und Hängen von Kleebach und Weißenbach wächst teilweise alter Bergmischwald aus Buche, Tanne, Fichte mit Bergahorn und Vogelbeere und stabilisiert die Hänge. Der manchmal matschige Pfad durch die Weideflächen wurde mit Hackschnitzeln und Holzbrettern besser begehbar gemacht. In den feuchten Wegpassagen können wir die Abdrücke von Schuhsohlen, Hundepfoten und den Schalen des Rotwilds erkennen. Der Sorgschrofen und die Felszacken der Tannheimer Berge rücken zunehmend ins Blickfeld. Nach einem wieder flacheren Abschnitt über Rinderweiden erreichen wir einen felsigen Pfad. Baumläufer, Buchfink, Dompfaff, Hauben- und Tannenmeise, Rotkehlchen, Ringdrossel, Wintergoldhähnchen und Zaunkönig sind zu hören. Wir steigen durch jüngeren Wald mit üppiger Krautvegetation.

SUBALPINER BUCHEN-AHORN-WALD Auf lehmigen, nährstoffreichen Böden in schneereichen Kessellagen wächst ein seltener Buchen-Ahorn-Wald. Nur vereinzelt kommen die Baumarten Fichte, Tanne und Bergulme hinzu. Auf Sukzessionsflächen ehemaliger Almen treten Grünerle, Großblättrige Weide und Vogelbeere in den Vordergrund. In schneereichen und relativ wintermilden Lagen zwischen 1200 und 1700 Metern Höhe entsteht dieser Mischwald auch im Allgäu. Typisch sind ein krüppeliger Wuchs und Säbelwuchs der Bäume infolge der Schneebewegungen. Latschen sind meist von Schneeschimmel befallen. Die gut durchfeuchteten und nährstoffreichen Böden begünstigen eine artenreiche Krautschicht bestehend aus: Grauem

Tipp

HIRSCH UND SPIESSER

Für den König des Waldes, also für unseren Rothirsch bzw. allgemein für das Rotwild, existiert eine umfangreiche Fachsprache. Die weiblichen Tiere heißen »Hirschkühe« oder wegen des Fehlens eines Geweihs »Kahlwild«. Das Jungtier nennt sich »Kalb«. Ein Weibchen, das bereits ein Kalb gesetzt hat, wird als »Alttier« bezeichnet. Das männliche Rotwild heißt bekanntermaßen Hirsch. Hirsche werden nach der Endenzahl ihrer Geweihstangen unterschieden. Ein Sechzehnender ist ein Hirsch, bei dem mindestens eine Geweihstange acht Enden hat. Die Geweihstangen sitzen dabei auf Stirnzapfen, »Rosenstöcke« genannt. Jährlich baut der Hirsch auf diesen Rosenstöcken ein neues Geweih auf. Im Februar wirft er ganz verschwenderisch die Stangen des Vorjahrs ab. Junge männliche Hirsche, deren Geweihe noch keine Verästelungen aufweisen, nennt man »Spießer«. In den letzten Jahren wurden im Allgäu jährlich um die 1800 Stück Rotwild erlegt. Die Gesamtzahl der Tiere dürfte bei über 20 000 Stück liegen.

Alpendost, Arznei-Baldrian, Wiesen-Bärenklau, Nesselblättrigem Ehrenpreis, Blauem Eisenhut, Gelbem Eisenhut, Wald-Geißbart, Fuchs' Greiskraut, Platanen-Hahnenfuß, Alpen-Heckenrose, Johanniskraut, Kohl-Kratzdistel, Meisterwurz, Alpen-Milchlattich, Weißem Pestwurz, Rippenfarn, Steinbeere, Großer Sterndolde, Wald-Storchschnabel, Akeleiblättriger Wiesenraute und Wald-Witwenblume.

Abseits der Skipisten wächst Bergmischwald aus Buche, Tanne, Fichte und Bergahorn.

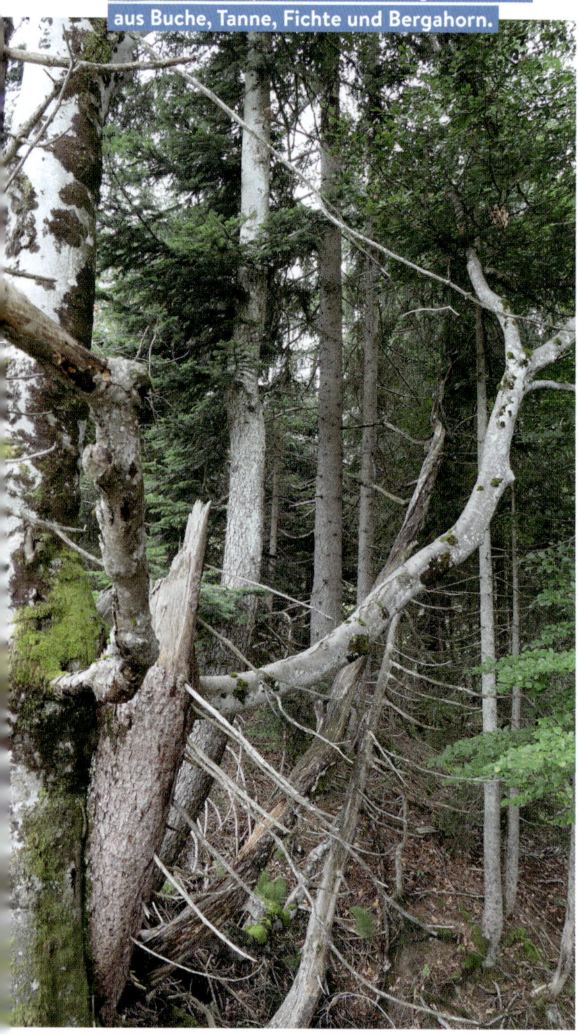

Typisch sind weiterhin die vielen epiphytischen Moos- und Flechtenarten an alten Bäumen infolge der hohen Luftfeuchtigkeit. Erneut verläuft der Pfad nun durch eine Rinderweide und wir kommen zum **1 Steinpasssattel** (1550 m).

AUF GROSSEM HIRSCHBERG UND SPIESER Gemächlich steigt der Pfad am Südhang des Hirschbergs an. Von der unscheinbaren Einsattelung am Spieser erklimmen wir nach rechts in wenigen Minuten weglos den **2 Großen Hirschberg** (1644 m). Mehrere Rinder rupfen deutlich hörbar die Kräuter und Gräser. Nach Norden und Westen bricht das Gelände steil ins Tal ab. Bei guter Sicht reicht der Blick zur Zugspitze und über den Hochvogel und die Daumengruppe bis zum Hohen Ifen. Wir gehen zurück zur Einsattelung und folgen dem steinigen Pfad durch lichten Fichtenwald mit Vogelbeere und Latsche hinauf zum wenige Meter höheren **3 Spieser** (1651 m). In den alpinen Rasen gedeihen Alpen-Distel, Blauer Eisenhut, Wiesen-Flockenblume, Silber-Frauenmantel, Scheuchzers Glockenblume, Große Händelwurz, Klappertopf, Nacktstängelige Kugelblume, Aufgeblasenes Leimkraut, Weidenblättriges Ochsenauge, Schafgarbe, Skabiose, Silberdistel, Simsenlilie, Sonnenröschen, Felsen-Thymian und Alpen-Wucherblume. Im Gipfelbereich leben Bergpieper und Zitronenzeisig.

ABSTIEG ÜBER DIE HIRSCHALPE Der Abstieg über die Südseite des Spiesers führt anfangs steil durch lichten Fichtenwald mit Hochstauden wie Alpen-Distel, Nesselblättriger Ehrenpreis, Blauer Eisenhut, Wald-Geißbart, Platanen-Hahnenfuß, Hasenlattich, Alpen-Heckenrose, Laserkraut, Steinquendel, Große Sterndolde, Wald-Storchschnabel und Wald-Witwenblume. Der Pfad wird flacher und bringt uns über

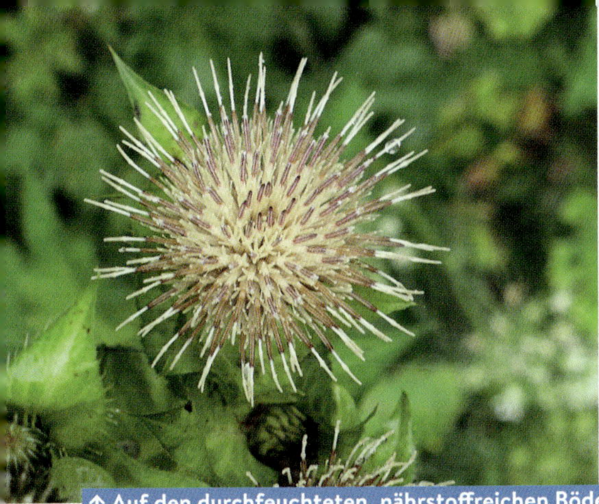

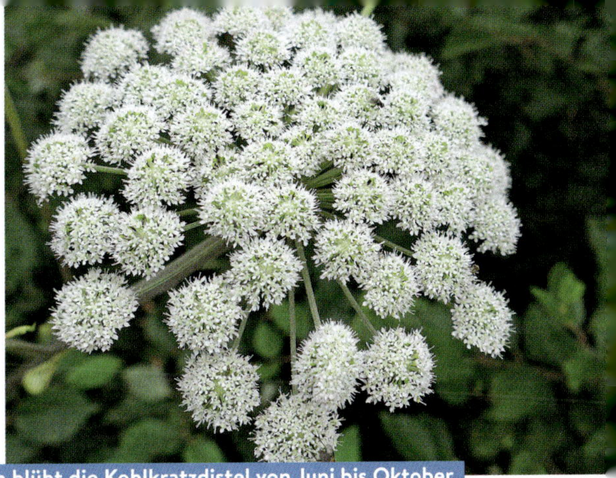

↑ Auf den durchfeuchteten, nährstoffreichen Böden blüht die Kohlkratzdistel von Juni bis Oktober.
↗ Im Sommer bildet die Wald-Engelwurz riesige Doldenblüten.

Rinderweiden mit Alpen-Ampfer und Distelarten zu einem Abzweig. Nahezu auf gleichbleibender Höhe wandern wir zum Aussichtspunkt am Kreuzbichel. Es bietet sich ein herrlicher Ausblick auf die Bergwelt des Kleinwalsertals und den Allgäuer Hauptkamm. In wenigen Minuten kommen wir zur 4 **Hirschalpe** (1493 m). Ein kurzer Anstieg bringt uns wieder zum 1 **Steinpasssattel** (1550 m). Wir steigen hinunter auf den bekannten Pfaden zur A / E **Bushaltestelle Obergschwend**.

INFO

TOURENCHARAKTER

Rundwanderung auf den Spuren von Rotwild. Die Tour bietet tolle Aussichten von der Zugspitze bis fast zum Bodensee. Die Wege sind zum Teil matschig.

AUSGANGS-/ENDPUNKT

Bushaltestelle Obergschwend

ANFAHRT

ÖPNV: Mit der Bahn nach Sonthofen und weiter mit dem Bus zur Bushaltestelle Obergschwend bei Unterjoch

Auto: Autobahn München–Lindau bis zur Ausfahrt 22 Jengen/Kaufbeuren, über die B 12 Richtung Marktoberdorf bis zur Ausfahrt Marktoberdorf-West und über Oberthingau und Göriesried nach Oy. Dort beim Kreisverkehr auf die B 309 und dieser bis Obergschwend folgen

GEHZEITEN

Bushaltestelle Obergschwend – Steinpasssattel 1:30 Std. – Hirschberg 1:55 Std. – Spieser 2:15 Std. – Hirschalpe 2:55 Std. – Bushaltestelle Obergschwend 4:30 Std.

mittel | 4.30 Std. | 9 km | 700 Hm

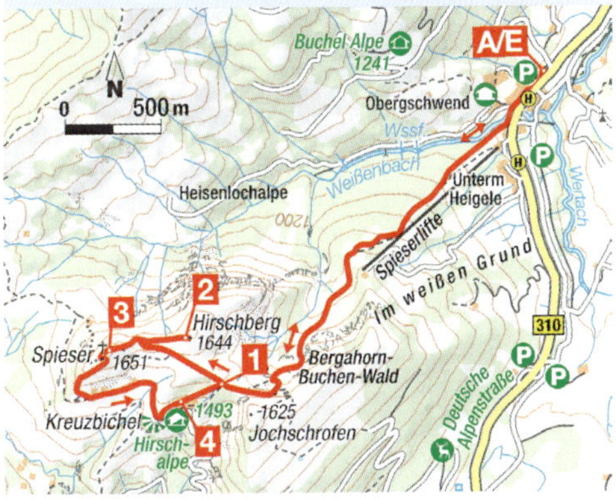

BESTE JAHRESZEIT

Juni bis Oktober

EINKEHR

Hirschalpe, www.hirschalpe.de, Tel. mobil: 0175/207 89 61

Im Koblat

Die Fauna der Allgäuer Alpen erleben

Der felsige Pfad durch das Hochplateau Koblat ist einer der besten Orte, um die Tierwelt der Allgäuer Alpen zu erleben. Dutzende von Murmeltieren, Gämsen, Alpen-Schneehühnern und ein Großteil der alpinen Vogelfauna leben hier oben.

In der Region lebt ein Drittel aller bayerischen Alpenschneehühner.

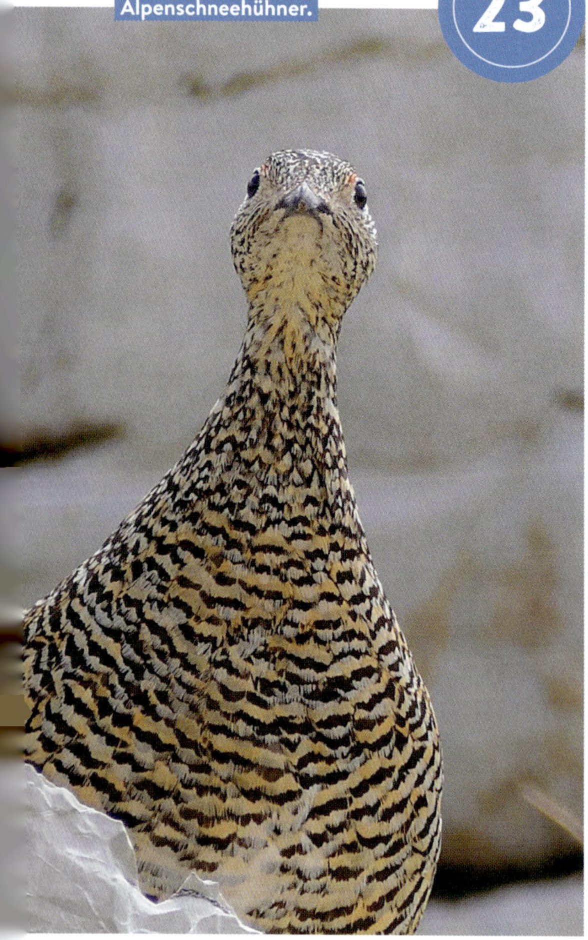

23

VON DER BERGSTATION HÖFATSBLICK INS KOBLAT Mit der ersten Gondel schweben wir von Oberstdorf mit der Nebelhornbahn zur **A / E Bergstation Höfatsblick** (1932 m). Das Koblat zieht sich von den südlichen Hängen des Nebelhorns unterhalb des Hindelanger Klettersteigs bis zum Laufbichelsee. Beim Aufstieg zur **1 Scharte unterhalb des Westlichen Wengenkopfs** pfeifen die ersten Murmeltiere. Die Hochfläche des Koblat ist eine Mischung aus karger Steinwüste, dichten Latschengebüschen und blumenübersäten Rasen. Die Flora ist sehr artenreich, sie umfasst Bewimperte Alpenrose, Berg-Baldrian, Enziane und viele andere Blumen.
Im Koblat lässt sich auch die Vogelwelt der Allgäuer Alpen entdecken. Hier oben leben viele Alpendohlen, außerdem Alpenbraunelle, Birkenzeisig, Bluthänfling, Hausrotschwanz, Steinrötel, Steinschmätzer und Zitronenzeisig. Am Morgen patrouilliert der Steinadler hoch oben am Himmel auf der Suche nach einem unvorsichtigen Murmeltier oder Alpenschneehuhn. In den Allgäuer Bergen lebt ein Drittel des bayerischen Bestands des Alpenschneehuhns.

IM KOBLAT ZUM LAUFBICHELSEE Im ständigen Auf und Ab kommen wir schließ-

INFO

TOURENCHARAKTER

Vom gut markierten Felssteig im Hochplateau des Koblat ist die Allgäuer Bergwelt gut zu erkunden.

AUSGANGS-/ ENDPUNKT

Bergstation Höfatsblick der Nebelhornbahn

ANFAHRT

ÖPNV: Per Bahn nach Oberstdorf, vom Bahnhof per Bus oder zu Fuß zur Talstation der Nebelhornbahn
Auto: Über die A 7 bis zum Autobahnkreuz Allgäu, weiter nach Waltenhofen und auf der B 19 nach Oberstdorf zu einem der Parkplätze der Nebelhornbahn

GEHZEITEN

Höfatsblick – Scharte unterhalb Westlicher Wengenkopf 0:20 Std. – Quelle 1:15 Std. – Laufbichelsee 2:15 Std. – Höfatsblick 4:00 Std.

BESTE JAHRESZEIT

Juni bis August

EINKEHR

Marktrestaurant Höfatsblick, Tel. 08322/96 00 17 22; Edmund-Probst-Haus, www.edmund-probst-haus.de

mittel | 4.00 Std. | 10 km | 300 Hm

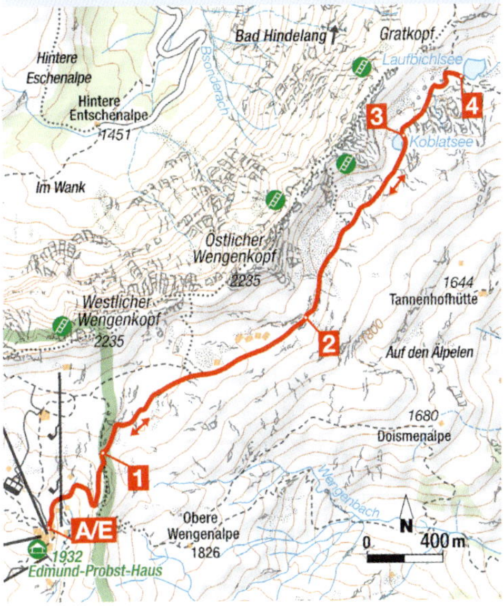

lich zu einer **2 Quelle**. Im Osten überragt der Hochvogel die Szenerie der Allgäuer Hochalpen. Der markierte Bergpfad verläuft zunehmend durch Krummholz aus Latsche, Bewimperter Alpenrose, Bärlapp, Zwerg-Mehlbeere und anderen Gewächsen.
Wir steigen hinunter in eine feuchte Senke (1935 m) und dann hinauf zum **3 Koblatsee**. Der kleine Karsee erscheint unwirklich in dieser kargen Karstlandschaft. Beim Abzweig zum Großen Daumen gehen wir zum Ufer des **4 Laufbichelsees** (2012 m), dem Endpunkt unserer Wanderung.

ZURÜCK ZUR BERGSTATION Auf dem gleichen Weg geht es zurück. Kurz vor der **1 Scharte unterhalb des Westlichen Wengenkopfs** pfeift der Wächter der Murmeltiere erneut. Wir steigen hinunter zur **A / E Bergstation Höfatsblick**.

Tipp

ALPENSCHNEEHUHN

Das Alpenschneehuhn trifft man nur oberhalb der Baumgrenze an. Es lebt in Landschaften mit viel Geröll, Felsen, alpinen Rasen und Sträuchern. Im Winter tauscht dieser Meister der Tarnung sein bräunliches Sommergefieder gegen ein schneeweißes Federkleid ein. Der Verlust von Lebensräumen als direkte Folge der Klimakatastrophe trifft das Schneehuhn deshalb besonders: Die weiße Tarnung wird zum Problem, wenn im Winter kein Schnee liegt. Für seinen Hauptfeind den Steinadler, aber auch für Fuchs und Marder ist es dann leicht zu entdecken.

Energiesparen für Murmeltiere

2015 einigten sich bei der Klimakonferenz in Paris 197 Staaten darauf, den Anstieg der weltweiten Durchschnittstemperatur auf deutlich unter 2 °C und mittelfristig auf 1,5 °C gegenüber vorindustriellen Werten zu begrenzen. Messungen für Oberstdorf zeigen allerdings einen Anstieg der mittleren Jahrestemperatur seit 1950 um 1,8 °C, für Kempten sogar um 2,4 °C. Aufgrund des Temperaturanstiegs gehen die Niederschläge im Winter zunehmend als Regen und nicht als Schnee nieder. Sie bleiben nicht am Boden liegen, sondern fließen ab. Bei Starkregen steigt das Risiko von Überschwemmungen. Klimamodelle prognostizieren eine weitere Zunahme der Temperatur und der Häufigkeit von Starkregen bis 2050.

WIE WIRKT SICH DER KLIMAWANDEL AUF DEN BERGWALD AUS?

Stabile Gebirgswälder aus mehreren Baumarten liefern Blätter, Nadeln, Wurzeln und Reisig, aus denen sich Humus entwickeln kann. Erosionen durch Starkregen, Schneegleiten oder Lawinen können damit verringert werden. Aber in den bayerischen Bergwäldern geht die Humusschicht seit Jahrzehnten zurück. Trockenheit, Starkregen und steigende Temperaturen setzen ihr zu. Dadurch speichert der Waldboden weniger Kohlendioxid. Dies verstärkt die Klimakatastrophe.

WIE SIEHT DER WALD IM JAHR 2080 AUS?

Klimamodelle bis 2080 sagen voraus, dass die Fichte deutlich seltener wird. Trockenheitsverträglichere Baumarten wie Eiche und Kiefer

Die Murmeltiere der Allgäuer Alpen haben nur dann eine Zukunft, …

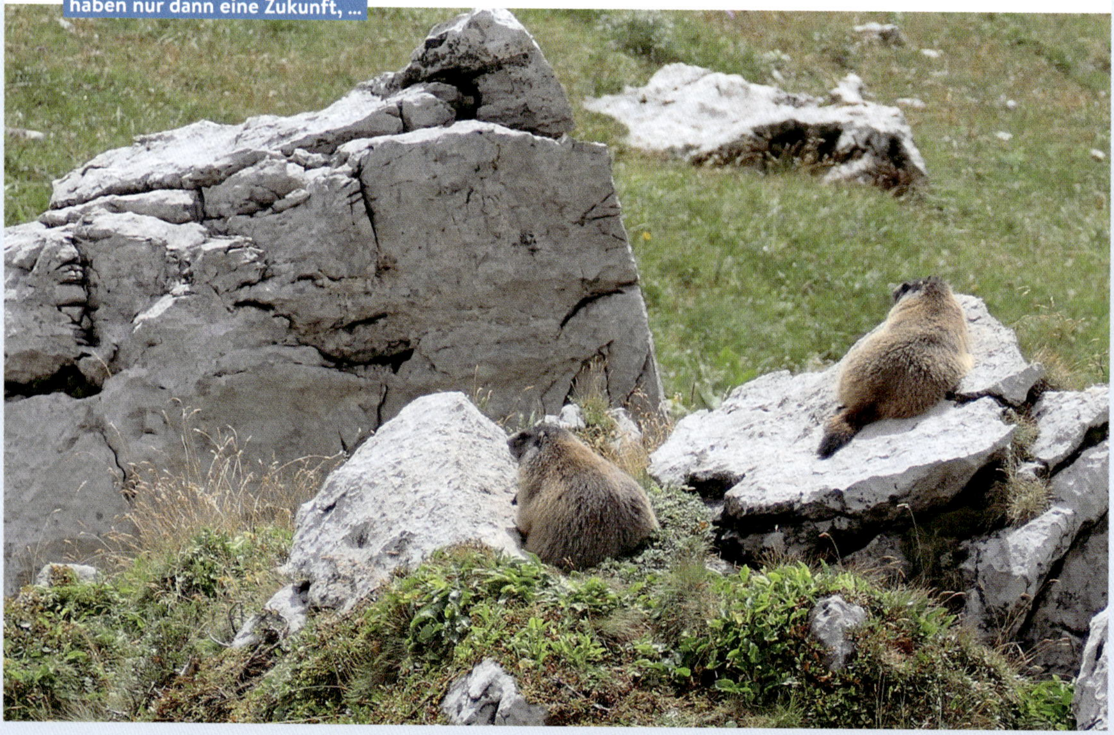

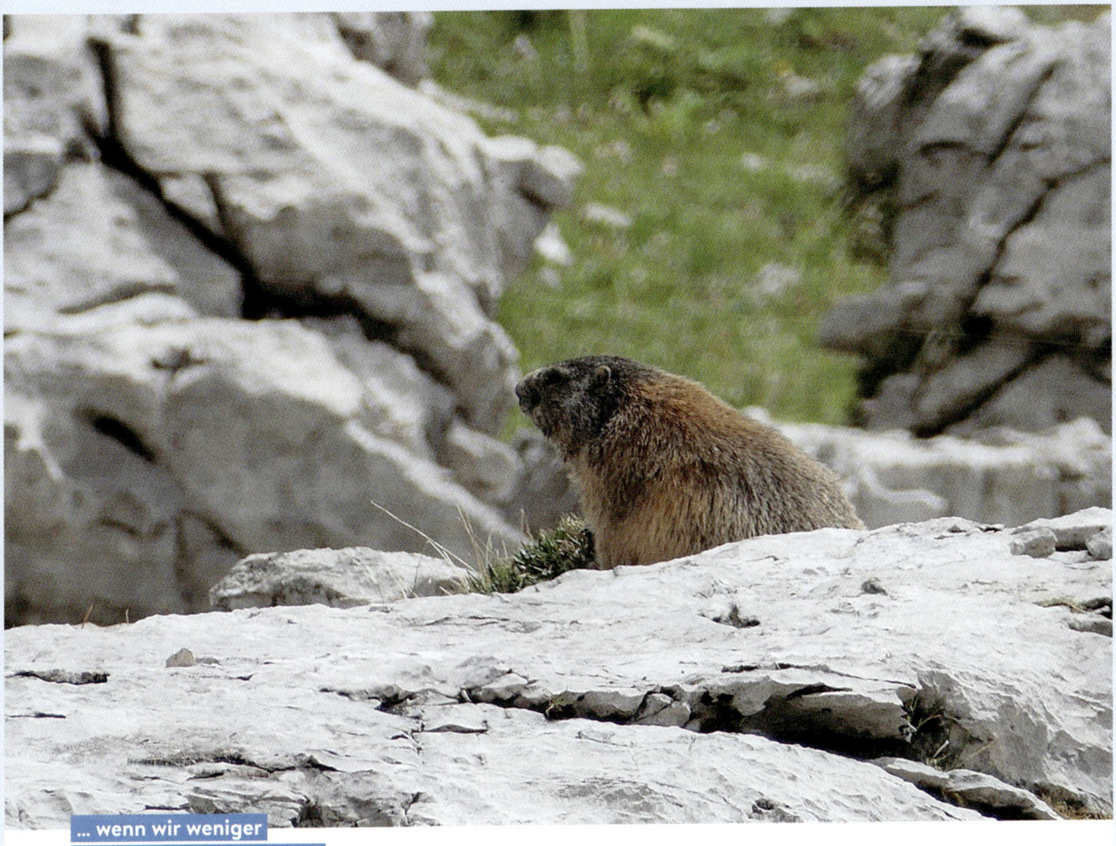

... wenn wir weniger
Treibhausgase emittieren!

werden deutlich an Fläche dazugewinnen. Der Anteil der Buche wird anfangs ansteigen, dann wird die Buche jedoch unter Trockenstress geraten. Alle Baumarten werden sich in höhere Lagen ausdehnen. Der Wald im Allgäu wird den Klimawandel der nächsten Jahrzehnte überleben. Aber es wird in einigen Jahrzehnten ein anderer Wald sein, denn die Fichten-Monokulturen, die das Allgäu prägen, können sich kaum anpassen. In den niederen Lagen werden eventuell Walnussbäume und Esskastanien die Waldbestände im Allgäu bilden.
Ein Temperaturunterschied von nur einem Grad im Jahresdurchschnitt entspricht in den Bergen einem Höhenunterschied von rund 200 Metern. Wegen der Klimaerwärmung müssen die Pflanzen und Tiere der Bergwelt zum Überleben nach oben wandern. Es ist allerdings fraglich, ob es dort dann die passenden Lebensräume z. B. für Murmeltiere geben wird. Denn in größeren Höhen ist die Bodenmächtigkeit geringer. Wie lange können die Murmeltiere also noch ausreichend tiefe Höhlen für ihren Winterschlaf graben? Oberhalb von 2500 Metern hält der Permafrost den Felsen stabil. Die eisige Schicht aus Sediment, Fels und Erde taut in den Allgäuer Hochalpen wegen der Klimaerwärmung jedoch allmählich auf. An Wegen und Übergängen steigt die Steinschlaggefahr.
Nur wenn es uns gelingt, unseren Lebensstil und die Produktionsweisen so zu verändern, dass wir deutlich weniger Energie verbrauchen und dadurch weniger Treibhausgase emittieren, haben die Murmeltiere eine Zukunft in den Allgäuer Alpen.

Nebelhorn, Gaisalphorn und Rubihorn

Grandiose Bergtour von oben nach unten

Vom Gipfel des Nebelhorns führen mehrere Wege hinunter nach Oberstdorf. Selten begangen ist die lange Gratwanderung über das Gaisalphorn zum Rubihorn und der anschließende Abstieg durch den Faltentobel. Hierfür sind alpine Erfahrung, Trittsicherheit und Schwindelfreiheit unbedingt erforderlich.

Blick über blumenreiche Arnikawiesen auf die Allgäuer Hochalpen

24

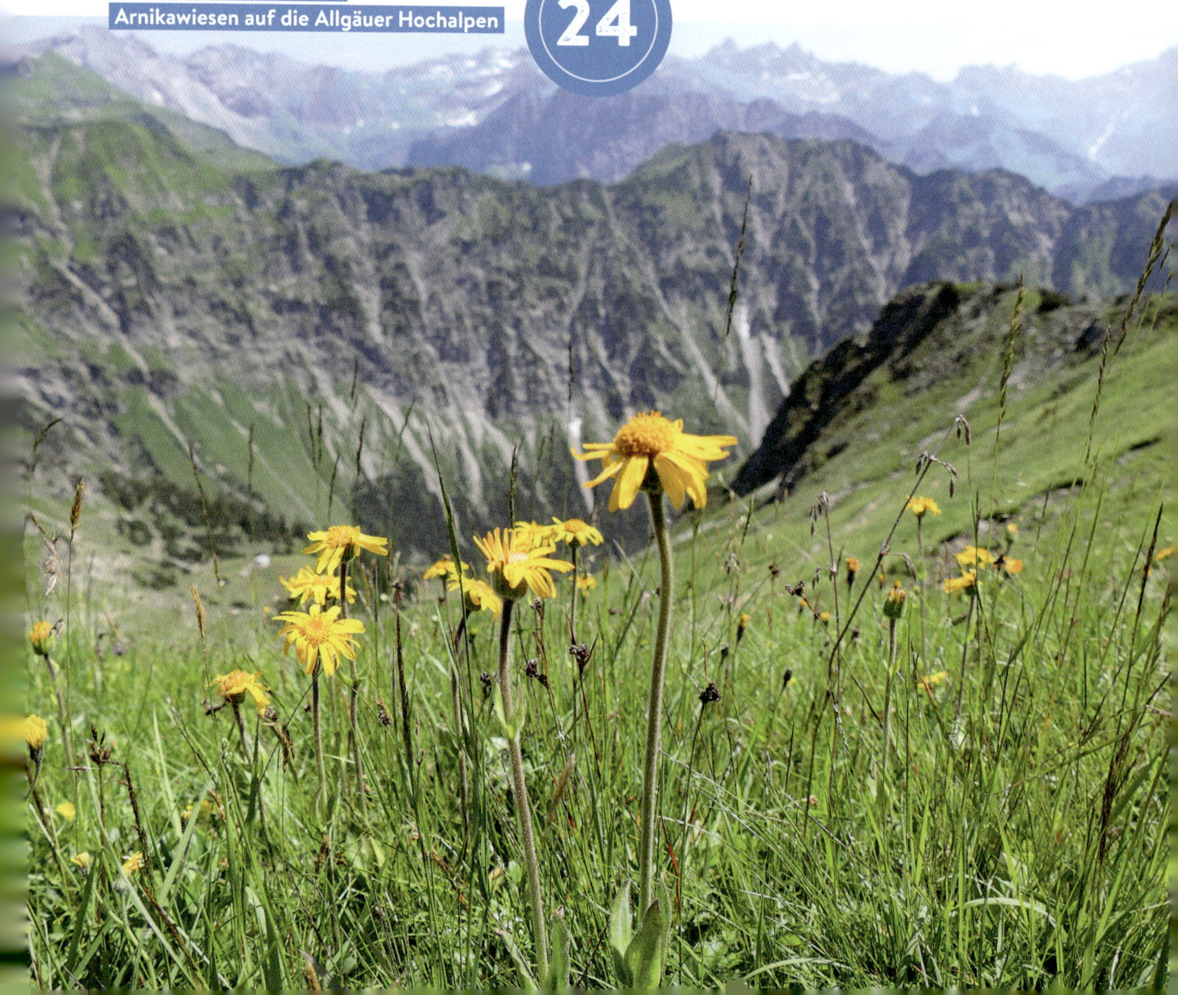

Tipp

KALKGESTEINE DER ALLGÄUER ALPEN

Die Kalkgesteine der Allgäuer Alpen bildeten sich vor mehr als 150 Millionen Jahren. Man unterscheidet Hauptdolomit, Wettersteinkalk und Mergel. Die Gipfel der mächtigsten Allgäuer Berge bestehen aus Hauptdolomit, beispielsweise Rubihorn und Nebelhorn. Das Mineral Dolomit, ein Calcium-Magnesium-Carbonat, ist im Vergleich zu Kalkstein härter und chemisch beständiger. Hauptdolomit entstand in lebensfeindlichen subtropischen Wattenmeeren. Bei Ebbe trockneten die dortigen Uferbereiche schnell aus, flaches Wasser wurde sehr warm, um dann bei Flut wieder rasch abzukühlen. Zu den wenigen Lebensformen, die damit gut zurechtkamen, gehörten Blaualgen, von denen einige Magnesium anreicherten und Kalk ausfällten. Über die Jahrmillionen führte dies zu einer Hunderte Meter dicken Dolomitschicht. Die Erosionsbeständigkeit des Hauptdolomits hat beeindruckend steile und hohe Berggestalten entstehen lassen. Kalkstein, bestehend vor allem aus Calciumcarbonat, entstand in den Riffen der lebensfreundlicheren Schelfmeere. Schwämme und Korallen besiedelten die Kalkskelette ihrer Vorgänger. Beispielsweise der Säuling ist aus Wettersteinkalk gebildet. Mergel ist eine Mischung aus Bändern von Kalkstein und Silikatgestein wie Ton. Der Fleckenmergel, der unterhalb der älteren Dolomitschicht liegt, ist durch seine tonigen, weichen Bestandteile sehr fruchtbar und weist eine reichhaltige Vegetation auf. Der Sockel der Höfats besteht aus Fleckenmergel.

VOM NEBELHORN ZUM GUNDKOPF Am **A Gipfel des Nebelhorns** (2224 m) sollte man schon möglichst mit der ersten Gondel ankommen. Dann kann man am besten die Vogelwelt der Allgäuer Alpen erleben. Neben der allgegenwärtigen Alpendohle leben hier oben Alpenbraunelle, Alpen-Schneehuhn, Bergpieper, Birkenzeisig, Bluthänfling, Hausrotschwanz, Klappergrasmücke, Mauerläufer, Ringdrossel, Schneesperling, Steinschmätzer und Zitronenzeisig.

Vom Nebelhorn führt der markierte Weg nach Westen hinunter zu einer Verzweigung. Wir verlassen den markierten Normalweg nach rechts und folgen den deutlich sichtbaren Steigspuren entlang des Kamms zum Gundkopf. Der Pfad verläuft meist oben am Kamm und weicht nur selten in die Südflanke aus. Nach Norden brechen schroffe Felswände ab. Trittsicherheit und Schwindelfreiheit sind deshalb überlebenswichtige Voraussetzung. Das Felsen- und Schrofengelände bildet Lebensräume, die sich bei geringer Humusauflage oberhalb der Waldgrenze an Trockenheit, Kälte und Wind angepasst haben. Dieses Mosaik, geschaffen durch geologischen Untergrund, Geländestruktur, Kleinklima, Windausgesetztheit und Feuchte, enthält Nischen für eine überraschend hohe Artenzahl von Pflanzen und Kleintieren. Die artenreiche Flora besteht aus Allermannsharnisch, Bewimperter Alpenrose, Arnika, Berg-Baldrian, Clusius' Enzian, Frühlingsenzian, Perücken-Flockenblume, Wiesen-Flockenblume, Gemskresse, Gipskraut, Berg-Haarstrang, Berg-Hahnenfuß, Schnee-Hahnenfuß, Schwarzem Kohlröschen, Knöllchen-Knöterich, Herzblättriger sowie Nacktstängeliger Kugelblume, Kugelorchis, Nickendem Leimkraut, Stängellosem Leimkraut, Margarite, Alpen-Maßliebchen, Alpen-Mutterwurz, Alpen-Schafgarbe, Silberwurz, Sonnenröschen, Steinquendel, Wald-Storchschnabel, Kugeliger Teufelskralle, Thymian, Gelbem Veilchen, Alpen-Vergissmeinnicht, Akeleiblättriger Wiesenraute und Wundklee.

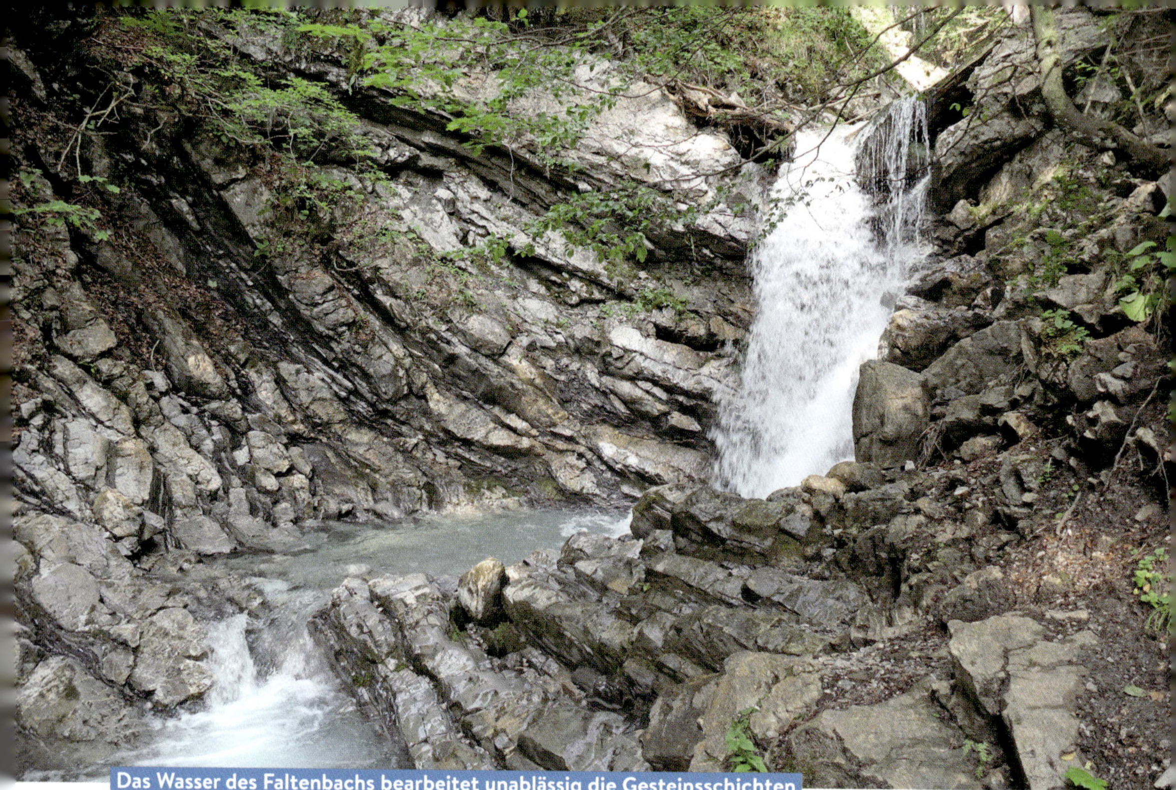

Das Wasser des Faltenbachs bearbeitet unablässig die Gesteinsschichten und hat kleine Gumpen geschaffen.

VOM GUNDKOPF ZUM RUBIHORN Auf dem **1 Gundkopf** (2062 m) können wir den weiteren Wegverlauf über das Gaisalphorn zum Rubihorn überblicken. Die Pfadspuren führen hinab zum Geißfußsattel und in wenigen Minuten gelangen wir hoch zum **2 Geißfuß** (1981 m). In den blütenreichen Arnika-Wiesen gaukeln einige Schwalbenschwänze. Ihre Raupen fressen an Doldenblütlern, beispielsweise an Alpen-Mutterwurz oder Berg-Haarstrang. Auch Kleiner Fuchs und verschiedene Tagfalterarten aus den Familien der Bläulinge, Perlmutterfalter und Mohrenfalter sind zu beobachten. Ab dem Geißfuß wird das Gelände einfacher. Der Pfad verläuft oberhalb von oder zwischen Lawinenverbauungen. Nach einem kurzen Anstieg durch Latschengebüsch ist das Gipfelkreuz des **3 Gaisalphorns** (1953 m) erreicht.

Der Abstieg vom Gaisalphorn bietet einige ausgesetzte Kletterstellen. Eine Schlüsselstelle bewältigen wir konzentriert mit Drahtseil und Leiter. Die weitere Gratwanderung ist beidseitig meist von niedrigen Latschen umwachsen. Beim Niedereck schwenkt der Pfad nach Norden und wir steigen auf das **4 Rubihorn** (1952 m).

VOM RUBIHORN NACH OBERSTDORF Nun geht es wieder zurück zum Niedereck. Von dort schlängelt sich der ausgewaschene Pfad in vielen Serpentinen hinab. Die bis zu vier Meter hohen Latschen werden vereinzelt von Fichte und Vogelbeere ergänzt. Als Besonderheit wächst hier der Schnee-Enzian. Die Rufe von Schwarzspecht und Tannenhäher sind zu hören. Kleine Trupps des Zitronenzeisigs fliegen im stark aufgelichteten Fichtenwald.

Wir erreichen erst das Weidegebiet um den **5 Roßbichel** (1466 m), dann weiter unten eine Almhütte, zu der eine Schotterstraße führt. Dieser folgen wir nach Osten bis zu einem **6 ausgetrockneten Bachbett**. Hier biegen wir rechts auf den steinigen Pfad entlang des Bachbetts durch lichten Fichtenwald mit Buche und Bergahorn und erreichen die Schotterstraße, die von der Mittelstation der Nebelhornbahn hochführt. Wir spazieren rechts hinunter, überqueren die Teerstraße und folgen dem Pfad oberhalb des Faltenbachs. Im Fichtenwald mit Buche und Bergahorn blühen auffällig Breitblättriges Laserkraut, Weidenblättriges Ochsenauge, Große Sterndolde und die Orchideenarten Braunrote Stendelwurz und Rotes Waldvögelein.

Beim kleinen Wasserkraftwerk führt eine Brücke über den Faltenbach. Nach wenigen Minuten auf einem ausgewaschenen Schotterweg zweigt nach rechts der Steig in den **7 Faltenbachtobel** ab. Auf seinem Weg vom Wasserkraftwerk bis zur Einmündung in die Trettach muss der Faltenbach einen Höhenunterschied von über 300 Metern auf kurzer Strecke überwinden. Die abwechslungsreiche Schlucht mit beeindruckenden Wasserfällen ist über Metalltreppen mit Drahtseilen erschlossen. Das Wasser bearbeitet unablässig die Gesteinsschichten. Kleine Gumpen erfrischen nach der langen Abstiegsstrecke.

In einer Linkskurve umrunden wir das Stadion der Schattenbergschanze, spazieren über die Trettachbrücke und kommen zur **E Talstation Nebelhornbahn**.

INFO

schwierig | 6.30 Std. | 13 km | 200/ 1600 Hm

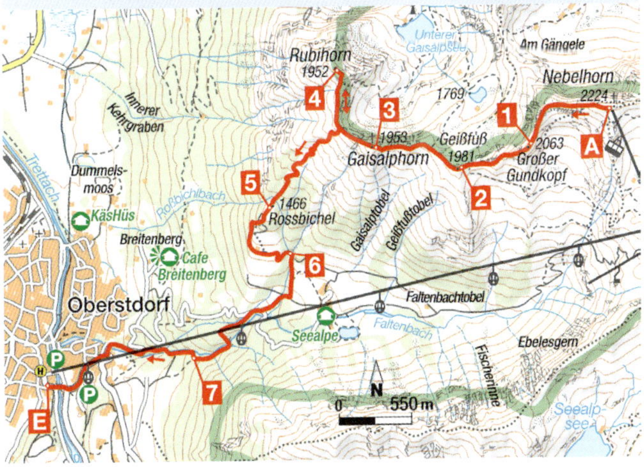

TOURENCHARAKTER

Die abwechslungsreiche Kammwanderung und der Abstieg nach Oberstdorf erfordern Kondition und Bergerfahrung. Belohnt wird man mit üppiger Alpenflora sowie beeindruckenden Aus- und Tiefblicken.

AUSGANGSPUNKT

Gipfelstation Nebelhorn

ENDPUNKT

Talstation Nebelhornbahn

ANFAHRT

ÖPNV: Mit der Bahn nach Oberstdorf zur Nebelhornbahn und mit dem Bus oder zu Fuß zur Talstation der Nebelhornbahn

Auto: Über die B 19 nach Oberstdorf zu einem der Parkplätze der Nebelhornbahn

GEHZEITEN

Gipfelstation Nebelhorn – Gundkopf 1:00 Std. – Geißfuß 2:00 Std. – Gaisalphorn 2:30 Std. – Rubihorn 3:30 Std. – Roßbichel 4:45 Std. – Talstation 6:30 Std.

BESTE JAHRESZEIT

Sommer und Herbst

EINKEHR

Gastronomie in Oberstdorf

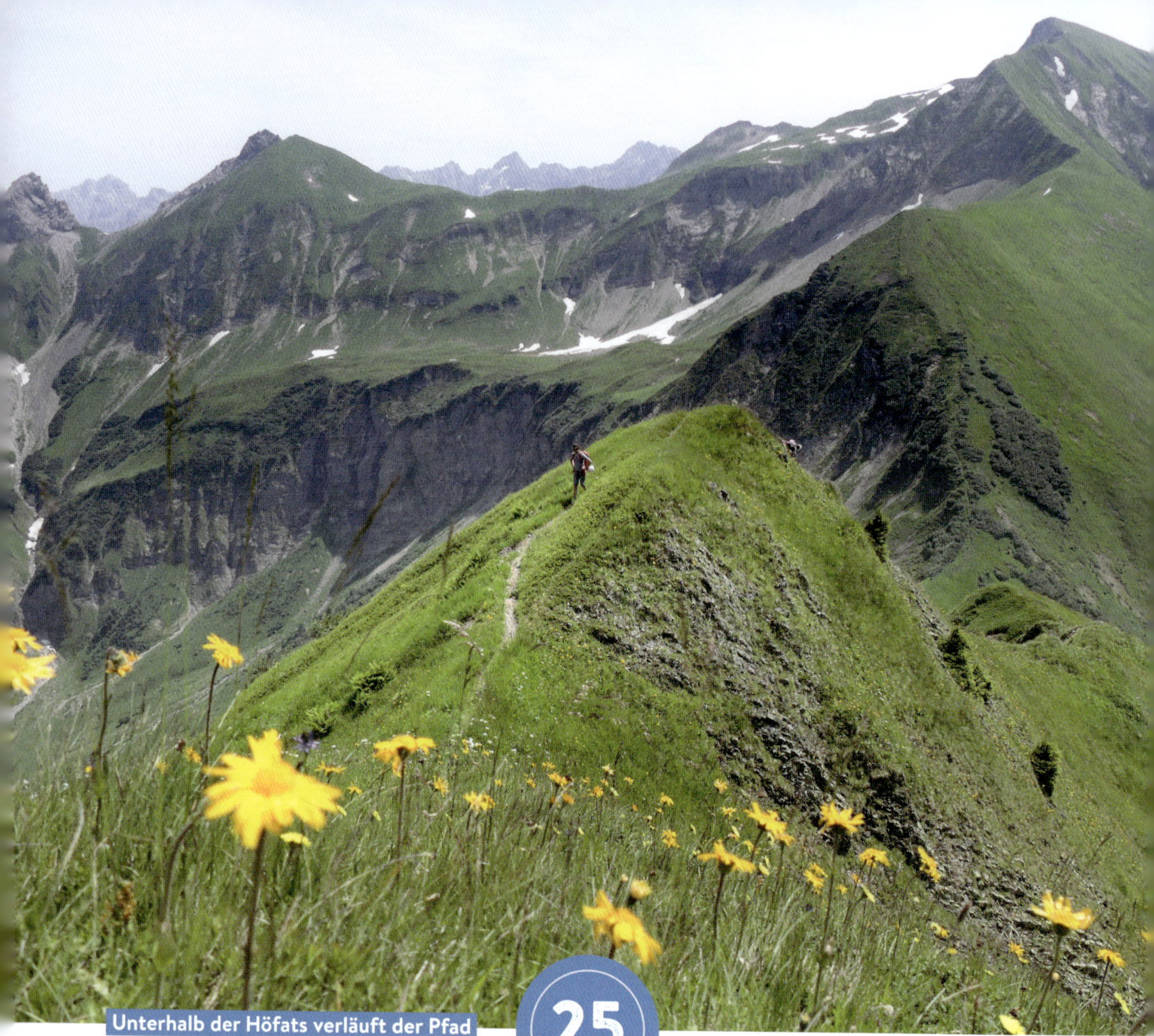

Unterhalb der Höfats verläuft der Pfad durch blühende Arnikawiesen.

25

Höfats

Herausfordernde Tour auf den Edelweißberg

Diese Tour ist die anspruchsvollste in diesem Buch. Der markante Grasberg ist für seinen Blumenreichtum weit über das Allgäu hinaus bekannt. Für den Normalweg auf den Ostgipfel sind Trittsicherheit und Schwindelfreiheit Voraussetzung.

DURCH DEN HÖLLBACHTOBEL NACH GERSTRUBEN Wir beginnen unsere Tour an der A / E **Bushaltestelle Christlessee.** Nach der Trettachbrücke biegen wir auf die Schotterstraße zum Wirtshaus Mumme-Stüble ab und erreichen auf dem schmalen Schotterweg über die Wiesen den 1 **Höllbachtobel.** Durch Fichten- und Buchenbestände führt der Pfad steil nach oben (s. Tour 26). An der Teerstraße wenden wir uns nach rechts und erreichen 2 **Gerstruben** (1155 m) mit Gebäuden aus dem 16. und 17. Jahrhundert.

DURCH DAS DIETERSBACHTAL ZUM ÄLPELESATTEL Wir folgen dem Dietersbachtal auf dem Schotterweg nach Osten. Von der Allee aus Esche und Bergahorn haben nur die Ahorne überlebt. Die Eschen mussten wegen des Eschentriebsterbens, einer Pilzkrankheit, die fast alle Eschen befällt, abgeschnitten werden. Von einer Esche blieb ein kleiner Torso stehen, in dessen Rinde ein Künstler ein Edelweiß geschnitzt hat. Der breite Schotterweg bringt uns durch die großflächigen Viehweiden zur bewirtschafteten 3 **Dietersbach-Alpe** (1325 m). An den Hängen um die Alpe haben Murmeltiere ihr Zuhause.

Wir spazieren über die Weideflächen der Alpe und erreichen einen Bergahornbestand mit Fichten. Beim Blick nach unten lässt sich die scharfe Fraßkante der Weidetiere im Gelände erkennen. Steil geht es den Steig durch lichten Fichtenwald mit Bergahorn und Vogelbeere hinauf. Je weiter wir uns dem Älpelesattel nähern, desto häufiger kommt die Grünerle dazu. Üppig blühen Kahler Alpendost, Wiesen-Bärenklau, Gelber Eisenhut, Platanenblättriger Hahnenfuß, Alpen-Milchlattich, Türkenbundlilie und Wald-Wicke. Unmittelbar am 4 **Älpelesattel** (1780 m) ist eine große Fläche mit Berg-Sauerampfer überzogen, eine Pflanze, die Rinder ungern fressen. Sie ist ein Beispiel für die Allgäuer Lägerflora, also für Pflanzen an Stellen, wo sich das Weidevieh vermehrt aufhält.

Tipp

DAS EDELWEISS AN DER HÖFATS

Das Edelweiß besiedelt alpine Rasen und Felsbänder. Die Symbolkraft der Alpenblume geht auf einen Ausflug des österreichischen Kaisers Franz Joseph und seiner Frau Sissi zurück. Am Großglockner pflückte der Kaiser seiner Gattin ein Edelweiß, angeblich das erste, das er selbst pflückte. Seitdem gilt das Edelweiß als die Pflanze, die man seiner Liebsten schenkt als Zeichen der Liebe und Treue. Mit dem aufkommenden Tourismus in den Alpen gegen Ende des 19. Jahrhunderts wurde das Edelweiß zum Symbol der Bergsteiger. An der Höfats kam das Edelweiß früher sehr zahlreich vor und verhalf dem Berg zu großer Bekanntheit. Zu Beginn des 20. Jahrhunderts wurde es jedoch beinahe ausgerottet. Besonders zur Zeit der großen Inflation in den frühen 1920er-Jahren wurde es büschelweise gepflückt, um es am Bahnhof Oberstdorf den Touristen zu verkaufen. Zum Schutz des Edelweißes errichtete die Bergwacht ab 1935 einen Zeltposten auf 2000 Metern Höhe. Dadurch konnte die Pflanze vor der Ausrottung gerettet werden und die tödlichen Abstürze an den steilen Flanken gingen ebenfalls zurück. Auch dank des gestiegenen Umweltbewusstseins der Bergsteiger ist eine Überwachung heute nicht mehr erforderlich. Der Bergwachtstützpunkt, der 1969 eine dauerhafte Biwakschachtel aus Aluminium wurde, ist seit 2007 nicht mehr besetzt.

ÜBER DEN FALKENBERG AUF DIE HÖFATS Ab dem Sattel folgen wir nach links dem unmarkierten Pfad über den Südostgrat. Dieser ist der am meisten begangene Steig auf die Höfats. Entlang des gut sichtbaren Wegs wachsen niedrige Grünerlenbestände. Die Grünerle stabilisiert die Hänge, verkleinert jedoch die Weidefläche. Deshalb wird sie abgeschnitten und verbrannt. Die botanischen Kostbarkeiten an der Höfats haben ihren Ursprung in der Geologie. Graue Aptychenkalke bauten die verwegenen Zacken und scharfen Grate der Höfats auf. Diese Aptychenkalke sind von einer Schicht kieselsäurereicher Hornsteinkalke umlagert. Unterhalb der Hornsteinschichten tritt der Sockel aus Lias-Fleckenmergel hervor. Als Fleckenmergel bezeichnen Geologen einen dunkel gefleckten Mergel. Dieser Fleckenmergel bildet einen fruchtbaren Boden für die blumenreichen alpinen Rasen. In diesen Rasen dominiert von Juni bis August die dottergelb blühende Arnika. Im Sommer blühen dort auch Einköpfiges Ferkelkraut, Bärtige Glockenblume, Scheuchzers Glockenblume, Schwarzes Kohlröschen, Alpen-Mutterwurz, Norwegisches Ruhrkraut und Betonienblättrige Teufelskralle. Bei Sonne gaukeln über den Blumen verschiedene Tagfalterarten, wie Jakobskrautbär und Kleiner Fuchs sowie Bläulinge, Mohrenfalter und Perlmutterfalter.

Nach dem **5 Falkenberg** (2003 m) wird der Pfad immer steiler und ausgesetzter. Endlich tauchen die ersten Edelweiße auf. Weiter geht es über eine schmale Gratschneide. Die Steilheit des Geländes nimmt kontinuierlich zu. Schließlich erreichen wir die Schlüsselstelle im zweiten Schwierigkeitsgrad unterhalb des Gipfels. Bevor wir uns zum Aufstieg entscheiden, müssen wir bedenken, dass wir hier auch wieder hinunter müssen. Denn die schräg auf dem Grat liegende Felsplatte ist schwierig abzusteigen. Nach Westen bricht hier der Grat mit einer 200 Meter hohen senkrechten Wand in die Höfatswanne ab, während nach rechts der Grat in die Südostwand abfällt. Der Gipfel der **6 Höfats** (2259 m) belohnt mit traumhaften Aussichten und beeindruckenden Tiefblicken. Der Name Höfats bedeutet hoch-

Das Edelweiß, die wohl bekannteste Alpenblume, hat die Höfats sehr bekannt gemacht.

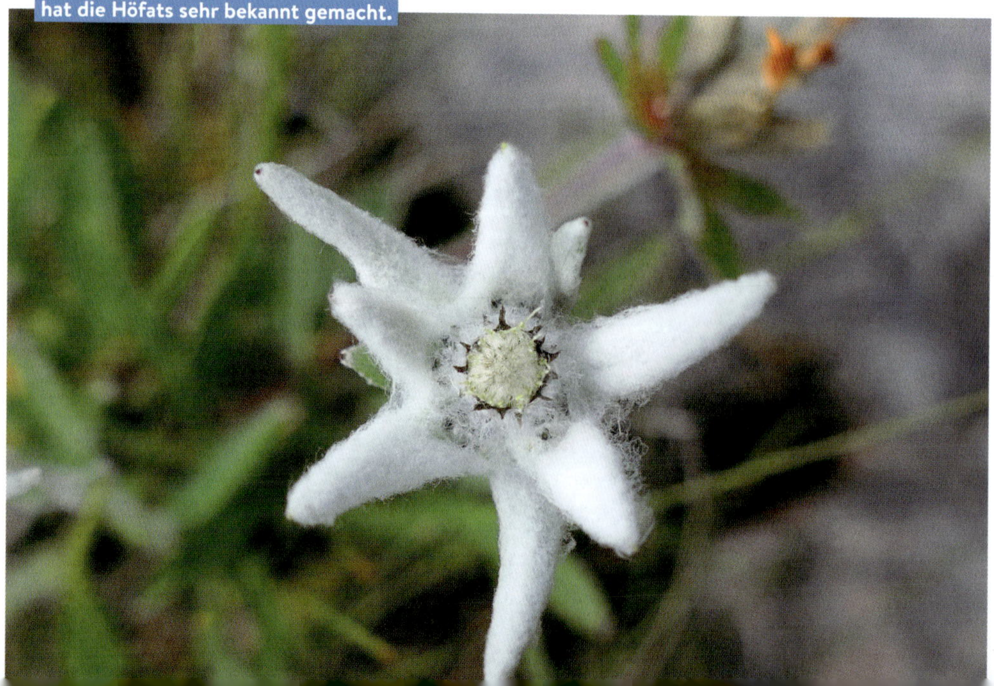

schwierig | 9.00 Std. | 13 km | 1400 Hm

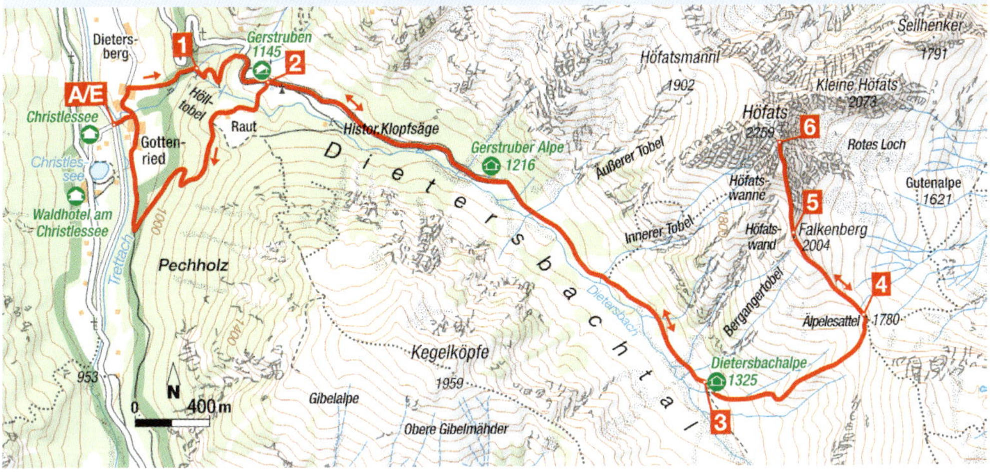

TOURENCHARAKTER

Die Herausforderungen dieser Wanderung sollte man nicht unterschätzen. Gefährlich sind vor allem die exponierten Stellen sowie die Steilheit und die mit Gras überzogenen Hänge. Vor allem bei Regen und Schnee können tödliche Gefahren entstehen. Bei Nässe oder Schnee ist von der Tour dringend abzuraten. Orientierungssinn, Trittsicherheit und Schwindelfreiheit sind unbedingt notwendig.

AUSGANGS-/ENDPUNKT

Bushaltestelle Christlessee

ANFAHRT

ÖPNV: Mit der Bahn nach Oberstdorf, vom Busbahnhof am Bahnhofsvorplatz mit dem privaten Bergsteigerbus Linie 8 bis zum Christlessee fahren. Alternativ kann man mit einem Mountainbike über Gerstruben zur Dietersbach-Alpe radeln, um vom Bus unabhängig zu sein.
Auto: Über die B 19 nach Oberstdorf, weiter Richtung Golfplatz, die letzte Parkmöglichkeit befindet sich auf dem kostenpflichtigen Parkplatz Renksteg. Von dort mit dem privaten Bergsteigerbus Linie 8 bis zum Christlessee fahren

GEHZEITEN

Bushaltestelle Christlessee – Gerstruben 0:45 Std. – Dietersbachalpe 1:30 Std. – Älpelesattel 3:00 Std. – Falkenberg 4:00 Std. – Höfats 5:30 Std. – Dietersbachalpe 7:30 Std. – Gerstruben 8:15 Std. – Bushaltestelle Christlessee 9:00 Std.

BESTE JAHRESZEIT

Sommer und Herbst

EINKEHR

Berggasthof Gerstruben, www.berggasthof-gerstruben.net, Tel. 08322/809 83 64; Dietersbachalpe, Tel. 08322/33 30

gelegene Weide, weil früher Ziegen bis in höhere Lagen geweidet haben sollen.

DER ABSTIEG AUF DEM RAUTWEG Der Abstieg verläuft wie der Aufstieg hinab zum **4 Älpelesattel** und weiter zur **3 Dietersbach-Alpe**. Beim Abstieg hören und sehen wir Alpenbraunelle, Bergpieper, Gimpel, Hausrotschwanz, Kolkrabe und Schwarzspecht. Weiter unten leben Buchfink, Distelfink, Rauchschwalbe, Tannenmeise und Zaunkönig. Entlang des Dietersbachs geht es zurück nach **2 Gerstruben**. Hier nehmen wir nach links den Steig über Raut durch das Pechholz (s. Tour 26), der hinunterführt zur **A / E Bushaltestelle am Christlessee**.

Höllbachtobel und Christlessee

Wo wilde Wasser rauschen

Der Höllbachtobel ist eine relativ kurze, aber eindrucksvolle Klamm. In Gerstruben gruppieren sich schmucke Häuser aus dem 16. und 17. Jahrhundert unterhalb der hohen Gipfel des Dietersbachtals.

26

Im Schluchtwald oberhalb des Höllbachtobels

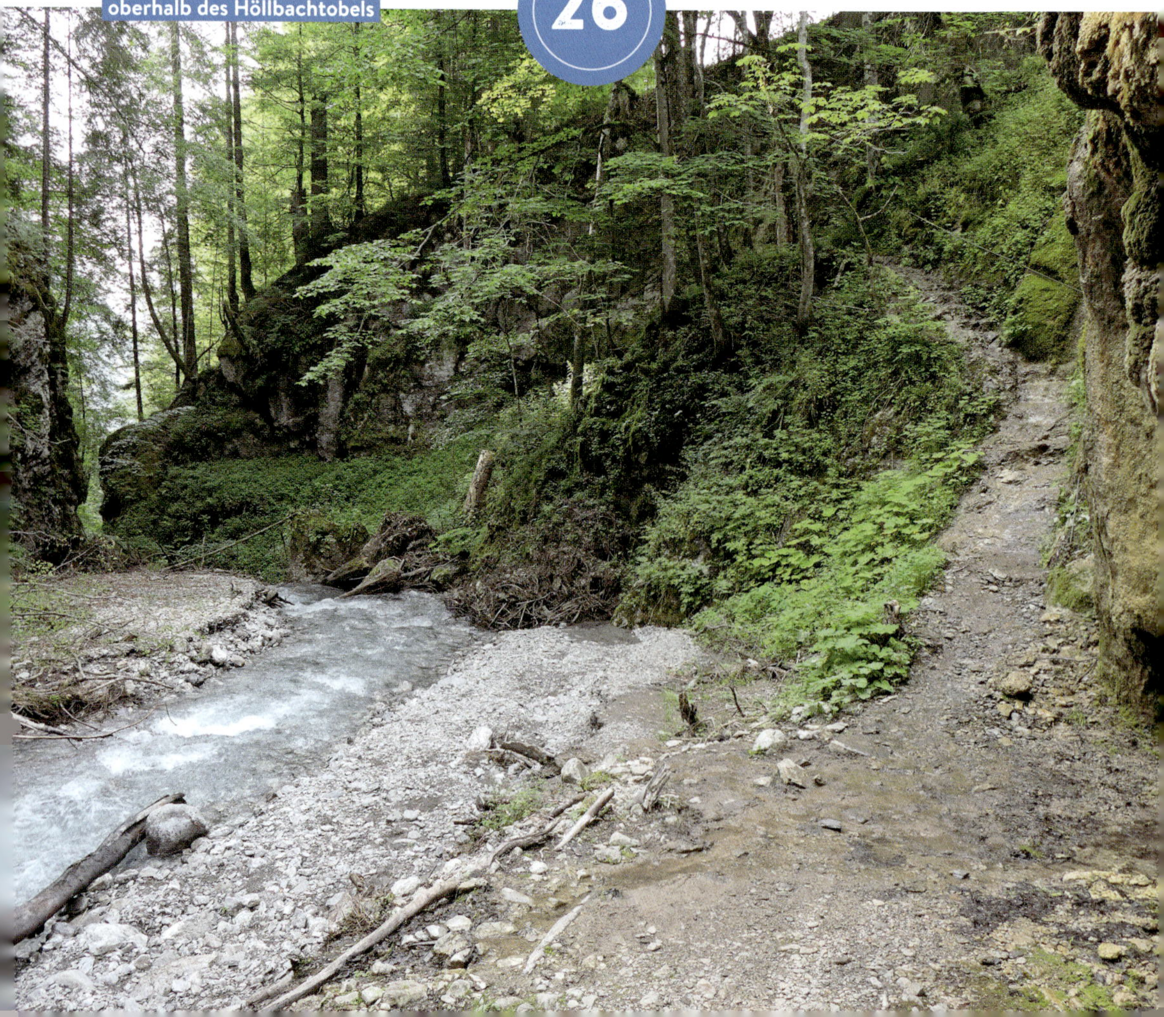

DURCH DEN HÖLLBACHTOBEL NACH GERSTRUBEN Wir beginnen unsere Tour an der **A / E Bushaltestelle Christlessee.** Nach der Trettachbrücke biegen wir auf die Schotterstraße zum Mumme-Stüble. Mehl- und Rauchschwalben sausen durch die Luft auf der Jagd nach Insekten. Gegenüber dem Wirtshaus bringt uns der schmale Schotterweg durch Wiesen zum **1 Höllbachtobel.** Am kühlen Bach entlang steigen wir steil nach oben durch Fichten- und Buchenbestände mit Bergahorn, Bergulme, Esche, Vogelbeere, Salweide, Hasel und Mehlbeere. An die steilen, teilweise überhängenden Felsen klammern sich einige Latschenkiefern. Das Gebirgswasser hat sich über Jahrtausende in den Felsen hinein gegraben und diesen glatt geschliffen. Je höher wir auf dem steinigen Pfad steigen, desto reißender und lauter wird der Wildbach. Zwei Aussichtsplattformen geben den Blick frei auf die schmale Schlucht, durch die das Wasser schießt. Wir genießen die spektakuläre Aussicht auf die schönen Wasserfälle.
Am Waldboden blühen je nach Jahreszeit und Lichtverhältnissen Alpendost, Große Braunelle, Hainsalat, Hasenlattich, Kohl-Kratzdistel, Leberblümchen, Maiglöckchen, Weiße Pestwurz, Rundblättriger Steinbrech, Große Sterndolde, Ährige Teufelskralle, Wald-Geißbart, Wald-Witwenblume und Waldbingelkraut.
Der Steig wird flacher und unvermittelt stehen wir auf der Asphaltstraße, die von Oberstdorf nach Gerstruben heraufführt. Wir wenden uns nach rechts und erreichen in wenigen Minuten das Dörfchen **2 Gerstruben.** Es besteht aus fünf Häusern und einer kleinen Kapelle. Alle Gebäude stammen aus dem 16. und 17. Jahrhundert. Sie sind somit älter als die stattlichen Bergahorne, die sie einrahmen. Sehr schmuck gruppieren sich die Häuser, darunter ein Berggasthof, unterhalb der hoch aufragenden Höfats (s. Tour 25). Distelfinken, Hausrotschwänze und Haussperlinge suchen nach Nahrung, der Grünspecht wiehert wie ein Pferd.

Tipp

TOBEL

Als Tobel werden enge Schluchten bezeichnet, durch die ein Wildbach rauscht. Sie entstehen dort, wo weichere, weniger erosionsresistente Gesteinsschichten, die steil gestellt sind, vom Wasser bearbeitet werden. In dem weicheren Material entstehen zunächst Furchen, die das Wasser zum Abfließen nutzt. Durch den ständigen Abrieb vertieft sich die Furche zu einem Einschnitt. Der Durchbruch des Tobels ist V-förmig ausgebildet. Dabei können die gegenüberliegenden Flanken je nach Gesteinshärte unterschiedliche Neigungen haben.

AUF DEM RAUTWEG ZUM CHRISTLESSEE Der Rückweg führt über die Rautwiese zum Christlessee. Wir nehmen den Pfad, der vor der Marienkapelle steil zum Dietersbach hinabgeht. Das kalkreiche Wasser sorgt seit Jahrtausenden für Versinterungen der Vegetation. Die krustenförmigen Überzüge entstehen durch das Abscheiden von im Wasser gelösten Mineralien.
Der Abstieg in die Schlucht ist wegen Rutschgefahr mit Drahtseilen gesichert. Am Wildbach dominieren Bergahorn, Moose und Farne. Nesselblättriger Ehrenpreis, Wald-Geißbart, Pestwurz, Kleines Springkraut und Rundblättriger Steinbrech fühlen sich im feuchten Schluchtenklima wohl.
Eine Metallbrücke bringt uns auf die andere Bachseite und wir steigen den steilen Weg hinauf zu einer Viehweide. An der Weggabelung biegen wir rechts in das

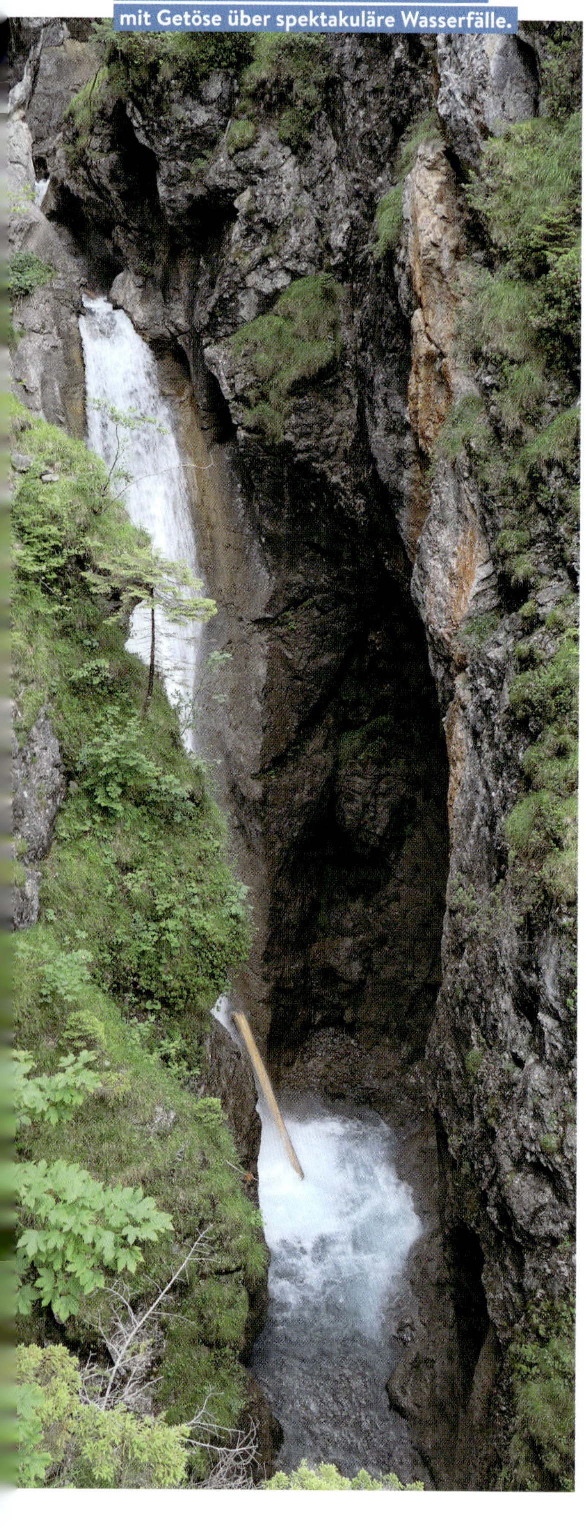
Im Höllbachtobel schießt der Wildbach mit Getöse über spektakuläre Wasserfälle.

Pechholz. Wir durchwandern einen Buchenwald mit Fichte, Tanne, Bergahorn, Esche und Bergulme. Einzelne Bäume dürften schon über 200 Jahre alt sein. Der steinige und wurzelige Weg ist an steileren Passagen mit Trittstufen verbaut. Je weiter wir den Pfad hinuntersteigen, desto höher wird der Anteil an Fichte. Buche und Tanne kommen dagegen kaum noch vor. Die Orchideenart Großes Zweiblatt blüht an lichten Waldstandorten. Unter uns sehen wir die Trettach fließen und bald kommen wir nach Gottenried.

Wir überqueren die Trettach und spazieren zum 3 **Christlessee**. Eine Umrundung des türkisgrünen Sees ist in wenigen Minuten möglich. Am Christlessee erzählt man sich die Geschichte vom Venediger Männle. Glasbläser aus Murano bei Venedig sollen hier nach Materialien für ihre Glaskunst gesucht haben. Bald darauf soll ein hagerer Mann, das Venediger Männle, am Christlessee aufgetaucht sein, sich eine Schaufel ausgeliehen haben und nach feinem Schlamm gegraben haben. Diesen trocknete es und packte ihn in ein Taschentuch. Als es die Schaufel zurückgab, soll es gesagt haben: »So, jetzt hab' ich wieder ein Jahr lang genug zum Leben.« Das Venediger Männle soll neben Gold auch Kobalt gesucht haben, das beim Glasfärben blaue Farbe erzeugt. Im Trettachtal sagen die Leute, dass das Männle damals zwar Goldschlamm gefunden, der See das Kobalt aber für sich behalten habe. Und dies würde besonders im Sommer aus der Tiefe des Sees blau hervorleuchten.

Der See wird aus den südlich von ihm gelegenen Quellen gespeist sowie aus Karstquellen unter der Seeoberfläche. Das Wasser hat Trinkwasserqualität. Wegen der kalten Zuflüsse lädt der See auch im Sommer nur Hartgesottene zum Baden ein. In wenigen Minuten ist die A/E **Bushaltestelle Christlessee** wieder erreicht.

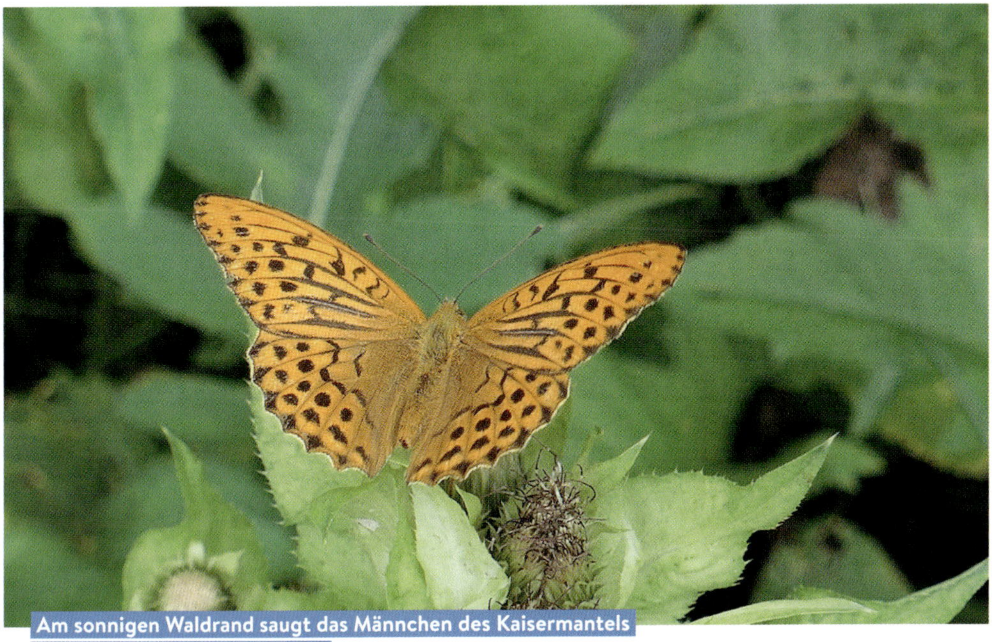

Am sonnigen Waldrand saugt das Männchen des Kaisermantels an Blüten der Kohl-Kratzdistel.

INFO

TOURENCHARAKTER

Die abwechslungsreiche Wanderung führt vom Trettachtal nach Gerstruben. Auf markierten Wanderwegen werden sowohl beim Aufstieg durch den Höllbachtobel als auch beim Abstieg durch das Pechholz mehrere steile Passagen durchstiegen. Etwas Trittsicherheit ist erforderlich.

AUSGANGS-/ENDPUNKT

Bushaltestelle Christlessee

ANFAHRT

ÖPNV: Mit der Bahn nach Oberstdorf, vom Busbahnhof am Bahnhofsvorplatz mit dem privaten Bergsteigerbus Linie 8 bis zum Christlessee fahren
Auto: Über die B 19 nach Oberstdorf, weiter Richtung Golfplatz, die letzte Parkmöglichkeit befindet sich auf dem kostenpflichtigen Parkplatz Renksteg. Von dort mit dem privaten Bergsteigerbus Linie 8 bis zum Christlessee fahren

GEHZEITEN

Bushaltestelle Christlessee – Gerstruben 0:45 Std. – Christlessee 1:45 Std. – Bushaltestelle Christlessee 2:00 Std.

mittel | 2.00 Std. | 5 km | 300 Hm

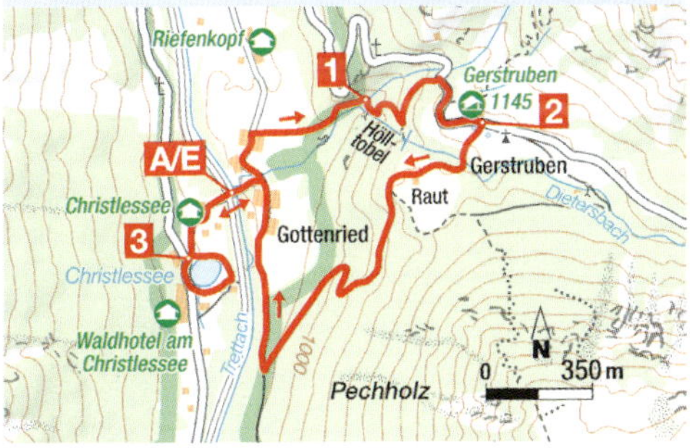

BESTE JAHRESZEIT

Sommer

EINKEHR

Berggasthof Gerstruben,
www.berggasthof-gerstruben.net,
Tel. 08322/809 83 64

Fellhorn, Schlappoldkopf und Söllerkopf

Allgäuer Blumenpracht am Grenzgrat

Das Fellhorn bei Oberstdorf gilt als der Blumenberg des Allgäus. Der Blick auf die Bergwelt der Allgäuer Alpen ist gigantisch.

Vom Schlappoldeck führt ein ausgesetzter Pfad zum Söllerkopf.

27

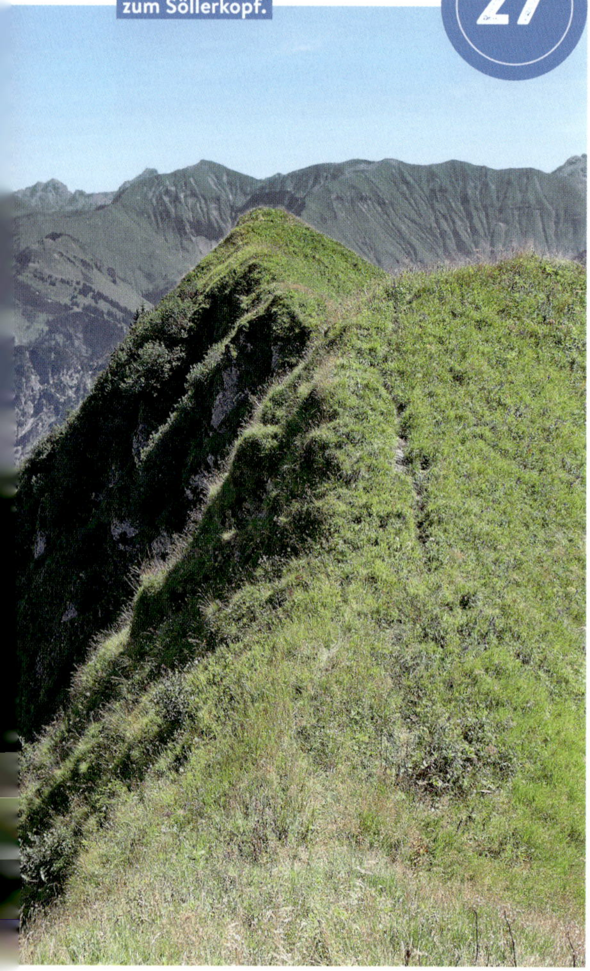

AUF DAS FELLHORN Mit der Fellhornbahn fahren wir hinauf zur **A Gipfelstation Fellhorn** (1967 m). Gleich nach Verlassen der Bergstation befinden wir uns im Naturschutzgebiet »Schlappolt«. Nur in diesem Schutzgebiet erreicht die geologische Flyschzone die alpine Höhenstufe. Die Vegetation ist sehr artenreich, da die Böden kalkhaltig sowie silikatisch sind und sich westalpine mit ostalpiner Flora überlappt. Wir durchwandern Grünerlen- und Alpenrosengebüsche, Hochstaudenfluren, alpine Rasen und Moore. Üppiges Grün säumt den Anstieg auf das **1 Fellhorn** (2037 m).

Ab Mitte Juni blüht die Rostblättrige Alpenrose und lässt die Hänge rot leuchten. Im Juli und August dominiert die dottergelb blühende Arnika die alpinen Rasen. Ebenfalls im Juli zeigt sich der seltene Purpur-Enzian mit seinen nach Rosen duftenden Blüten. Darüber hinaus lockt die Blütenpracht von Augentrost, Allermannsharnisch, Laserkraut, Milch-Lattich, Alpen-Mutterwurz und unzähligen anderen farbenfrohen Schönheiten.

VOM FELLHORN ZUM SCHLAPPOLDECK
Vom Fellhorn verläuft der gut ausgebaute Weg auf dem Wiesenrücken abwärts zur

INFO

TOURENCHARAKTER

Der Spaziergang am Grenzgrat zwischen Fellhorn und Schlappoldeck ist viel besucht. Absolute Trittsicherheit und Schwindelfreiheit sind für die Besteigung des Söllerkopfs notwendig.

AUSGANGSPUNKT

Gipfelstation Fellhornbahn

ENDPUNKT

Bergstation Schlappoldsee

ANFAHRT

ÖPNV: Mit der Bahn nach Oberstdorf, vom Busbahnhof am Bahnhofsvorplatz mit dem Bus zur Talstation der Fellhornbahn
Auto: Auf der B 19 über Sonthofen und Oberstdorf bis nach Faistenoy zur Talstation der Fellhornbahn

GEHZEITEN

Gipfelstation Fellhornbahn – Fellhorn 0:15 Std. – Schlappoldkopf 1:00 Std. – Söllerkopf 2:00 Std. – Schlappoldalpe 2:45 Std. – Bergstation Schlappoldsee 3:30 Std.

BESTE JAHRESZEIT

Mitte Juni bis Mitte August

mittel-schwierig | 3.30 Std. | 8 km | 200 bis 400 Hm

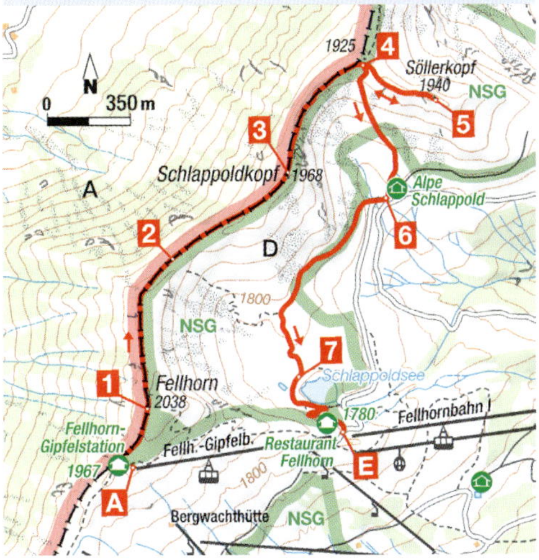

EINKEHR

Schlappoldalpe, www.alpe-schlappold.de, Tel. 01511/491 00 62

2 Scharte (1917 m), von der eine Abkürzung hinunter zum Schlappoldsee möglich wäre. Wir steigen jedoch auf dem Grenzgrat bergan zum **3 Schlappoldkopf** (1968 m). Über das Kleinwalsertal streift der Blick hinüber auf das Gottesackerplateau und den Hohen Ifen. Auf dem Wiesengrat wandern wir entlang der Staatsgrenze ab- und ansteigend dahin. Aus den dichten Beständen aus Grünerle und Latsche hören wir das Klappern der Klappergrasmücke. Die Anzahl der Birkhühner hat sich im Fellhorngebiet in den letzten Jahren erfreulicherweise wieder erhöht.

AUF DEN SÖLLERKOPF Vom **4 Schlappoldeck** (1925 m) zweigt nach rechts ein schmaler eingewachsener Pfad ab zum **5 Söllerkopf** (1940 m). Der ausgesetzte Pfad ist nur für Personen mit absoluter Trittsicherheit und Schwindelfreiheit geeignet.

ABSTIEG ZUR SCHLAPPOLDALPE Für den Abstieg verlassen wir den Gratweg und wandern auf dem Stufensteig hinab. Gelber Enzian und Blauer Eisenhut sind ständige Begleiter. Ab Mitte Juni blühen hier die Alpenrosen. Auf der **6 Schlappoldalpe** (1703 m) werden neben Kühen und Ziegen auch glückliche Schweine gehalten.
Wir verlassen die Alpe in Richtung Süden auf der Asphaltstraße und nehmen sogleich nach rechts den interessanteren Schotterpfad. Nach kurzem Anstieg steigen wir hinunter zum **7 Schlappoldsee** (1719 m). Noch ein kleiner Anstieg und wir stehen an der **E Bergstation Schlappoldsee.**

Breitachklamm und Alpe Dornach

Durch die tiefste Schlucht des Allgäus

Die letzte Eiszeit hat zwischen Oberstdorf und dem Kleinwalsertal ein beeindruckendes Naturschauspiel geschaffen: Die Breitach hat den harten Felsen abgeschliffen und eine enge Schlucht mit senkrechten Wänden hinterlassen. Über einen Fußweg können wir dieses Phänomen unmittelbar erleben.

Vor dem Felssturz von 1995 führte der Klammweg vom Tobel nach oben.

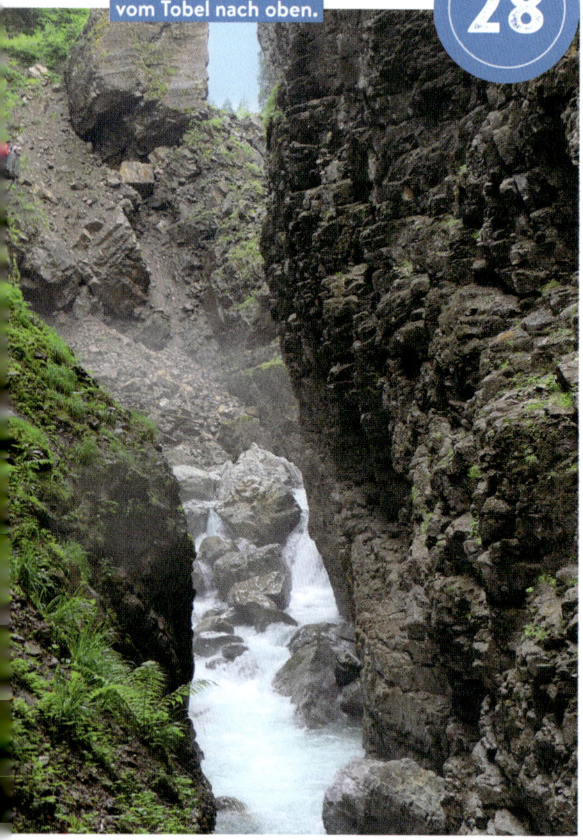

28

DURCH DIE BREITACHKLAMM Vom A/E **Parkplatz Breitachklamm** spazieren wir zum Eingangshaus mit Kasse. Vor der engen Klamm wächst in dem kühlen, feuchten Klima ein Schluchtwald. Auf den nährstoffreichen Böden gedeihen Bergahorn, Bergulme, Esche, Sommerlinde, Grauerle, Traubenkirsche, Fichte sowie viele Moos- und Farnarten. Im feuchten Schluchtenklima wachsen z. B. Wald-Bingelkraut, Wald-Geißbart, Wald-Habichtskraut, Hasenlattich, Hexenkraut, Bach-Kratzdistel, Kohl-Kratzdistel und Echte Nelkenwurz. Vom Eingangshaus bis zum Beginn der unteren Klamm durchwandern wir Gesteine der Kreidezeit, die vor 80 Millionen Jahren begann. Der Wegebau durch die Breitachklamm begann im Jahr 1904. Viele Sprengungen und Stunden harter Arbeit sowie Stahl und Zement waren nötig zur Erschließung des 2,5 Kilometer langen Klammwegs. Tafeln informieren über die Entstehung der Klamm und vermitteln Wissenswertes über die Breitach und die Tierwelt der Gegend.

ÜBER DEN ZWINGSTEG ZUR ALPE DORNACH Am **1 Felssturz** endet der Weg durch die Klamm. Sturzmassen hatten im Herbst 1995 die Breitach zu einem See aufgestaut. Im folgenden Frühjahr brach der Damm und eine Flutwelle verwüstete den Klammweg. Wir steigen die Stufen hoch über das hintere Kassenhäuschen zum **2 Zwingsteg**. Von oben können wir die nur zwei Meter breite Klamm bestaunen. Früher nannten die Einheimischen die Schlucht der Breitach »Zwing«. Der Name Breitachklamm wurde erst später eingeführt. Der Steg, der über die Klamm führt, hat jedoch seinen Namen behalten: Zwingsteg.
Der Schotterweg führt durch Buchenwald mit Fichte, Tanne, Bergahorn, Bergulme und Sommerlinde hinauf zum höchsten Punkt am Sesselweg (985 m). Drahtschotterkästen sichern den Hang vor Rutschungen im Wegbereich. Nun gehen wir rechts auf der kaum befahrenen Teerstraße durch Feuchtwiesen, in denen das zarte, meist weiß blühende Mädesüß reichlich vorkommt. Mit dieser Pflanze wurde früher der Met gesüßt und aromatisiert. An der **3 Alpe Dornach** können wir Bachstelze, Buchfink, Hausrotschwanz, Rauchschwalbe und Spatz beobachten.
Von der Alpe Dornach geht es auf der Teerstraße relativ flach bis zum Abzweig bei Gsessel. Nach rechts führen Serpentinen gemächlich hinunter ins Tal und wir kommen zur **4 Klammkapelle**. Die Verantwortlichen bei der Erschließung der Klamm hatten ihre Errichtung 1930 als Dank für die gelungenen Baumaßnahmen beschlossen. In 50 Metern erreichen wir wieder den **A / E Parkplatz Breitachklamm**.

INFO

TOURENCHARAKTER

Die Rundwanderung ist ein spannender Spaziergang durch die tiefste Klamm des Allgäus und zur Alpe Dornach. Die Klamm hat im Sommer von 9 bis 17 Uhr geöffnet. Auch bei schönem Wetter sind Schuhe mit gutem Profil und eine Regenjacke empfehlenswert.

AUSGANGS-/ENDPUNKT

Parkplatz Breitachklamm

ANFAHRT

ÖPNV: Mit der Bahn nach Oberstdorf und weiter mit dem Bus der Linie 44 bis zur Breitachklamm fahren
Auto: Über die B 19 nach Fischen, beim Kreisverkehr am McDonald's nach Tiefenbach abbiegen, der Straße entlang der Breitach folgen bis zum Parkplatz

GEHZEITEN

Parkplatz Breitachklamm – Felssturz 1:10 Std. – Alpe Dornach 1:40 Std. – Parkplatz Breitachklamm 2:00 Std.

BESTE JAHRESZEIT

Sommer

leicht | 2.00 Std. | 6 km | 150 Hm

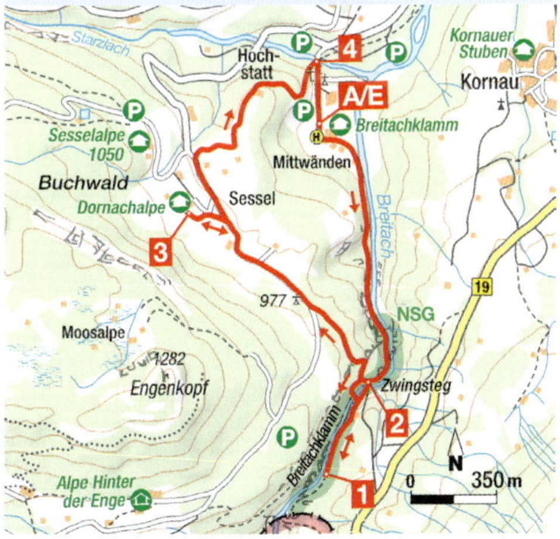

EINKEHR

Alpe Dornach, www.alpe-dornach.de, Tel. 08322/66 30

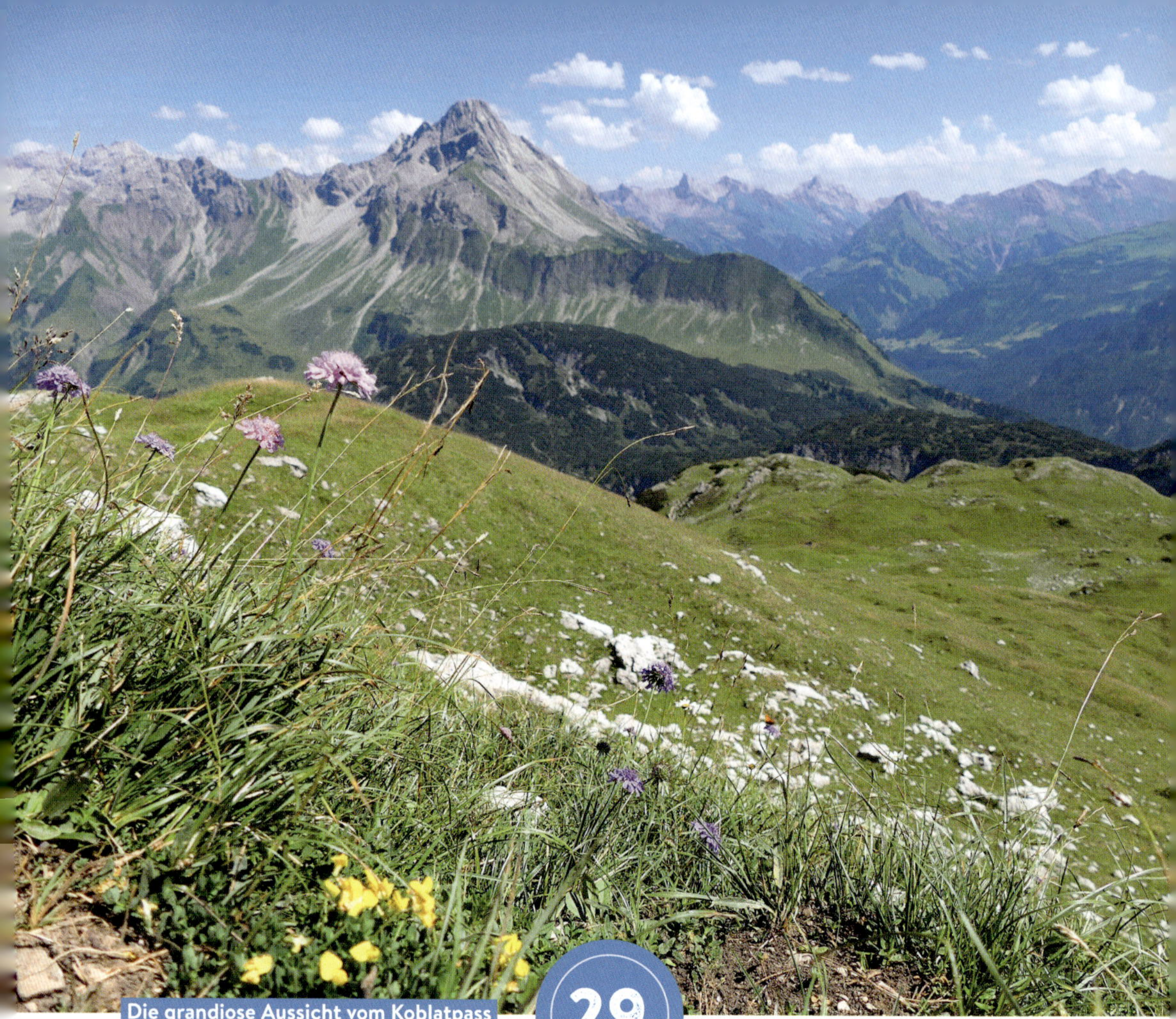

Die grandiose Aussicht vom Koblatpass zur Felspyramide des Biberkopfs

29

Geißhorn und Kemptner Kopf

Im Reich der Steinböcke

In den Allgäuer Alpen leben heute wieder mehrere Hundert Steinböcke. In der Gegend von Mindelheimer Hütte, Geißhorn und Kemptner Kopf kann man ihnen begegnen. Neben den imposanten Tieren beeindruckt bei dieser Tour das prächtige Panorama der Allgäuer Hochalpen.

DURCH DAS WILDENTAL ZUR FLUCHTALPE Von der A / E **Bushaltestelle Schwendle** (1150 m) wandern wir auf breitem Fahrweg zunächst durch Fichtenwald mit Buche, Bergahorn, Bergulme und Tanne ins Wildental. Von der 1 **Unteren Wiesalpe** (1290 m) führt der Almweg kurz abwärts zum Wildenbach und dann bergauf durch Rinderweiden mit üppiger Alpenflora: Hier wachsen Grauer Alpendost, Wiesen-Bärenklau, Klappertopf, Kohldistel, Gelber Eisenhut, Skabiosen-Flockenblume, Wiesen-Flockenblume, Sumpf-Herzblatt, Bach-Nelkenwurz, Pestwurz, Große Sterndolde, Wachtelweizen, Wiesen-Storchschnabel, Ährige Teufelskralle, Berg-Weidenröschen und Wald-Witwenblume. Bei der Weggabelung unterhalb der 2 **Fluchtalpe** (1330 m) folgen wir rechts dem Anstieg zur Kemptner Scharte.

AUF DEN KEMPTNER KOPF Erst spazieren wir über die Weideflächen der Alpe und dann in Serpentinen durch Latschenbestände mit Fichte, Lärche, Moorbirke, Grünerle und Vogelbeere. Bewimperte Alpenrose und Alpen-Heckenrose bilden die Strauchschicht. Reichhaltige Alpenflora begleitet unseren Aufstieg: Braunelle, Brillenschötchen, Alpen-Distel, Blauer Eisenhut, Gelber Eisenhut, Silber-Frauenmantel, Weißer Germer, Fuchs' Greiskraut, Große Händelwurz, Hornklee, Fuchs' Knabenkraut, Nacktstängelige Kugelblume, Rauer Löwenzahn, Bach-Nelkenwurz, Aufgeblasenes Leimkraut, Pestwurz, Schneeheide, Silberwurz, Simsenlilie, Skabiose, Steinbeere, Moos-Steinbrech, Große Sterndolde, Ährige Teufelskralle, Akeleiblättrige Wiesenraute und Wald-Witwenblume. Bei Sonne gaukeln über den Blumen verschiedene Tagfalterarten, wie Schwalbenschwanz, Tagpfauenauge und Kleiner Fuchs sowie Bläulinge, Mohren- und Perlmuttfalter.
Die Steilstufe mit schönem Wasserfall umgehen wir nach rechts. Die Gehölze treten zurück und wir gelangen zur 3 **Hinteren Wildenalpe** (1800 m) mit mehreren Dutzend Rindern. Durch ein Bachtälchen mit Quellmooren geht es nahezu eben dahin. Wir hören Murmeltiere pfeifen. Ein Steinadler nutzt die Thermik für Jagdflüge.
Der Anstieg führt erst durch Geröll, dann durch Schrofengelände und Felsen auf die Kemptner Scharte. Ausgesetzte Passagen sind mit Tritthilfen und Stahlseilen gesichert. Typische Alpenflora begleitet den felsigen Pfad: Alpendistel, Bewimperte Alpenrose, Braunelle, Brillenschötchen, Rundblättrige Glockenblume, Scheuchzers Glockenblume, Große Händelwurz, Hornklee, Nacktstängelige Kugelblume,

Tipp

ALPENSTEINBOCK IN BAYERN

Der Steinbock hat seinen Lebensraum zwischen der Waldgrenze und dem dauerhaften Eis. Früher wurde er so stark mystifiziert, dass er Anfang des 19. Jahrhunderts im gesamten Alpenraum bis auf 100 Tiere im Gran Paradiso ausgerottet war. Horn, Blut, Haare und sogar die Exkremente galten als Heilmittel gegen verschiedene Krankheiten. Dank erfolgreicher Wiederansiedlungsprogramme ist er in den Alpen inzwischen wieder weit verbreitet. In den bayerischen Alpen leben heute fünf Populationen von Steinwild. Die Wiederbesiedlung begann 1936 bei Berchtesgaden. Zwei kleinere Populationen stehen im Ammerwald und bei Bayrischzell und drei größere im Hagengebirge, an der Benediktenwand und in den Allgäuer Alpen. Ein Alpensteinbock kann über 100 Kilogramm wiegen. Sein imposantes Gehörn wird bis zu einem Meter lang. Die Geiß hat nur kurze Hörner.

Läusekraut, Aufgeblasenes Leimkraut, Schwarze Schafgarbe, Silberwurz, Simsenlilie, Skabiose, Großblütiges Sonnenröschen, Blaugrüner Steinbrech, Moos-Steinbrech, Große Sterndolde, Kugelige Teufelskralle, Alpen-Wucherblume und Wundklee.
An den kühlen Schattenhängen der **4 Kemptner Scharte** (2103 m) können wir Steinböcke beobachten. Von der luftigen Scharte steigen wir hoch zum Kemptner Kopf (2191 m). Nach dem Genuss der tollen Aussicht ins Rappenalptal, auf den gegenüberliegenden Biberkopf und den Allgäuer Hauptkamm steigen wir zurück zur **4 Kemptner Scharte**.

ZUR MINDELHEIMER HÜTTE UND AUF DAS GEISSHORN Von der Kemptner Scharte aus verläuft der Steig im Geröll sanft absteigend zur schön gelegenen **5 Mindelheimer Hütte** (2058 m). Die Hütte wurde 1920 als Nothütte mit 24 Schlafplätzen eröffnet. Seit 2001 gibt es auf der Hütte eine Wetterstation, die die südlichste in Deutschland ist. Ab der Hütte folgen wir dem Panoramaweg, der oberhalb von 2000 Metern Höhe durch die alpinen Matten unterhalb von Angerer Kopf und Geißhorn führt. Ein kurzer Anstieg bringt uns zu einem Schneefeld, in dessen Nähe sich auch Steinböcke aufhalten können. Zu den bereits bekannten Alpenblumen kommen noch hinzu: Narzissenblütige Anemone, Alpen-Aster, Aurikel, Bayerischer Enzian, Clusius' Enzian, Deutscher Enzian, Großblütige Gämswurz, Kleines Habichtskraut und Alpen-Kratzdistel. Kurz vor dem Grenzpunkt Koblat besteigen wir nach rechts das **6 Geißhorn** (2366 m). Ein gigantisches Panorama auf die Allgäuer Bergwelt ist der Lohn für die Anstrengungen.

ABSTIEG DURCH DAS GEMSTELTAL Vom Koblatpass (2040 m) geht es hinunter ins Gemsteltal. Beim Abstieg durch lichte Latschengebüsche mit Almenrausch sehen und hören wir Alpenbraunelle, Bergpieper,

↓ Der Kleine Fuchs saugt an den Blüten der stark stacheligen Alpen-Kratzdistel.
↘ Die Raupen des Jakobskrautbärs fressen im Sommer gerne am Jakobs-Greiskraut.

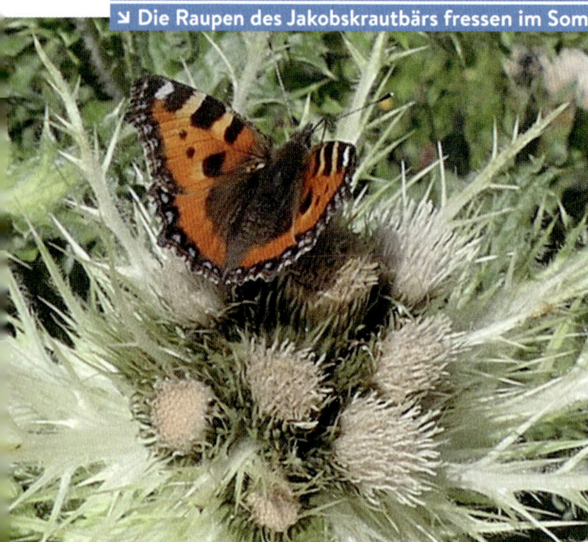

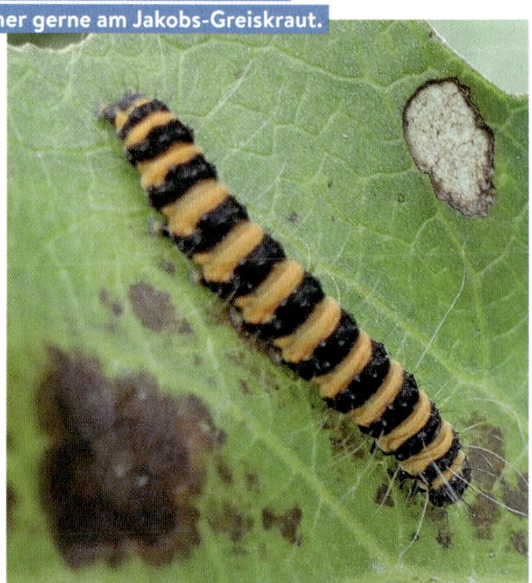

INFO

TOURENCHARAKTER

Bei dieser langen Rundwanderung in das Reich der Steinböcke sind Trittsicherheit und Schwindelfreiheit notwendig.

AUSGANGS-/ENDPUNKT

Bushaltestelle Schwendle

ANFAHRT

ÖPNV: Mit der Bahn nach Oberstdorf und mit dem Walserbus Linie 4 zur Bushaltestelle Schwendle
Auto: Über die B 19 nach Oberstdorf und vor dem Ort am Kreisverkehr rechts ins Kleinwalsertal bis Mittelberg. Dort über den Walserweg und die Wildentalstraße zu den Parkplätzen vor dem Gasthof Schwendle fahren

GEHZEITEN

Bushaltestelle Schwendle – Fluchtalpe 0:50 Std. – Hintere Wildenalpe 1:45 Std. – Kemptner Kopf 3:15 Std. – Mindelheimer Hütte 3:30 Std. – Geißhorn 5:00 Std. – Obere Gemstelalpe 6:00 Std. – Bushaltestelle Schwendle 8:00 Std.

BESTE JAHRESZEIT

Sommer

EINKEHR

Mindelheimer Hütte, www.mindelheimer-huette.de, Tel. 0049/84 22 70 01 53; Obere Gemstelalpe, Tel. 0043/55 17 56 82

schwierig | 8.00 Std. | 13 km | 1400 Hm

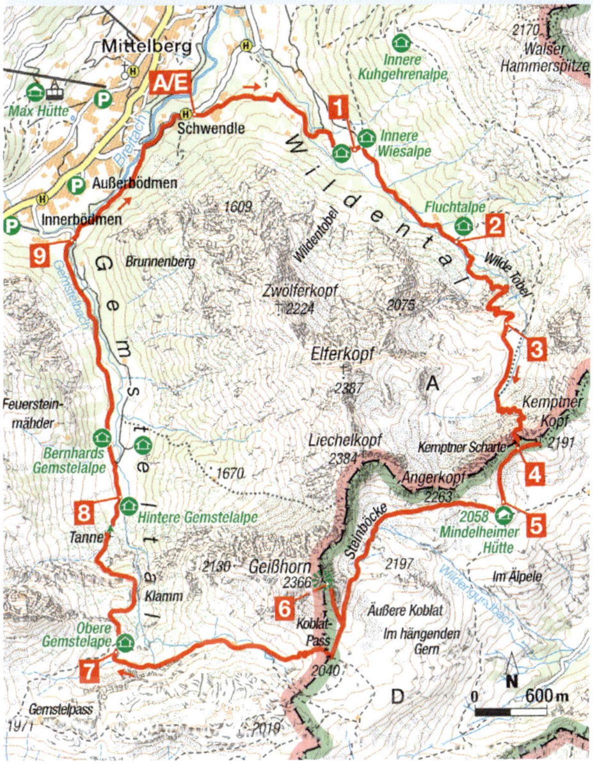

Hausrotschwanz, Kolkrabe und Schwarzspecht. Auch Gamswild zieht durch den Latschenwald. Passend zur **7 Oberen Gemstelalpe** (1694 m) blüht Großblütige Gämswurz. Im dichter werdenden Latschenwald wachsen auch Fichte, Bergahorn, Moorbirke, Großblättrige Weide und Vogelbeere. Oberhalb der Klamm des Gemstelbachs sichert Drahtseil den felsigen Pfad. Die Felsspaltenspezialisten Aurikel und Stängel-Fingerkraut gedeihen in dünnen Spalten. Wenige Minuten oberhalb der **8 Hinteren Gemstelalpe** (1694 m) steht eine mächtige Weißtanne, die alle umstehenden Fichten deutlich überragt. Ihr Stamm hat einen Umfang von fast fünf Metern. Nach der Alpe wechseln sich Fichtenbestände mit Rinder- und Ziegenweiden ab. Zu hören sind Amsel, Buchfink, Dompfaff, Singdrossel, Tannenmeise und Zaunkönig.
Auf der Forststraße durch das Gemsteltal spazieren wir hinunter zur **9 Brücke über den Gemstelbach** und wechseln auf die rechte Bachseite. Bachbegleitend geht es durch Fichtenwälder zur Wildentalstraße. Nach rechts erreichen wir in wenigen Minuten die **A / E Bushaltestelle Schwendle**.

Hornträger und Geweihträger

GAMSWILD, STEINWILD, ROTWILD UND REHWILD Beim Wandern im Allgäu treffen wir regelmäßig auf Tiere, die Hörner oder ein Geweih tragen. Während Hörner nicht abgeworfen werden und ein ganzes Leben lang wachsen, wird das Geweih aus Knochen jedes Jahr abgeworfen und wächst wieder von Neuem. Horn besteht aus Keratin, also demselben Material, aus dem unsere Fingernägel und Haare bestehen. Neben den diversen Haustierrassen der Rinder, Schafe und Ziegen tragen auch Gams und Steinbock Hörner. Zu den Geweihträgern zählen Rothirsch und Rehbock. Die Männchen werfen jährlich ihr Geweih ab und bilden neue Geweihstangen. Allen gemeinsam ist, dass sie sich von einer Vielzahl an Pflanzen ernähren, von harten Gräsern bis zu weichen Blättern und Früchten. Die Fortpflanzungsphase ist von charakteristischen Dominanzkämpfen der Männchen geprägt.

GÄMSEN besiedeln den gesamten bayerischen Alpenraum. Der Bestand in den bayerischen Alpen wird auf über 20 000 Stück geschätzt. Der typische Lebensraum des Gamswilds ist steiles, felsiges Gelände oberhalb der Waldgrenze. Nahrungsknappheit zwingt die Tiere im Winter zum Abstieg in tiefere Lagen. Sie fressen die jungen Triebe von Gehölzen wie Alpenrose, Weide, Wacholder, Latsche, Tanne, Bergahorn, Buche, aber auch Kräuter, Gräser und im Winter sogar Moose und Flechten. Weibchen und Jungtiere leben in Herden von bis zu 30 Tieren. Der soziale Zusammenhalt ist im Sommer sehr intensiv, im Winter lockerer. Die Gamsböcke leben einzelgängerisch und su-

Oberhalb der Waldgrenze sind Gämsen leicht zu beobachten.

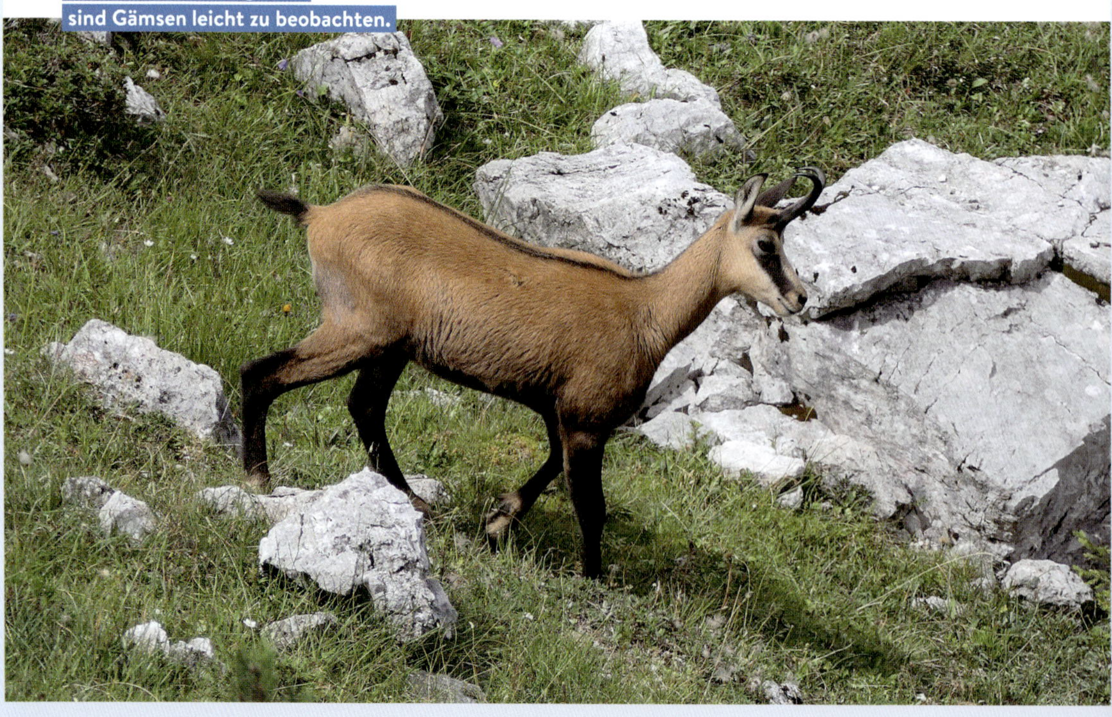

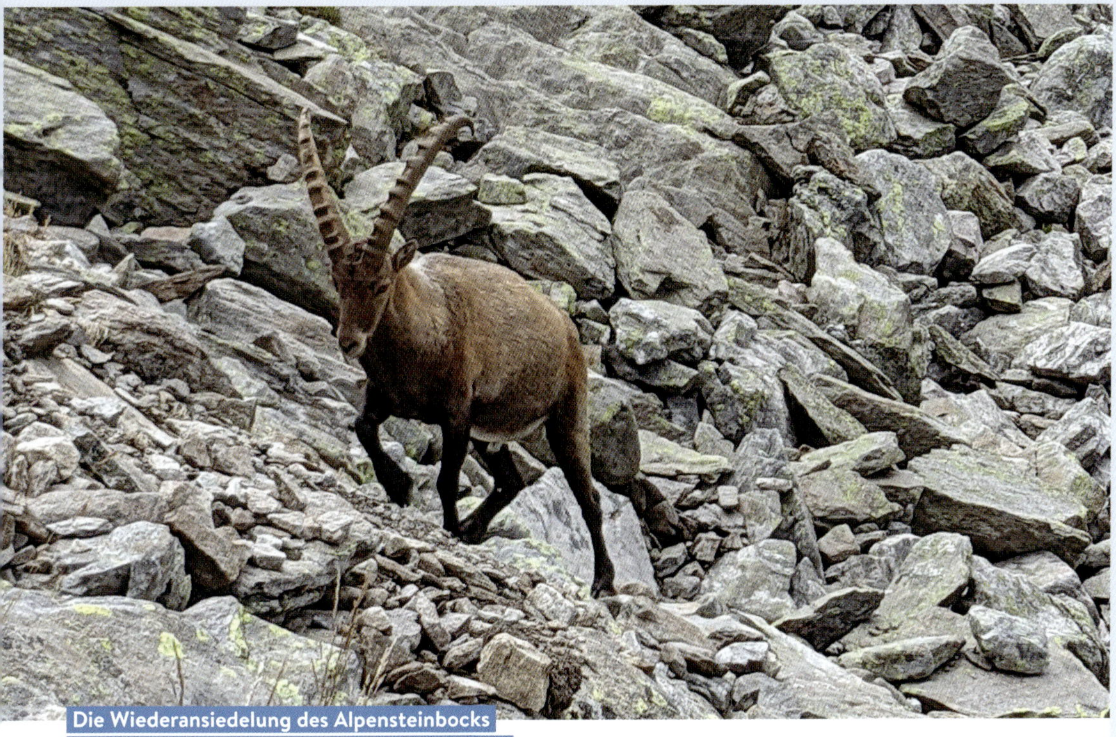

Die Wiederansiedelung des Alpensteinbocks am Allgäuer Hauptkamm war sehr erfolgreich.

chen im Spätsommer eine Herde auf. Die älteren Böcke vertreiben die männlichen Jungtiere. Im November erfolgt die Paarung und ab Ende Mai wirft die Gamsgeiß meist ein Junges. Die Jungtiere folgen der Mutter, die sie drei Monate säugt. Die Geißen werden nach zwei Jahren geschlechtsreif.

Das Überleben des **STEINBOCKS** ist eine Erfolgsgeschichte des Naturschutzes. Anfang des 19. Jahrhunderts war der Steinbock im gesamten Alpenraum bis auf rund 100 Tiere im Gran Paradiso ausgerottet. Dort wurde er ab 1821 unter Schutz gestellt. In den Alpen leben mittlerweile etwa 45 000 Tiere. In den bayerischen Alpen existieren heute fünf Populationen von Steinwild. Die Wiederbesiedlung begann 1936 bei Berchtesgaden. Bei einer offiziellen Zählung im Sommer 2016 wurden in Bayern 730 Tiere gesehen. Allein am Allgäuer Hauptkamm sollen heute wieder mehrere Hundert Steinböcke oberhalb der Baumgrenze leben. Der Steinbock lebt zwischen Wald- und Eisgrenze. Sein imposantes Gehörn wird bis zu einem Meter lang. Eine Steinbockherde setzt sich aus bis zu 20 Weibchen und Jungtieren zusammen. Daneben gibt es Junggesellenherden junger Böcke. Alte Böcke leben einzeln. Im Winter suchen die Böcke die Weibchen auf und versuchen, Kontrolle über die Herde zu erlangen. Dabei kommt es zwischen konkurrierenden Böcken zu Kämpfen. Ab einem Alter von sechs Jahren hat der Bock eine Chance, Kämpfe zu gewinnen. Im Mai kommt ein Kitz, zur Welt – selten sind es zwei Kitze. Das Junge kann ab dem ersten Tag laufen und wird ein Jahr lang von der Geiß gesäugt. Danach fressen Steinböcke Gräser und Kräuter. Gut zu beobachten sind Steinböcke um die Mindelheimer Hütte.

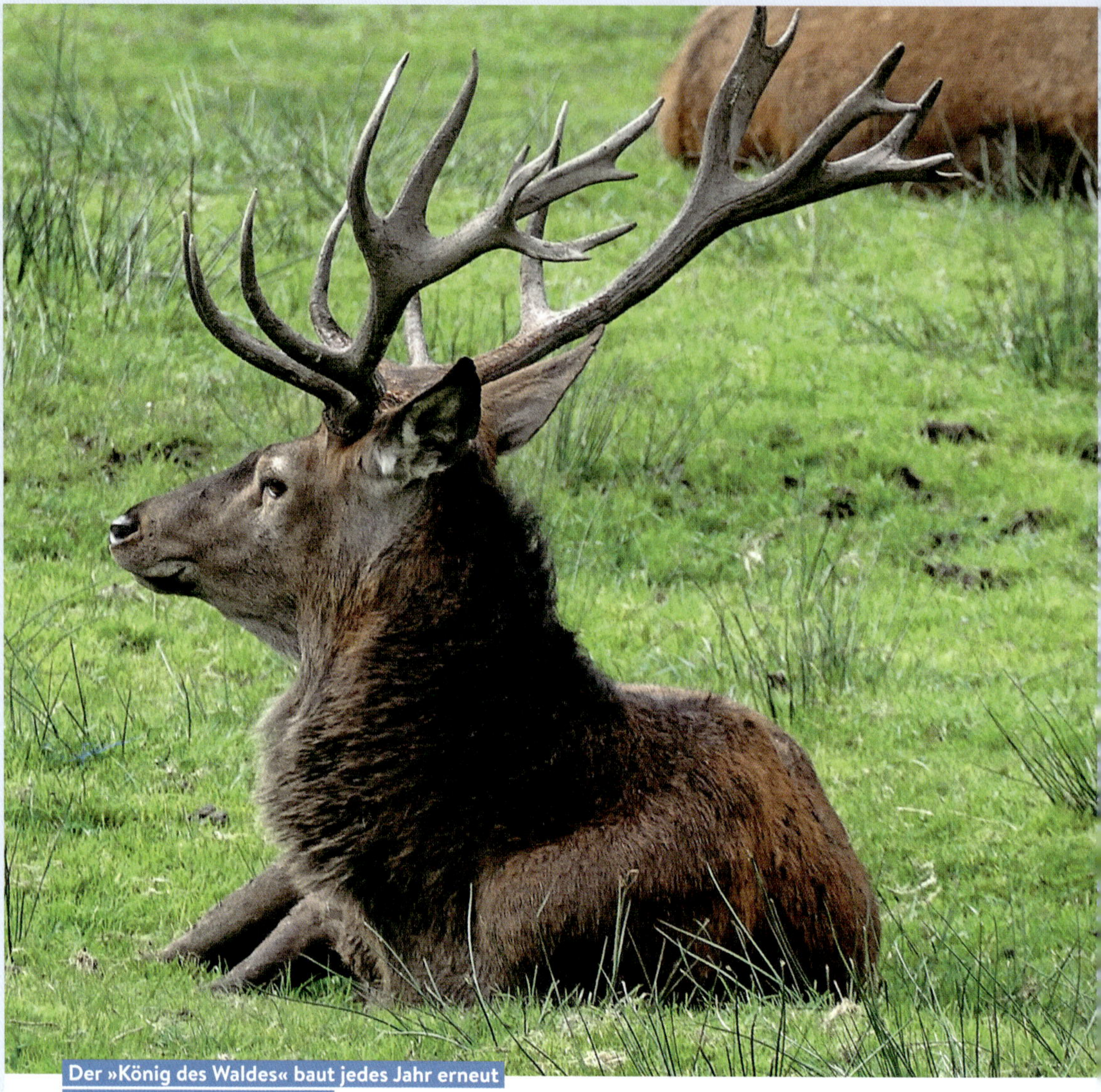

Der »König des Waldes« baut jedes Jahr erneut sein imposantes Geweih auf.

Der **ROTHIRSCH** gilt wegen seiner enormen Körpergröße und des Geweihs als König des Waldes. Diese als Jagdtrophäe begehrten Geweihknochen baut der Hirsch jährlich auf, nachdem er im Februar die Stangen des Vorjahres abgeworfen hat. Das Geweih des Hirsches ist während seiner Wachstumsphase mit einer behaarten Haut, dem Bast, überzogen. Mit fortschreitendem Wachstum verknöchert das Geweih. Bei ausgewachsenen Hirschen ist das Wachstum des Geweihs im Juli abgeschlossen, und sie beginnen, durch Fegen an Zweigen, Sträuchern und jungen Bäumen die Basthaut abzustreifen. Während der Hirschbrunft ist das beeindruckende Röhren der Hirsche zu hören. Rotwild ernährt sich hauptsächlich von Gräsern, Kräutern und Blättern. Täglich fressen die Vegetarier davon mehr als zehn Kilogramm. Das Rotwild würde gerne ausgedehnte Wanderungen unternehmen. In Deutschland dürfen Hirsche jedoch nur in amtlich ausgewiesenen Rotwildgebieten vorkommen. Die einstigen Wintereinstände des Rotwildes in den Tallagen sind mittlerweile durch Siedlungen und Straßen verbaut und dadurch nicht mehr als Lebensraum geeignet. Die Winterfütterung im Bergwald ist eine Hilfe, um das Rotwild vom Wandern abzuhalten und dadurch Kollisionen mit Fahrzeugen zu verhindern.

Das **REH** ist nicht die Frau vom Hirsch, sondern eine eigene Huftierart. Es frisst Gräser, Knospen, Laubtriebe, Kräuter, Farne und Beeren. Die natürliche Nahrung enthält meist so viel Feuchtigkeit, dass es nicht zusätzlich trinken muss. Nur bei Trockenheit sind Rehe an Wasserstellen zu beobachten. Der Geruchssinn ist beim Reh sehr gut ausgeprägt. Es riecht einen Menschen schon ab einer Entfernung von 300 Metern, wenn der Wind günstig weht. Auf verschiedene Laute reagieren Rehe sehr unterschiedlich. Sie können sich einerseits an laute Geräusche gewöhnen und lassen sich beispielsweise durch den Straßenlärm beim Fressen nicht stören. Andererseits löst das leise Knacken eines trockenen Zweiges Fluchtverhalten aus. Mit ihren seitlich stehenden Augen können sie ohne Kopfdrehung einen weiten Bereich überblicken. Personen, die sich nicht bewegen, können sie aber kaum erkennen. Die Brunft erfolgt im Juli und August. Dort, wo viele Rothirsche vorkommen, sind Rehe seltener.

Das Reh kann sich bewegende Menschen kaum erkennen, aber bei passender Windrichtung riechen.

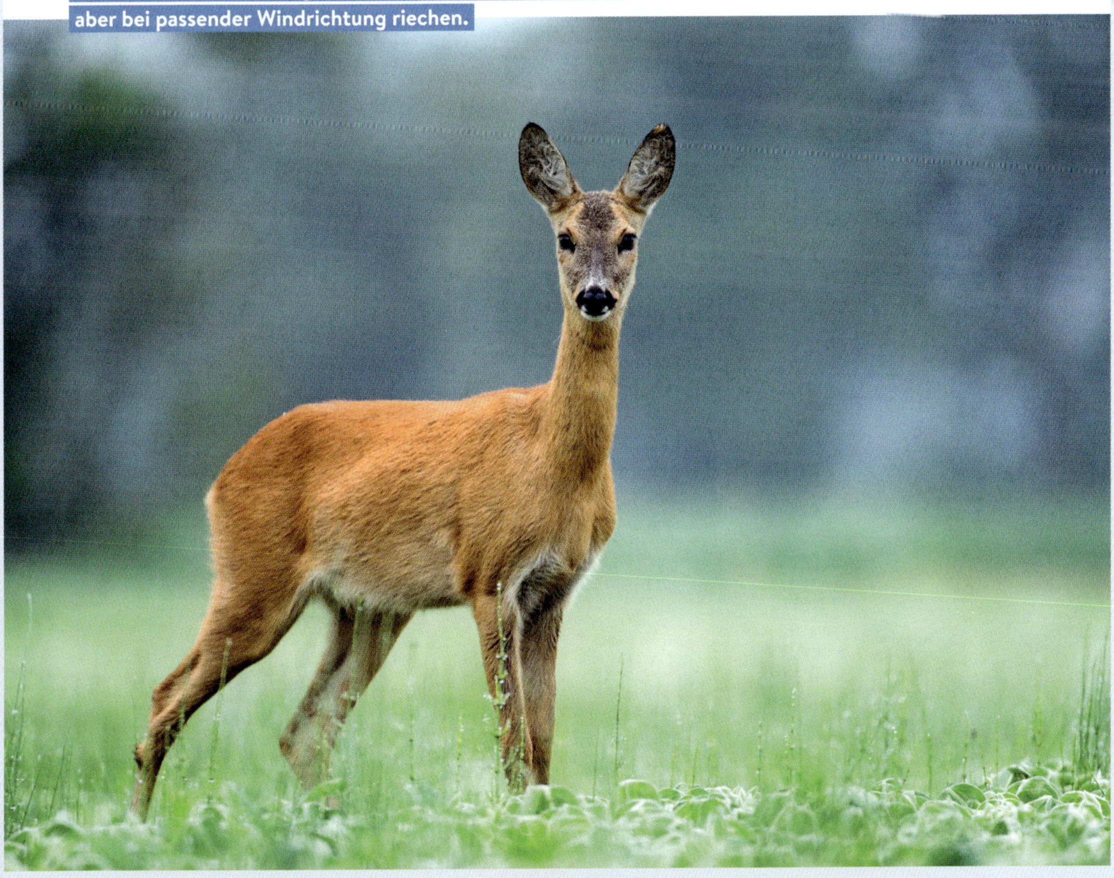

Gottesackerwände und Hölloch

Uralte Zirben und uralte Alpen

Das Massiv des Hohen Ifen und des Gottesackerplateaus zählt zu den eigenartigsten Gebirgsstöcken der Alpen. Eine derartige Karsthochfläche gibt es in Deutschland nur noch im Steinernen Meer der Berchtesgadener Alpen. Unterwegs passieren wir das imposante Hölloch, das den Eingang zu einem riesigen Höhlensystem darstellt.

30

Durch das Mahdtal schlängelt sich der Pfad Richtung Torkopf.

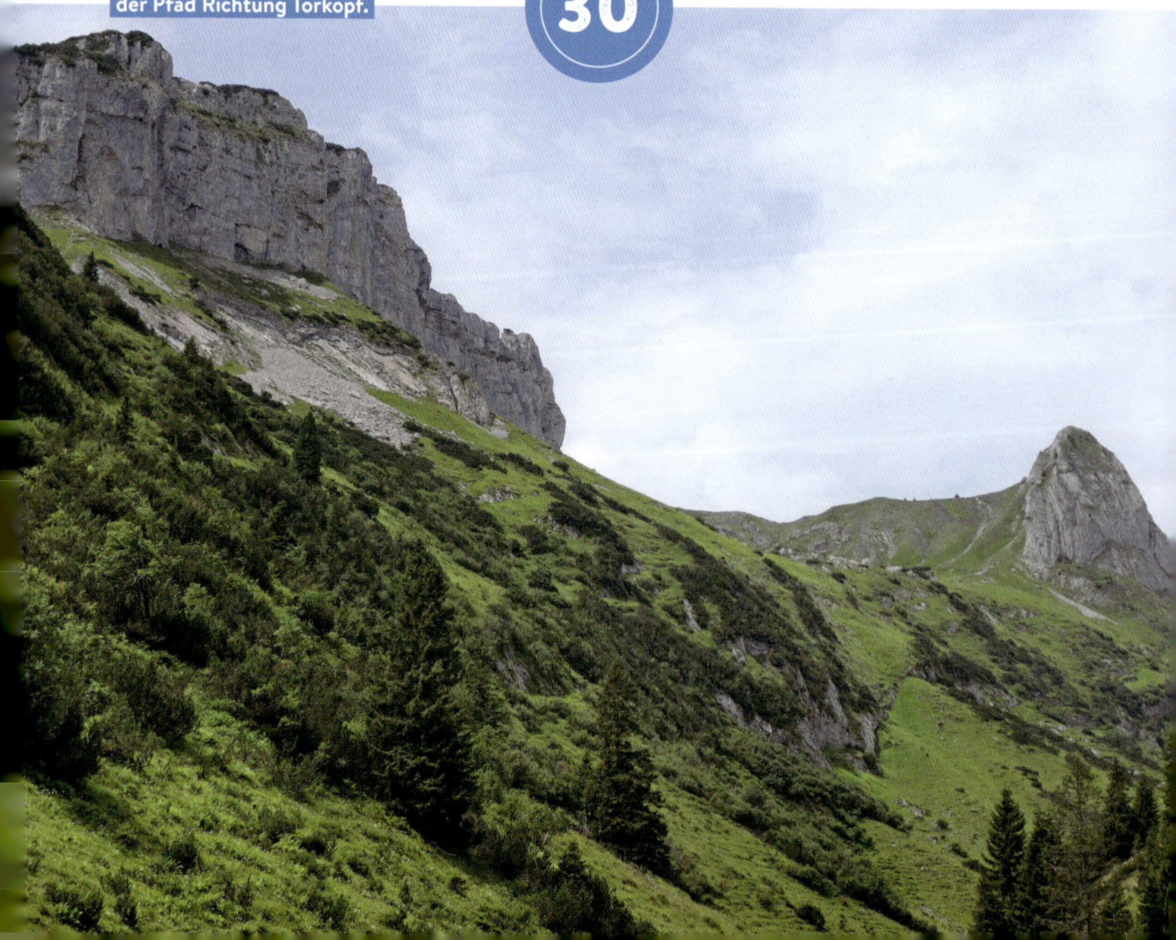

VON WÄLDELE INS MAHDTAL Vom **A / E Sportplatz Au** spazieren wir nach Norden entlang des Schwarzwasserbachs zur Naturbrücke. Die benachbarte Schlucht kann man mit einem Flying Fox, also einer Seilrutsche, »überfliegen«. Gleich nach der Naturbrücke folgen wir der Schotterstraße zum Bauernhof Kesselschwand, die uns durch lückige Fichtenforste und über Weideflächen zum **1 Abzweig beim Mahdtalhaus** bringt. Kurz folgen wir dem Sträßchen talauswärts, bevor wir nach links ansteigen. Über die Forststraße erreichen wir die **2 Höfle-Alpe** (1190 m) mit Rotwildfütterung im Winter. Wir queren das Wildschutzgebiet, das von Dezember bis Mitte Mai nicht betreten werden darf, und folgen dem Pfad durch Fichtenwald mit Buche, Bergahorn und Bergulme bergauf. Beidseits des Waldpfads blühen Breitblättriges Laserkraut, Große Sterndolde und die Orchideenart Braunrote Stendelwurz. In den Wäldern sind Auerhuhn, Dreizehen-, Grau- und Schwarzspecht, Haselhuhn, Ringdrossel sowie Sperlings- und Raufußkauz beheimatet. Oberhalb von 1400 Metern Höhe wird die Vegetationszeit für Buche und Tanne zu kurz und die Fichte tritt als alleiniger Waldbildner auf. Bergahorn und Vogelbeere sind sporadisch und meist einzelstammweise beigemischt. Nach links zweigt ein Pfad zur Grafenkürenalpe ab. Funde belegen, dass hier bereits im 3. Jahrtausend vor Christus Vieh weidete. Über das lichter werdende Waldgebiet erreichen wir den 77 Meter tiefen Eingangsschlund des **3 Höllochs**. Mit rund 12,5 Kilometern Ganglänge ist es nach der Riesending-Höhle bei Berchtesgaden das zweitlängste Höhlensystem Deutschlands. Kurz darauf passieren wir die Mahdtal-Alpe (1497 m). Wir folgen den Steigspuren talaufwärts durch das Weidegebiet der Hochalpe für Jungvieh. Latschengebüsche bestimmen die Landschaft, an der Waldgrenze wachsen sogar einige Zirben.

Tipp

KARSTGEBIET GOTTESACKER

Als Gottesacker wird ein Friedhof bezeichnet. Ein passender Begriff für dieses eigenartige Karstplateau, denn schon einige Menschen sind für immer in den Felsspalten verschwunden. Die Kalksteine entstanden vor 125 Millionen Jahren aus Korallenriffen und anderen Meerestieren. Regenwasser hat sie in den letzten Jahrtausenden ausgewaschen und durchlöchert. An der zerfressenen Oberfläche des Gottesackers ist überall die auflösende, zersetzende Kraft des Wassers zu sehen. Rinnen-, Löcher-, Kluftkarren mit zum Teil beträchtlicher Tiefe bestimmen das Bild. Hinzu kommen mehrere Höhlen, in denen Fledermäuse leben. Der Wechsel zwischen silikatischen Gesteinen, Mergeln und Hartkalken erzeugt eine beachtliche Flora zwischen Oberer und Unterer Gottesackerwand. Sie zählen zu den artenreichsten Gebieten der bayerischen Alpen. Hier verzahnen sich Borstgrasrasen, Zwergstrauchheiden und alpine Kalkrasen.

Diese seltene Baumart erreicht hier ein Alter von über 500 Jahren. Im Löwental westlich des Hohen Ifen befindet sich der bedeutendste Bestand an Zirben der Allgäuer Alpen.
Die Übergangsbereiche zwischen Bergwald und offenen Alpweideflächen sind Lebensraum des Zitronenzeisigs. Weiterhin gibt es einzelne Brutpaare von Steinadler, Wanderfalke, Uhu und Mauerläufer, Steinrötel und Steinhuhn. Die bunte Welt der Schmetterlinge besteht hier aus Schwalbenschwanz, Kleiner Fuchs, Tagpfauenauge und weiteren Tagfalterarten aus den Familien der Bläulinge, Perlmuttfalter und Mohrenfalter. Sogar ganz seltene Arten wie Goldener Sche-

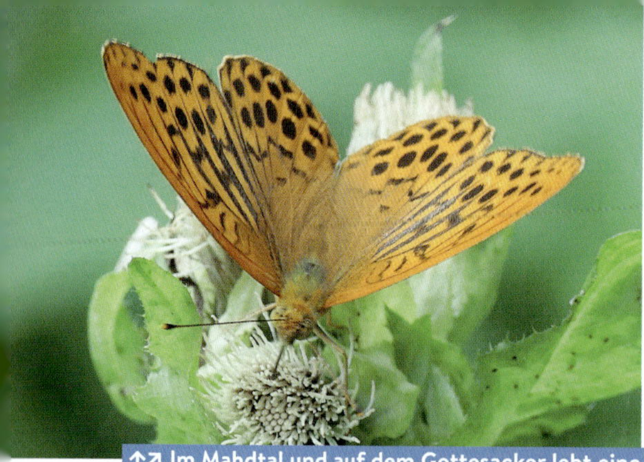

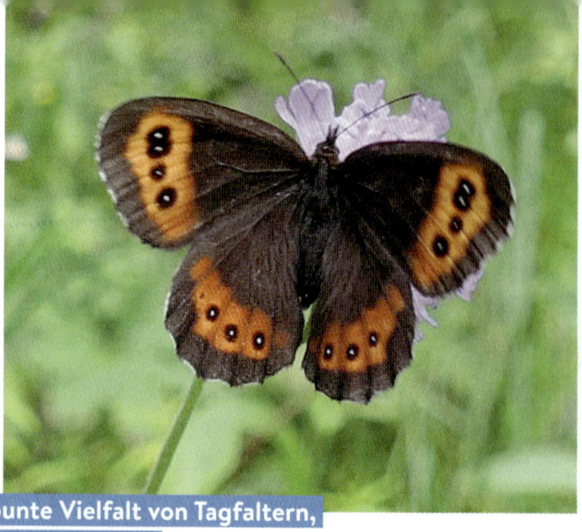

↑↗ Im Mahdtal und auf dem Gottesacker lebt eine bunte Vielfalt von Tagfaltern, wie der Kaisermantel (links) und der Augen-Mohrenfalter (rechts).

ckenfalter, Thymian-Ameisenbläuling und Apollofalter kommen in diesem Gebiet vor.

VOM WINDECKSATTEL ZUR GOTTESACKER-ALPE Schließlich erreichen wir den **4 Windecksattel** (1751 m), den höchsten Punkt des Mahdtals. Vor uns liegen die imposanten Oberen Gottesackerwände. Oben angekommen, genießen wir den einmaligen Blick über das Gottesackerplateau bis hinüber zum Hohen Ifen und der mächtigen Ifenmauer. Unterhalb des Torkopfs wandern wir nach Süden. Am Fuße des Torkopfs befindet sich das höchste Moor Deutschlands. Die wolligen Kugelköpfe des Scheuchzers Wollgras, auch Alpen-Wollgras genannt, wiegen sich im Wind. Hier ist die Heimat von Birkhuhn und Alpenschneehuhn. Über den für den Gottesacker charakteristischen Schrattenkalk mit unzähligen Spalten wandern wir immer steiler hoch zur **5 Torkopfscharte** (1967 m) – dies ist der höchste Punkt der Tour.
Im Bereich der Oberen Gottesackerwände können wir blumenreiche Blaugras-Horstseggenrasen bestaunen: Bewimperte Alpenrose, Berg-Baldrian, Clusius' Enzian, Frühlingsenzian, Perücken-Flockenblume, Wiesen-Flockenblume, Gemskresse, Gipskraut, Berg-Haarstrang, Berg-Hahnenfuß, Schnee-Hahnenfuß, Berg-Habichtskraut, Schwarzes Kohlröschen, Knöllchen-Knöterich, Herzblättrige Kugelblume, Nacktstängelige Kugelblume, Kugelorchis, Nickendes Leimkraut, Margarite, Alpen-Maßliebchen, Alpen-Mutterwurz, Schwarze Schafgarbe, Schneeheide, Großblüten-Sonnenröschen, Steinquendel, Wald-Storchschnabel, Kugelige Teufelskralle, Gelbes Veilchen, Alpen-Vergissmeinnicht, Akeleiblättrige Wiesenraute und Wundklee wachsen hier. In den Ritzen der Kalkfelsen gedeiht Felsspaltenvegetation: Aurikel, Gipskraut, Kleine Glockenblume, Silberwurz, Streifenfarn und Thymian.
Von dort geht es hinab zur wegen Verkarstung und Wassermangel aufgegebenen **6 Gottesacker-Alpe** (1835 m). Um die Gottesacker-Alpe gedeihen Borstgrasrasen, Zeugnisse früherer Beweidung. Auf dem flachgründigen, relativ nährstoffarmen Boden wachsen neben dem Namen gebenden Borstgras Arnika, Blutwurz, Bärtige Glockenblume, Händelwurz, Heidelbeere, Hornklee, Zottiger Klappertopf, Knöllchen-Knöterich, Wald-Läusekraut, Thymian und Hunds-Veilchen.

ÜBER DIE SCHNEIDERKÜREN-ALPE NACH WÄLDELE Wir biegen nach links ab und verlieren im langgezogenen Tal rasch an Höhe. Erste Fichten tauchen wieder auf und die Latschenbestände werden dichter. Kurz darauf erreichen wir die **7 Schneiderküren-Alpe** (1545 m) mit einem steinzeitlichen Jäger- und Hirtenplatz. Durch den Kürenwald folgen wir dem sehr abwechslungsreichen

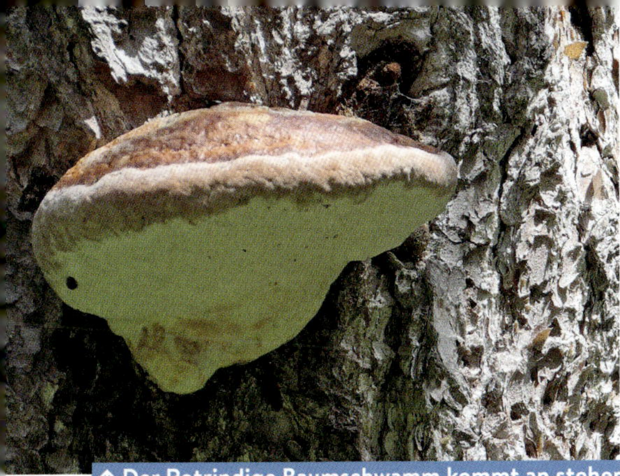

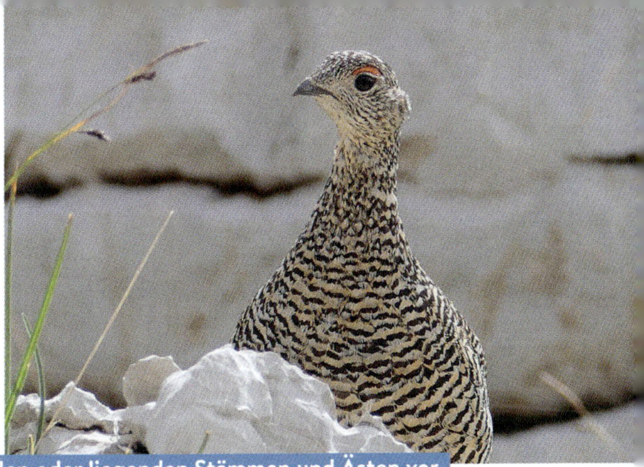

↑ Der Rotrindige Baumschwamm kommt an stehenden oder liegenden Stämmen und Ästen vor.
↗ Weiß im Winter, bräunlich im Sommer: Das Alpenschneehuhn ist ein Meister der Tarnung.

Weg über kleine Moore und Lichtungen hinab ins Wäldele. Beim 8 **Abzweig zur Bruder-Klaus-Kapelle** nehmen wir den schmalen Asphaltweg rechts der Hauptstraße durch Fichtenwald. ÖPNV-Fahrer können mit dem Wäldele-Bus schon ab hier nach Riezlern fahren. Autofahrer gelangen auf der Wäldelestraße hinunter zum A / E **Sportplatz Au**.

INFO

TOURENCHARAKTER

Die abwechslungsreiche Rundwanderung erfordert Kondition und Bergerfahrung. Belohnt wird man mit üppiger Alpenflora sowie beeindruckenden Aus- und Tiefblicken.

schwierig | 7.00 Std. | 16 km | 1100 Hm

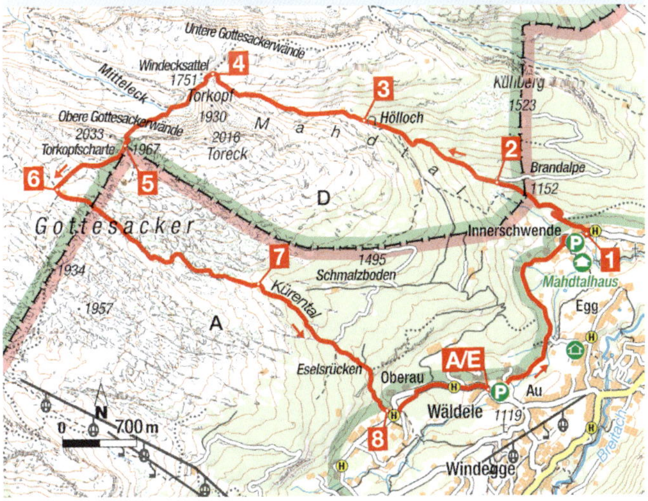

AUSGANGS-/ ENDPUNKT

Sportplatz Au, Parkplatz und Haltestelle

ANFAHRT

ÖPNV: Mit der Bahn nach Oberstdorf und weiter mit dem Walserbus bis Riezlern und Wäldele Sportplatz Au
Auto: Über die B 19 nach Oberstdorf, weiter ins Kleinwalsertal bis Riezlern, an der Breitachbrücke rechts nach Wäldele zum Parkplatz am Sportplatz

GEHZEITEN

Sportplatz Au – Höfle-Alpe 1:15 Std. – Mahdtalalpe 2:30 Std. – Windecksattel 3:15 Std. – Torkopfscharte 4:30 Std. – Schneiderküren-Alpe 5:30 Std. – Sportplatz Au 7:00 Std.

BESTE JAHRESZEIT

Sommer und Herbst

EINKEHR

Keine Möglichkeit während der Tour, Gastronomie in Riezlern

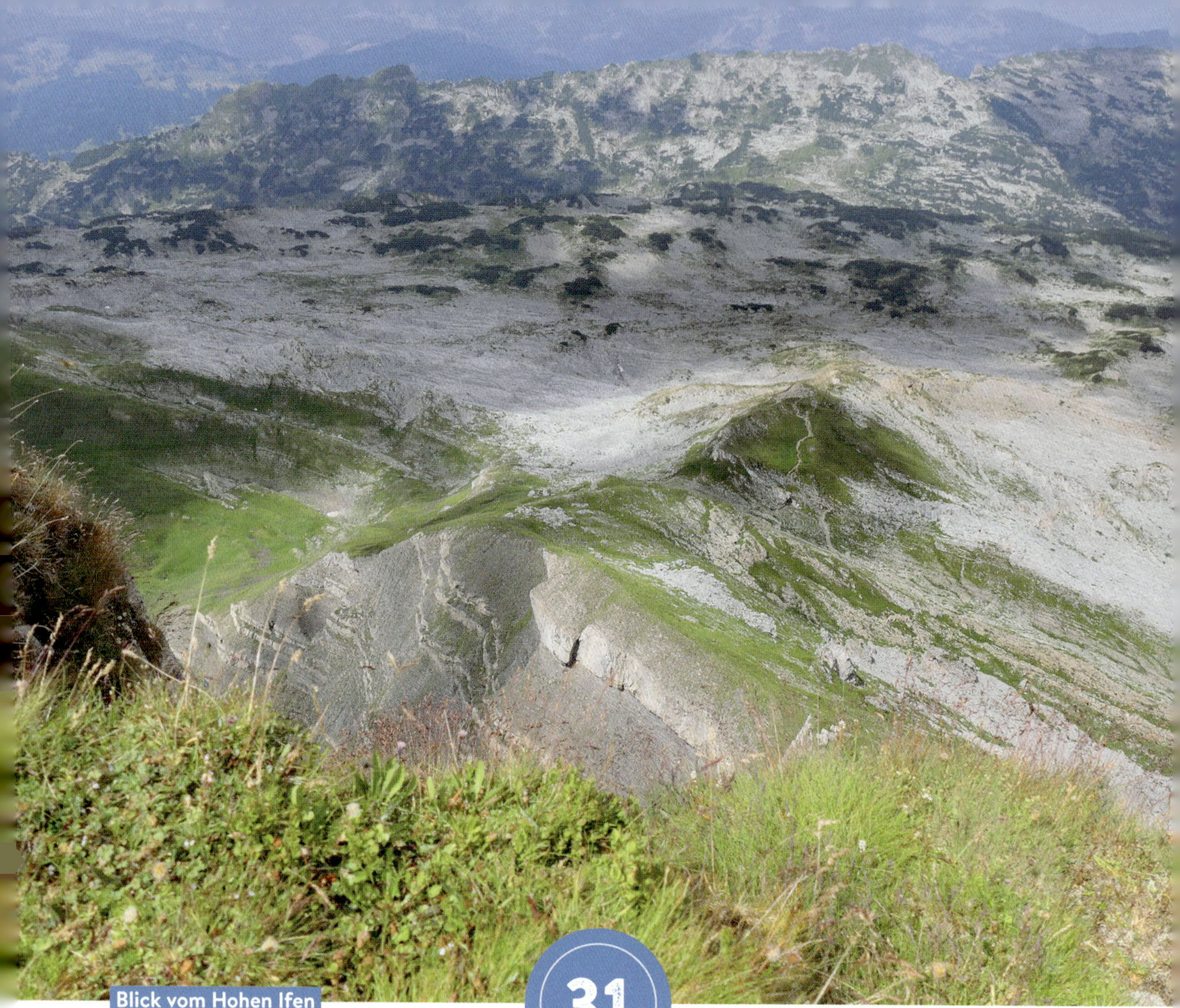

Blick vom Hohen Ifen
auf das karge Gottesackerplateau

31

Hoher Ifen

Bergsturzgebiet, Rinderalpen und Schrattenkalk

Der Hohe Ifen ist mit seiner schrägen Gipfelplatte ein Blickfang über dem Kleinwalsertal. Die Rundtour durch das Schwarzwassertal über den Eugen-Köhler-Weg auf den Gipfel bietet eine großartige Pflanzen- und Tiervielfalt sowie Ausblicke auf die Allgäuer Hochalpen und das Gottesackerplateau.

DURCH DEN RÜCHEWALD ZUR MELKÖDE

Von der **A / E Auenhütte** (1273 m) nehmen wir links der Olympiabahn den Schotterweg und steigen über den Geißbühel zum Herzsee auf, einem Teich zur künstlichen Beschneiung im Winter. Die Schotterstraße durch Rinderweiden bringt uns in das geologisch und botanisch interessante Bergsturzgebiet Rüchewald. Kreuz und quer liegen hier Felsen unterschiedlicher Größe, die beim Felssturz vor Jahrhunderten ins Tal stürzten und das Schwarzwassertal verschütteten. Tiere sind im Gewirr von Felsblöcken, Bäumen, Sträuchern und Bodenflora kaum zu sehen. Es sollen dort Besonderheiten wie Auerhuhn, Haselhuhn, Steinhuhn, Sperber, Wasseramsel oder Kreuzotter vorkommen. Die Baumschicht bilden Bergahorn, Fichte, Latsche, Moorbirke, Vogelbeere und Großblättrige Weide. Am Boden wachsen Alpen-Distel, Wald-Erdbeere, Berg-Flockenblume, Hasenlattich, Alpen-Heckenkirsche, Heidekraut, Heidelbeere, Sumpf-Herzblatt, Himbeere, Trauben-Holunder, Milchlattich, Preiselbeere, Rauschbeere, Steinbeere, Wald-Storchschnabel, Wachtelweizen, Wintergrün und Wald-Witwenblume.

Die bunte Welt der Schmetterlinge bilden Kaisermantel, Natternwurz-Perlmuttfalter, Großer Schillerfalter, Schwalbenschwanz, Kleiner Fuchs sowie Arten aus den Familien der Bläulinge und Mohrenfalter. Wir erreichen die Wiesen der Alpe »Galtöde«, die gemäht werden. Abgegrenzt durch Steine und Baumreihen liegt westlich die »Melköde«. Schon seit Jahrhunderten werden nur Milchkühe jeden Sommer zur Melköde aufgetrieben und deren Milch zu Käse verarbeitet. Von der **1 Alpe Melköde** (1346 m) führt steil der Schotterweg den Fichtenwald hoch.

AUFSTIEG ZUR SCHWARZWASSERHÜTTE

Wir wandern durch bodensauren Fichtenwald. Auf den sauren Böden gedeihen relativ wenige Pflanzenarten. Zu ihnen zählen Bärtige Glockenblume, Wald-Habichtskraut, Hasenlattich, Heidekraut, Heidelbeere, Zwerg-Mehlbeere, Betonienblättrige Rapunzel, Rippenfarn, Wachtelweizen und Dorniger Wurmfarn. In den Wäldern sind Auerhuhn, Dreizehen-, Weißrücken-, Grau- und Schwarzspecht, Haselhuhn, Ringdrossel sowie Sperlingskauz und Raufußkauz beheimatet.

Ein Steinplattenweg leitet durch nasse Wollgrasmoore mit Augentrost, Blutwurz, Germer, Heidekraut, Pfeifengras, Simsenlilie und Alpen-Vergissmeinnicht. Die Nährstoffarmut und der Säuregrad des Bodens begünstigen sogar das Vorkommen der Rentierflechte. Oberhalb des

Tipp

EUROPÄISCHES VOGELSCHUTZGEBIET HOHER IFEN UND PIESENKOPF

Das 45,3 Quadratkilometer große Europäische Vogelschutzgebiet »Hoher Ifen und Piesenkopf« reicht vom Hohen Ifen mit Gottesacker bis zum Piesenkopfgebiet. Die Landschaft besteht aus artenreichen alpinen Rasen, Felsspaltengesellschaften, Latschengebüschen, steilen Felswänden, Hangschuttfeldern, Alpweideflächen, Bergmischwäldern, Plateaumooren und Hangmooren. Die einmalige Vogelwelt bilden Auerhuhn, Birkhuhn, Haselhuhn, Steinhuhn, Alpen-Schneehuhn, Dreizehen-, Weißrücken-, Grau- und Schwarzspecht, Alpenbraunelle, Berglaubsänger, Bergpieper, Felsenschwalbe, Flussuferläufer, Ringdrossel, Schneesperling, Steinrötel, Steinschmätzer und Zitronenzeisig sowie Sperlings- und Raufußkauz. Im felsigen Gelände brüten Steinadler, Wanderfalke, Uhu und Mauerläufer.

Schwarzwasserbachs wandern wir durch Fichtenwald mit Grünerle und Vogelbeere, den Rinder beweiden. In den Hochstaudenfluren entdecken wir auch den seltenen Purpur-Enzian. Mächtige Fichten thronen über der Schlucht. Wir treten aus dem Wald und erreichen über Arnikawiesen die **2 Schwarzwasserhütte** (1620 m). Von hier haben wir eine tolle Sicht auf das Pultdach des Hohen Ifen.

ZUR IFERSGUNTALPE Auf dem Weg zur Ifersguntalpe queren wir in ständigem Auf und Ab mehrere Bachläufe mit Hochstaudenfluren, Grünerlen- und Latschengebüschen. Der Wechsel zwischen Silikat- und Kalkstandorten sogt für eine reichhaltige Alpenflora: Bewimperte Alpenrose, Rostblättrige Alpenrose, Arnika, Augentrost, Berg-Baldrian, Blutwurz, Alpen-Distel, Blauer Eisenhut, Clusius' Enzian, Deutscher Enzian, Purpur-Enzian, Wiesen-Flockenblume, Frauenmantel, Weißer Germer, Gipskraut, Bärtige Glockenblume, Berg-Hahnenfuß, Heidekraut, Heidelbeere, Sumpf-Herzblatt, Schwarzes Kohlröschen, Knöllchen-Knöterich, Herzblättrige sowie Nacktstängelige Kugelblume, Kugelorchis, Nickendes Leimkraut, Schweizer Mannsschild, Margerite, Rauschbeere, Alpen-Schafgarbe, Silberdistel, Silberwurz, Skabiose, Sonnenröschen, Steinquendel, Wald-Storchschnabel, Kugelige Teufelskralle, Thymian, Alpen-Vergissmeinnicht, Wacholder, Akeleiblättrige Wiesenraute und Wundklee sind hier zu bewundern. Auf den Felsen wächst die Landkartenflechte. Mitten in der Heimat von Bergpieper, Birkhuhn, Schneehuhn und Zitronenzeisig liegt die **3 Ifersguntalpe** (1750 m). Über 100 Rinder weiden bis hinauf zum Grat.

EUGEN-KÖHLER-WEG Ab der Alpe leitet uns der Pfad in weitem Bogen durch das Kar, anfangs noch leicht abwärts, doch dann steigt der Eugen-Köhler-Weg bergauf. Aurikel, Brillenschötchen, Gipskraut, Zottiges Habichtskraut, Aufgeblasenes Leimkraut, Skabiose, Großblüten-Sonnenröschen, Fett-

↓ Die Rentierflechte kann nur auf nährstoffarmen, sauren Böden überleben.

↘ Zwischen Schwarzwasserhütte und Ifersguntalpe wächst der Purpur-Enzian zahlreich.

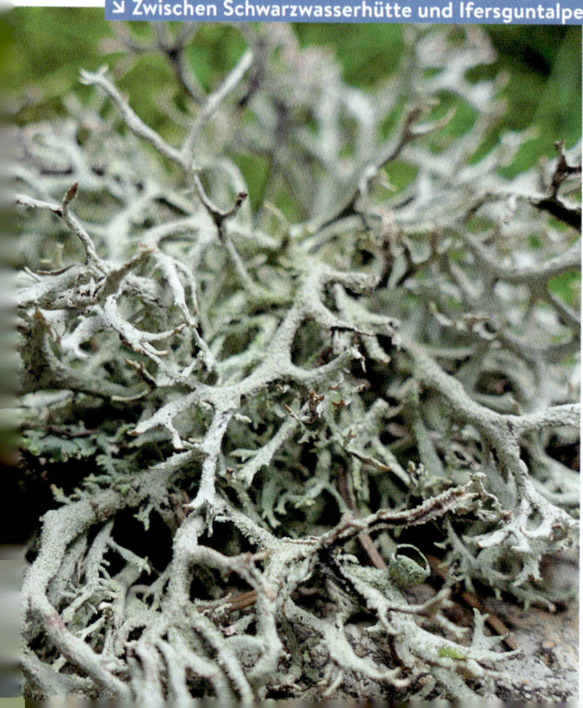

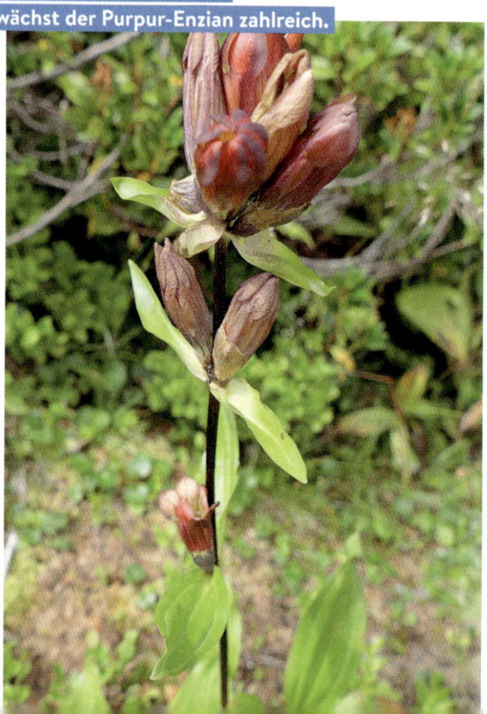

INFO

TOURENCHARAKTER

Die abwechslungsreiche Rundwanderung erfordert Kondition und Bergerfahrung. Der Eugen-Köhler-Weg verläuft teilweise durch ausgesetzte Abschnitte, die durch Drahtseilsicherungen entschärft sind, aber Trittsicherheit und Konzentration verlangen.

AUSGANGS-/ENDPUNKT

Bushaltestelle und Parkplatz Auenhütte

ANFAHRT

ÖPNV: Mit der Bahn nach Oberstdorf und weiter mit dem Bus bis Riezlern und zur Endhaltestelle Auenhütte

Auto: Über die B 19 nach Oberstdorf und weiter ins Kleinwalsertal bis zum Parkplatz der Ifenbahn

GEHZEITEN

Auenhütte Schwarzwasserhütte 2:00 Std. – Ifersguntalpe 3:00 Std. – Hoher Ifen 4:45 Std. – Ifenhütte 6:15 Std. – Auenhütte 7:30 Std.

schwierig	7.30 Std.	18 km	1200 Hm

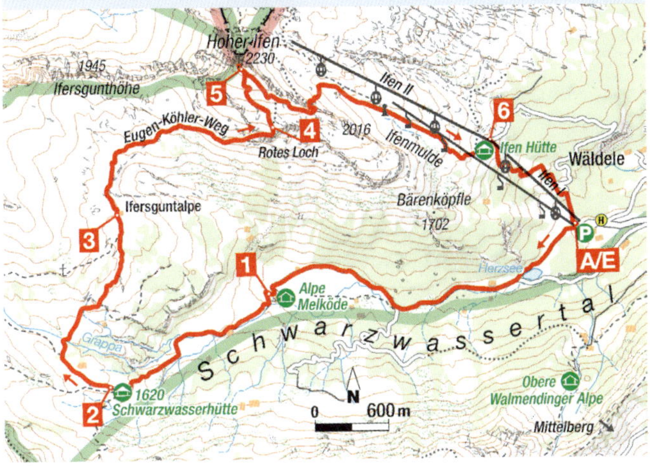

BESTE JAHRESZEIT

Sommer und Herbst

EINKEHR

Alpe Melköde, www.alpe-melkoede.at; Schwarzwasserhütte, www.alpenverein-schwaben.de/huetten-haeuser/in-den-alpen/schwarzwasserhuette; Ifenhütte, www.ifenhuette.at

hennen-Steinbrech, Alpen-Süßklee, Thymian und Wundklee sind unsere Begleiter.
Der gesicherte Wandsteig bringt uns durch Latschengebüsch zum **4 Abzweig auf der Abdachung des Ifen.** In den alpinen Rasen blühen Arnika, Blauer Eisenhut, Frauenmantel, Scheuchzers Glockenblume, Fuchs' Greiskraut, Fuchs' Knabenkraut, Kohlröschen, Skabiose, Großblüten-Sonnenröschen, Steinquendel, Alpen-Süßklee, Thymian und Wundklee. Vom Gipfel des **5 Hohen Ifen** (2230 m) genießen wir die spektakulären Tiefblicke nach Westen und Norden, auf das karge Gottesackerplateau und die Fernsicht nach Süden. In der kargen Felslandschaft leben Alpenbraunelle, Mauerläufer, Steinadler, Uhu und Wanderfalke.

ABSTIEG ZUR IFENHÜTTE UND ZUR AUENHÜTTE Vom Gipfel leitet der gesicherte Steig durch die nördliche Wand zu einem Geröllhang. Der Pfad führt über Felsen sowie durch Schrofengelände und biegt dann nach Osten über den für den Gottesacker charakteristischen Schrattenkalk mit unzähligen Spalten. Erste Latschen tauchen auf und wir kommen zur **6 Ifenhütte** (1586 m). Von hier kann die Gondelbahn zur Auenhütte gut 300 Höhenmeter Abstieg reduzieren. Ansonsten führt ein steiler Pfad in einer Dreiviertelstunde durch Weideflächen und Fichtenwald mit blühenden Türkenbundlilien und Braunroten Stendelwurzen hinunter zur **A/E Auenhütte.**

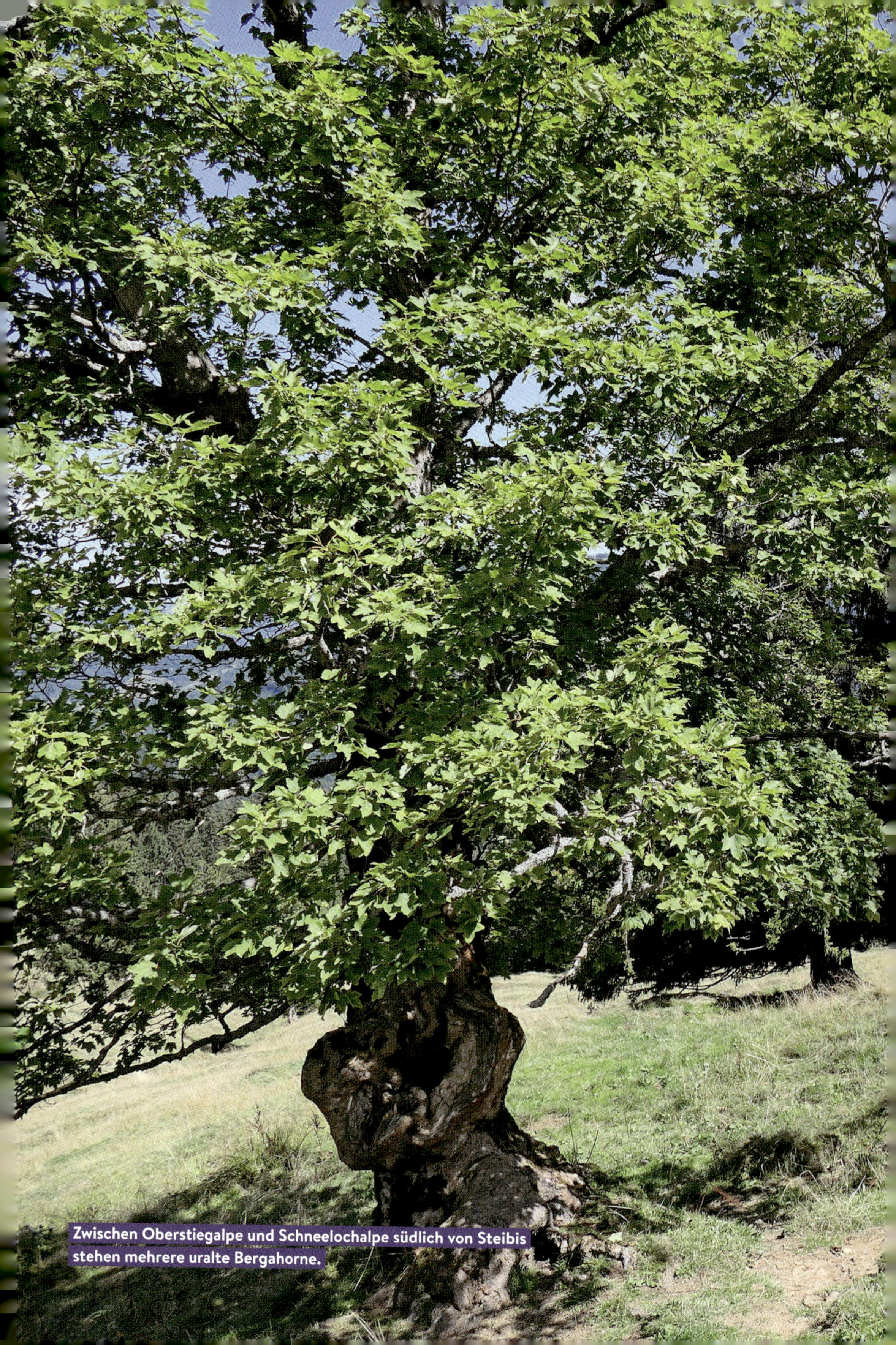

Zwischen Oberstiegalpe und Schneelochalpe südlich von Steibis stehen mehrere uralte Bergahorne.

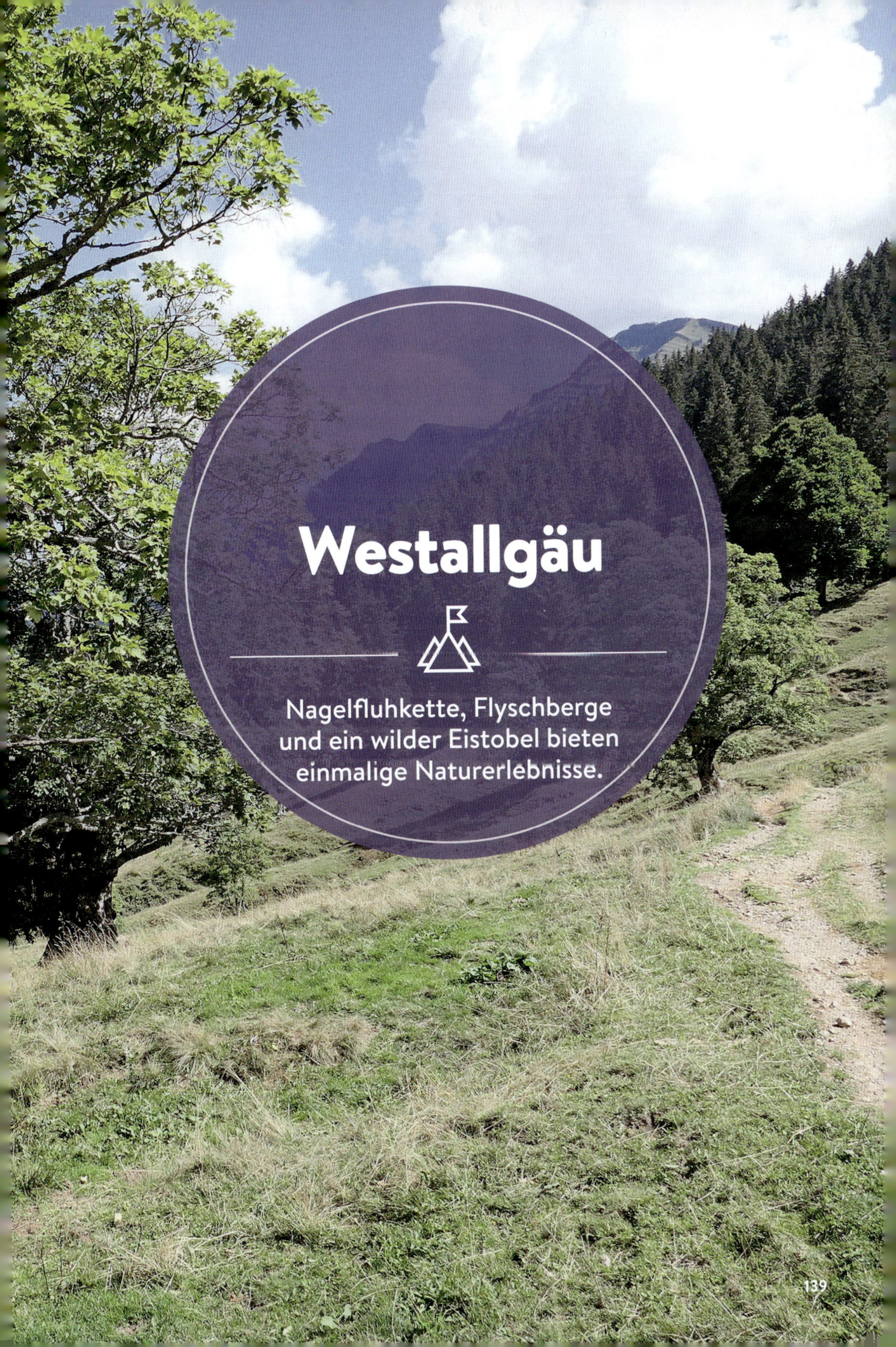

Westallgäu

Nagelfluhkette, Flyschberge und ein wilder Eistobel bieten einmalige Naturerlebnisse.

Vom Sedererstuiben zum Bärenkopf

Alte Bäume und Alpenblumen an der Nagelfluhkette

Schroffe Abbrüche nach Norden, steile Grashänge im Süden und kantige Felsrippen kennzeichnen die Gipfel der Nagelfluhkette. Wir wandern durch verwunschene Bergmischwälder, Viehweiden mit uralten Bergahornen, alpine Rasen, Hochstaudenfluren und Grünerlengebüsche.

32

Eine 30 Meter hohe Leiter führt vom Steineberg hinunter.

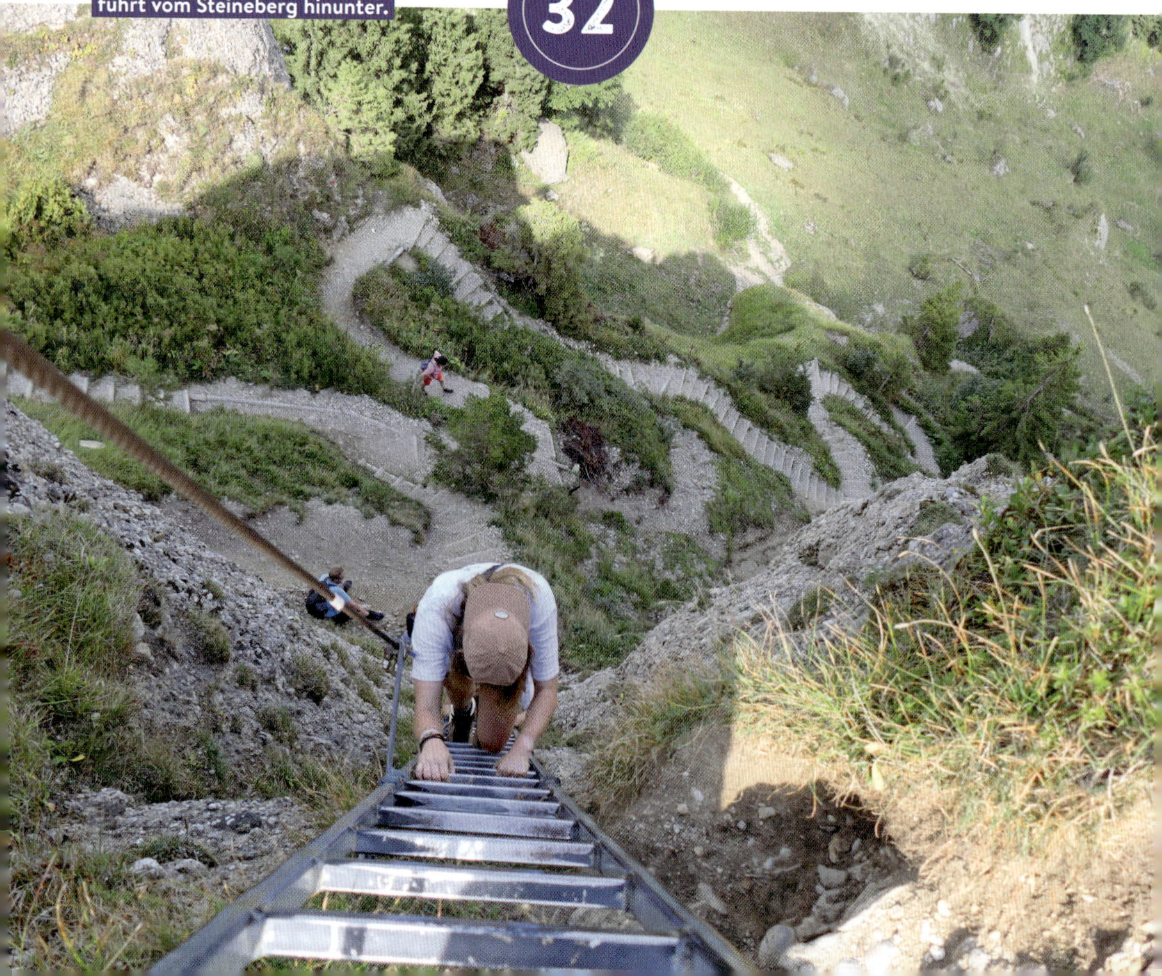

VON GUNZESRIED SÄGE ZUR ORNACHALPE Bei der **A / E Bushaltestelle Gunzesried Säge** (930 m) überqueren wir die Gunzesrieder Ach. Über die Alpe Vorderschönebuch steigen wir über Rinderweiden und Fichtenbestände mit Buche, Vogelbeere, Bergahorn und Bergulme hinauf zum Almdorf **1 Wiesach** (1145 m). Im Winter gehört dieses Wildschutzgebiet dem Rotwild. Die Hirsche und Hirschkühe sollen nicht in die Täler abwandern und werden durch Fütterungen im Gebiet gehalten. Von Dezember bis April gilt ein Betretungsverbot. Vorbei am Jägerhaus mit altem Bergahorn spazieren wir nach Westen durch Alpwiesen, auf denen ab April die Krokusse zu Tausenden und ab August die Herbstzeitlosen und Silberdisteln verschwenderisch blühen. Turmfalke und Mäusebussard jagen nach Mäusen. Hoch oben am Stuiben nutzt ein Steinadler die Thermik und sucht die Hänge nach Fallwild ab. In der Nähe der Wildfütterung stehen am Hangfuß alte Bergahorne. Der größte Baum ist fast 20 Meter hoch, hat einen Umfang von 4,5 Metern und ist mindestens 300 Jahre alt. Auch an der Falkenalpe (1160 m) stehen große alte Bergahorne. Der Almweg steigt an zu einem Sattel, an dem viele Nagelfluhfelsen herumliegen. An mehreren alten Bergahornen vorbei spazieren wir hinüber zur **2 Ornachalpe** (1198 m). Mit dem Namen »Ornach«, also »Ahorn-Bach«, wählten unsere Vorfahren die treffende Bezeichnung.

VON DER ORNACHALPE ZUM STUIBEN An der Ornachalpe zweigt rechts der Steig zum Stuiben ab. Im lichten Buchenwald mit Bergahorn, Fichte und Bergulme gedeihen üppige Hochstaudenfluren aus Alpendost, Kohl-Distel, Nesselblättrigem Ehrenpreis, Blauem Eisenhut, Hasenlattich, Himbeere, Berg-Kälberkropf, Laserkraut, Mondviole, Weißer Pestwurz, Klebrigem Salbei, Großer Sterndolde, Tollkirsche, Türkenbund, Wasserdost, Waldmeister und Wald-Witwenblume. In der Rinne gewinnen wir rasch an Höhe und gelangen zu den Almwiesen der verfallenen Rothenalpe. Am Morgen sind hier Gämsen unterwegs. Auf dem steilen Pfad durch Viehweiden begleitet uns reichhaltige Alpenflora: Augentrost, Blutwurz, Blauer Eisenhut, Deutscher Enzian, Fransenenzian, Frühlingsenzian, Gelber Enzian, Wiesen-Flockenblume, Silber-Frauenmantel, Große Händelwurz, Heidekraut, Guter Heinrich, Hornklee, Laserkraut, Rauer Löwenzahn, Alpen-Sauerampfer, Silberdistel, Simsenlilie, Skabiose, Kugelige Teufelskralle,

Tipp

HERRGOTTSBETON DER NAGELFLUHKETTE

Auf den ersten Blick sieht das Gestein aus, als hätte hier Gott persönlich den Beton gerührt. So entstand die Bezeichnung »Herrgottsbeton« für dieses Gestein aus verbackenen Flusskieseln. Der gebräuchlichere Begriff ist Nagelfluh. Dieser leitet sich vom Aussehen des Gesteins ab, bei dem Kiesel wie Nagelköpfe aus dem Bindemittel herausragen. »Fluh« bedeutet im Schweizerischen steilwandig, da die harten Gesteine oft steil nach oben ragen. Das Nagelfluhgestein ist Teil der Molasse, die gekennzeichnet ist durch den Wechsel von harten Felsbänken aus Nagelfluh und weichen Ton- bzw. Mergelschichten. Diese Sedimentgesteine sind vor 35 Millionen Jahren als Ablagerungen der Flüsse entstanden. Durch den Druck darüber abgelagerter Schichten verklebten die Steine. Die große Pflanzenvielfalt auf der Nagelfluhkette entsteht durch große Höhenunterschiede vom Tal bis zu den Berggipfeln, durch die geologische Vielfalt und durch eine extensive Alpwirtschaft.

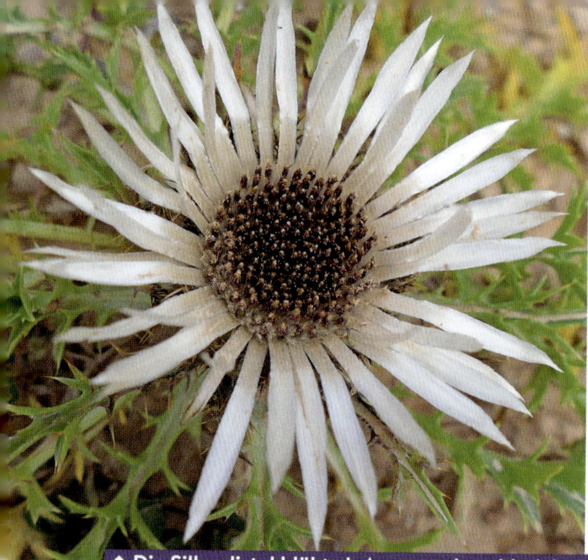 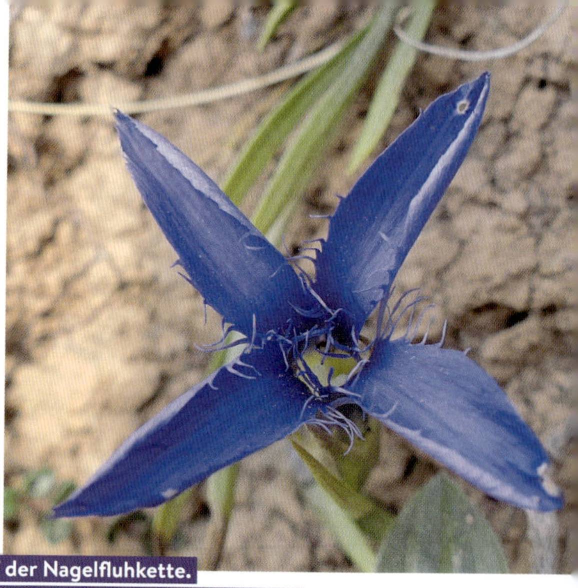

↑ Die Silberdistel blüht ab August sehr zahlreich auf der Nagelfluhkette.
↗ Die Kronblätter des blühenden Fransenenzians sind am Rand deutlich bewimpert.

Trollblume, Witwenblume und Wundklee. Bei Sonne gaukeln über den Blumen verschiedene Tagfalterarten, wie Alpen-Gelbling, Kaisermantel, Schwalbenschwanz und Kleiner Fuchs sowie Bläulinge und Mohrenfalter. Sogar der seltene Apollofalter kommt an den Südhängen vor. Seine Raupen fressen ausschließlich Weißen Mauerpfeffer, der auf den Nagelfluhfelsen wächst.

Schließlich erreichen wir den Kamm im **3 Sattel** (1680 m) zwischen dem Sedererstuiben und dem Stuiben. In wenigen Minuten steigen wir links auf den **4 Sedererstuiben** (1737 m). Die Aussicht auf die Bergwelt der Allgäuer Alpen ist fantastisch. Nun kehren wir zurück zum Sattel und wandern hoch zum **5 Gipfelkreuz des Stuiben** (1749 m). Hungrige Alpendohlen begrüßen uns.

VOM STUIBEN ZUM STEINEBERG Beim Abstieg vom Stuiben helfen Seilsicherungen über eine Felsplatte. Dann windet sich der schmale Pfad romantisch um kleine Türme herum. Die Tiefblicke sind faszinierend. Ab Mai sind die Alpenpflanzen entlang des Bergpfads ein Augenschmaus. Hier gedeihen Allermannsharnisch, Bewimperte Alpenrose, Augentrost, Aurikel, Blutwurz, Alpen-Distel, Blauer Eisenhut, Clusius' Enzian, Deutscher Enzian, Fransenenzian, Frühlingsenzian, Schwalbenwurz-Enzian, Immergrünes Felsenblümchen, Silber-Frauenmantel, Gipskraut, Scheuchzers Glockenblume, Große Händelwurz, Schwarze Heckenkirsche, Alpen-Heckenrose, Heidekraut, Sumpf-Herzblatt, Hornklee, Herzblättrige Kugelblume, Nacktstängelige Kugelblume, Laserkraut, Rauer Löwenzahn, Weidenblättriges Ochsenauge, Preiselbeere, Seidelbast, Silberdistel, Silberwurz, Simsenlilie, Skabiose, Steinquendel, Steinröschen, Große Sterndolde, Kugelige Teufelskralle, Thymian, Trollblume, Wachtelweizen, Narzissen-Windröschen, Witwenblume und Wundklee. Fichte, Grünerle und Mehlbeere wachsen am Grat nur im Kleinformat.

Beim **6 Sattel Am Eck** (1592 m) stoßen die Wege aus der Rauhen Schlucht und von der Alpe Gund auf den Grat. Hier oben leben Steinadler, Birkhuhn, Alpenbraunelle, Bergpieper, Hausrotschwanz, Zitronenzeisig, Schneehase und Gämse. Vom Sattel geht es in Richtung Steineberg durch eine langgezogene Mulde, in der auf beiden Seiten Fichten wachsen. Unterhalb des Steinebergs helfen

Drahtseile und ausgehauene Tritte beim Bewältigen einer geneigten Felsplatte. In wenigen Minuten steigen wir bergauf zum Steineberg (1683 m) und weiter zum **7 Gipfelkreuz** (1660 m).

BÄRENKOPF UND ABSTIEG Nordwärts bricht der Steineberg senkrecht ab. Wir können senkrecht eine 30 Meter hohe Leiter hinuntersteigen oder alternativ die einfache Umgehung vor dem Gipfel wählen. Als letzte Erhebung der Tour nehmen wir noch den Bärenkopf mit. Dazu müssen wir auf dem breiten Weg erst abwärts und dann wenige Minuten aufwärts wandern. Am **8 Bärenkopf** (1476 m) wurde angeblich um 1760 der letzte Bär des Allgäus geschossen. Vom Bärenkopf steigen wir den Pfad hinunter zur Vorderen Krumbachalpe (1322 m). Auf der Asphaltstraße geht es in steilen Serpentinen weiter über Dürrehornalpe zur Winkelwiesenalpe (1080 m). Nach der Alpe nehmen wir den **9 Abzweig bei der Salweide** nach rechts in einen märchenhaften Bergmischwald unterhalb des Rauhenbergs. Im Felsgewirr stehen unterschiedlich alte Bäume. Unter den Baumriesen fühlen wir uns wie Zwerge. Die Wurzeln von Buche, Tanne, Fichte, Bergahorn, Bergulme und Vogelbeere umkrallen das Gestein. Im Schatten gedeihen Moose, Farne, viele kleine Tannen und Buchen. Der wurzelige Pfad bringt uns bergab zum asphaltierten Weg und zurück zur **A / E Bushaltestelle Gunzesried Säge**.

INFO

schwierig | **6.30 Std.** | **10 km** | **1000 Hm**

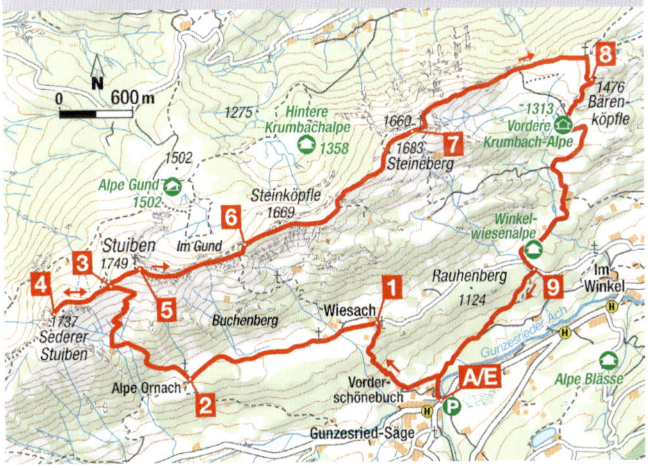

TOURENCHARAKTER

Die markierte Rundwanderung führt durch Bergwälder hinauf zum Grat der Nagelfluhkette. Zwischen Sedererstuiben und Bärenkopf sind an einigen Stellen Trittsicherheit und Schwindelfreiheit notwendig. Bei Nässe oder Schnee ist die Wanderung am Grat gefährlich und nicht empfehlenswert.

AUSGANGS-/ ENDPUNKT

Bushaltestelle Gunzesried Säge

ANFAHRT

ÖPNV: Mit der Bahn zum Bahnhof Blaichach oder Sonthofen und von dort mit dem Bus ins Gunzesrieder Tal nach Gunzesried Säge
Auto: Auf der B 19 nach Sonthofen und bei Blaichach ins Gunzesrieder Tal bis zum Parkplatz Gunzesried Säge

GEHZEITEN

Gunzesried Säge – Ornachalpe 1:00 Std. – Stuiben 3:00 Std. – Steineberg 4:30 Std. – Bärenkopf 5:15 Std. – Gunzesried Säge 6:30 Std.

BESTE JAHRESZEIT

Mai bis Oktober

EINKEHR

Vordere Krumbachalpe

Riedberger Horn und Wannenkopf

Unterwegs zum ältesten Baum Deutschlands

Große Flächen zwischen Riedberger Horn und Wannenkopf wurden für die traditionelle Alpwirtschaft gerodet. So konnten sich Borstgrasrasen und alpine Kalkrasen weit über ihr natürliches Areal hinaus entwickeln.

Rings um das Riedberger Horn weiden Rinder mit beeindruckenden Glocken.

33

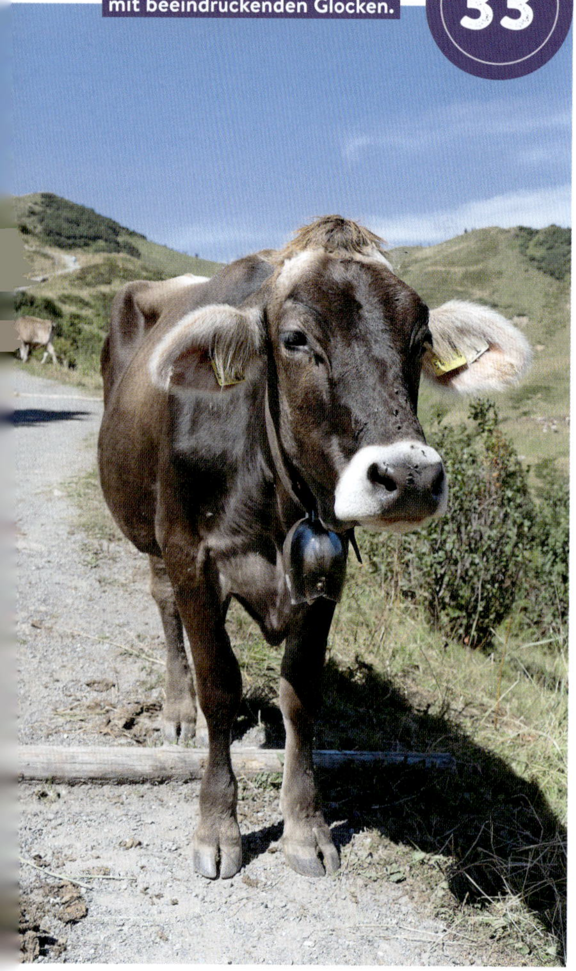

AUFS RIEDBERGER HORN Von A / E **Grasgehren** (1435 m) spazieren wir nach Westen über den Bach und verlassen die Teerstraße nach rechts. Zwischen Waldrand und den Hörnerliften verläuft der Pfad meist durch Rinderweiden, teilweise im bodensauren Fichtenwald. Ab August bieten die Beerenfrüchte eine köstliche Nascherei beim Aufstieg. Auf den Viehweiden wachsen u. a. Blauer Eisenhut, Stängelloser Enzian, Flatterbinse und Alpen-Greiskraut.
Vor dem letzten Aufschwung auf das Riedberger Horn überwinden wir einen Zaundurchlass zu einer Nachbarweide. Dort steht eine alte Vogelbeere, deren Rinde durch das Reiben der Rinder stark abgewetzt ist. Mit dem 1 **Riedberger Horn** (1787 m) erreichen wir unseren ersten Gipfel. Seit mehreren Jahren soll das Riedberger Horn von zwei Seiten mit Seilbahnen erschlossen werden. Dazu müssten sechs Hektar Bergwald gerodet und geschützte Biotope zerstört werden.

VOM RIEDBERGER HORN ZUM BOLGEN Der breite Wanderweg bringt uns ostwärts hinunter. Bergpieper und Zitronenzeisig flattern emsig zwischen den Bäumen. Rostblättrige Alpenrose, Alpen-Distel, Schwalbenwurz-Enzian, Weißer Germer und

INFO

TOURENCHARAKTER

Die markierte Rundwanderung auf das Riedberger Horn über den Borgengrat zum Wannenkopf belohnt mit üppiger Alpenflora sowie beeindruckenden Ausblicken.

AUSGANGS-/ENDPUNKT

Bushaltestelle und Parkplatz Grasgehren

ANFAHRT

ÖPNV: Mit der Bahn nach Fischen und weiter mit dem Bus über den Riedbergpass nach Grasgehren
Auto: Über die B 19 bis Fischen, dort rechts auf den Riedbergpass und weiter nach Grasgehren

GEHZEITEN

Grasgehren – Riedberger Horn 1:10 Std. – Bolgen 2:00 Std. – Wannenkopf 2:45 Std. – Grasgehren 4:00 Std.

BESTE JAHRESZEIT

Sommer und Herbst

mittel	4.00 Std.	8 km	600 Hm

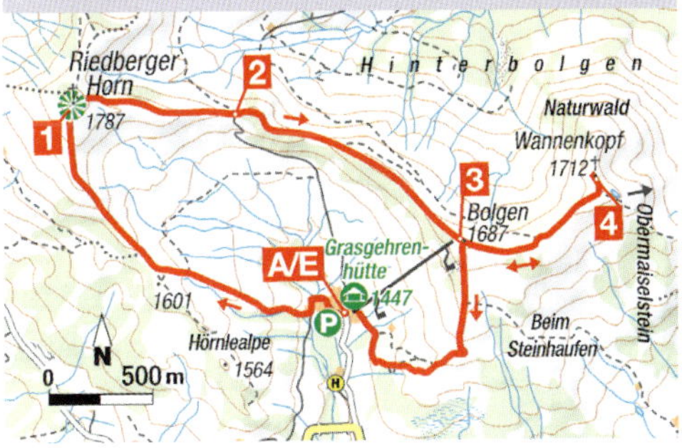

EINKEHR

Grasgehrenhütte,
www.berghuette-grasgehren.de

Wurmfarn begleiten uns zum **2 Abzweig am Sattel**. Östlich und nördlich von hier liegt das Fauna-Flora-Habitat-Gebiet »Hörnergruppe«, in dem wir uns bis zum Wannenkopf aufhalten werden. Wir folgen dem Pfad entlang des Waldrands am Bolgengrat. Wir treten aus dem Wald und erreichen über eine Rinderweide den **3 Bolgen** (1687 m). Von hier haben wir eine tolle Sicht nach Süden auf das Pultdach des Hohen Ifen und den Widderstein. Im Norden ragen Bolsterlanger Horn und Ochsenkopf empor. Im Osten bestimmen Nebelhorn, Hochvogel und Großer Krottenkof, der höchste Gipfel der Allgäuer Alpen, die Szenerie.

VOM BOLGEN AUF DEN WANNENKOPF

Auf dem Weg zum Wannenkopf umrunden wir einige Hochmoore. Nach kurzem Aufschwung stehen wir am Gipfelkreuz des **4 Wannenkopf** (1712 m). Der südwestliche Bereich des Wannenkopf ist als Naturwald sich selbst überlassen. Wir kehren nun zurück zum **3 Bolgen** und steigen durch Weideflächen und Fichtenwald hinunter zum **A / E Parkplatz Grasgehren**.

Tipp

DIE 2000-JÄHRIGE EIBE

Nordöstlich von Balderschwang steht der älteste Baum Deutschlands: eine sechs Meter hohe weibliche Eibe. Eine genaue Altersbestimmung wäre nur durch ihre Fällung möglich. Die Angaben reichen von 600 bis 4000 Jahre. Es kann nur vermutet werden, ob es sich bei den beiden Stammteilen um die Reste eines gemeinsamen Stammes handelt oder um zwei eigenständige Stockausschläge aus einer Wurzel. Im ersten Fall ließe der Gesamtstammumfang von über acht Metern auf ein Alter von bis zu 2000 Jahren schließen. Auch bei Stockausschlägen ist ein Alter von über 800 Jahren wahrscheinlich.

Zu den ältesten Bäumen des Allgäus

Uralte Bäume und viele Rinder mit großen Glocken

Bäume können uralt werden, wenn der Mensch sie lässt! Im Alpgebiet rund um Steibis weiden seit Jahrhunderten Rinder. Trotz des enormen Pflanzenbedarfs der Wiederkäuer stehen mächtige Bäume auf den Alpweiden. Auf dem Rundweg begegnen uns betagte Bergahorne, Bergulmen, Eiben, Fichten und Weißtannen.

Die Bergulme mit sieben Metern Stammumfang steht hier seit über 300 Jahren.

34

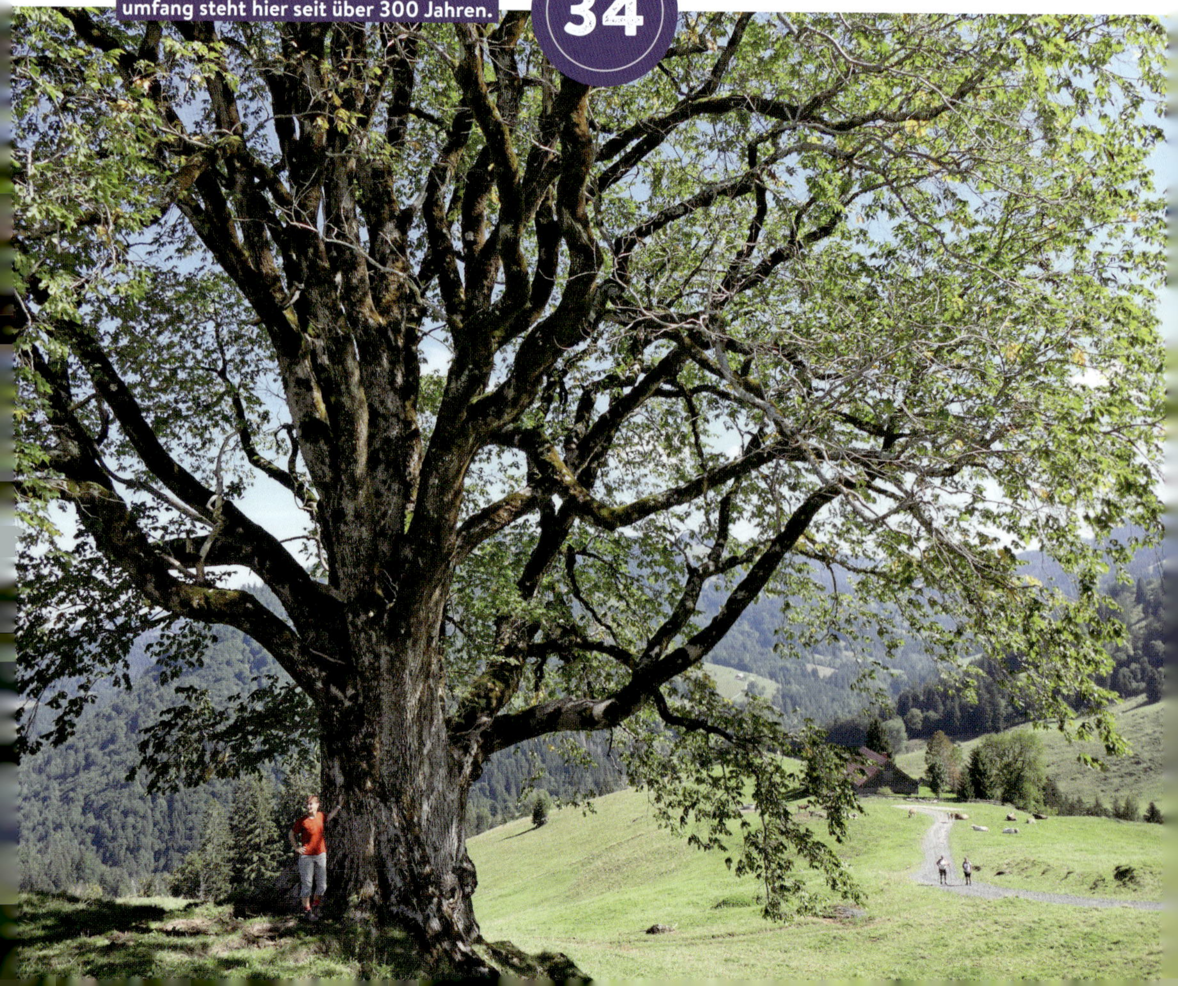

ZU VOGELBEERE, BERGULME UND WEISS-TANNE Ab der **A / E Talstation der Hochgratbahn** (850 m) nehmen wir die steile Asphaltstraße entlang des Horbachs. Der Bachauwald besteht aus Bergahorn, Bergulme, Esche, Grauerle, Buche, Fichte und Tanne. In den feuchten Fluren wachsen unter den Bäumen Hochstauden. Gleich nach der Brücke beginnt das Weidegebiet von Steibis. Vor langer Zeit rollten Felsbrocken den Berg hinunter. Heute liegen viele Nagelfluhfelsen verstreut auf den Weideflächen und auf ihnen wachsen Fichten, Ebereschen und Bergahorne. Denn Rinder, Rehe und Hirsche konnten nicht auf die Felsen steigen und nur die jungen Bäumchen drumherum fressen.

Auf einem Felsen konnte eine **1 Vogelbeere**, auch als Vogelbeerbaum und Eberesche bezeichnet, überdauern. Aus dünnen Felsspalten holen sich die Wurzeln Nährstoffe und Wasser. Ein karges, aber erfolgreiches Leben, das schon rund 100 Jahre andauert. Die Frucht der Vogelbeere wird gerne von Vögeln verspeist. Beim **2 Abzweig an der Unteren Stiegalpe** (983 m) biegen wir nach rechts ab. In weiten Kurven schwingt der Asphaltweg bergan. Auf den Weiden grasen über 100 Rinder und lassen die Landschaft mit Glockenläuten erklingen.

Rechts oberhalb des Wegs wächst seit mindestens 300 Jahren eine dicke **3 Bergulme** (1120 m). Ihr Stammumfang beträgt fast sieben Meter. Ulmen sind seit rund 50 Jahren von einem Pilz bedroht, den der Ulmensplintkäfer ins Holz einträgt. Die Käferlarven ernähren sich von diesem Pilz, der die Leitungsbahnen des Holzes verstopft. Der uralten Bergulme von Steibis scheint der Pilz nichts auszumachen.

Genauso dick wie die Bergulme zeigt sich die freistehende Weißtanne am linken Wegesrand. Die Riesin gilt als die Tanne mit dem größten Stammumfang in Deutschland und soll rund 400 Jahre alt sein. Neben der Tanne liegen die Reste einer vor Jahren vom Sturm gefällten Fichte. Wildrosen, Schwarzer Holunder und mehrere Stämmchen der Vogelbeere trotzen dem Verbiss. In den Verebnungen der Viehweiden steht das Wasser nach Regen. Grasfrösche und Erdkröten finden in den Alpweiden ihren Lebensraum.

Tipp

BAUMVETERANEN

Uralte Baumveteranen faszinieren! Seit Jahrhunderten stehen sie am gleichen Platz, überdauern Verbiss und Schädlinge, trotzen Sturm, Regen, Eis und Schnee. Die vielen Ereignisse hinterlassen jedoch Spuren. Die Bäume zeigen sich knorrig, verwachsen, die Kronen zerzaust, die Wunden überwallt. Äste und Stammteile können fehlen, Stämme und dicke Äste hohl sein. Für viele Tiere, auch für Rinder, bieten diese Baumveteranen Schutz bei Regen und Schnee. Bei starker Hitze wiederum sind die ausladenden Kronen ein willkommener Schattenspender. Sind sie älter als 200 Jahre, gelten sie als ganz große Seltenheit. Ein Alter von 1000 Jahren erreichen in Bayern nur wenige Linden und Eiben. Aus menschlicher Sicht sind dies unerreichbare Lebensalter. Die Eibe von Balderschwang (s. Tour 33) gilt als der älteste Baum von Deutschland.

VETERANEN AUF DEM WEG ZUR OBER-STIEGALPE Der Weg zieht hinunter zu einem **4 Tobel mit kleinem Wasserfall**. Kleinflächig gedeiht hier Mischwald aus Buche, Bergahorn, Bergulme, Grauerle, Fichte und Tanne. Mehrere alte Bergahorne begleiten den Aufstieg von der Unteren zur Oberen Ziehenalpe (1249 m). Auf den mächtigen Bäumen wachsen Aufsitzerpflanzen: Farne, Moose und Vogelbeerbäumchen. In den vergrasten Weideflächen leben viele Mäuse. Turmfalke, Mäusebussard und Kolkrabe lassen sich bei ihrer Nahrungssuche beobachten.

Auf dem Pfad unterhalb des 5 **Abzweigs zur Falkenhütte** steht ein ausgehöhlter Bergahorn, in den man klettern kann. Trotz seiner großen Stammhöhle zeigt er eine prächtige Krone. Auch er hat mindestens 300 Jahre auf dem Buckel. Wir wandern nun auf dem schmalen Pfad ostwärts und kommen in einen von Rindern besuchten Fichtenwald mit Bergahorn. Kurz vor der Oberstiegalpe erreichen wir einen 6 **Bergahorn** mit sieben Metern Stammumfang. Nach dem Bergahorn am Wamberger Sattel (s. Buch »Raus in den Wald«) haben wir hier den zweitstärksten Bergahorn Bayerns.

Nach wenigen Minuten auf diesem Streckenabschnitt steht links eine doppelstämmige Weißtanne, deren rechte Hälfte der Sturm ausgerissen hat. Wir kommen zum 7 **Berggasthof Oberstiegalpe** (1178 m). Östlich des Gasthofs versucht eine knorrige, zerzauste Rotbuche zu überleben.

ZUR UREIBE UND INS TAL ZURÜCK Wir steigen über ein kühles Bachtal hinunter zur Alpe Schilpre und erreichen den Abzweig zum Steig auf den Hochgrat. Oberhalb des Wegs behauptet sich auf der Rinderweide seit Jahrhunderten die 8 **Ureibe von Steibis** (1070 m). Dieser unscheinbare Baum könnte schon 1000 Jahre alt sein. Die weibliche Eibe ist acht Meter hoch und in der Mitte hohl. Trotz der kurzen Vegetationszeit in dieser Höhe hat sie mit fünf Metern einen beachtlichen Stammumfang. Eiben sind in unseren Wäldern sehr selten. Das harte Holz der Eibe war bis vor 500 Jahren als Ausgangsmaterial für Bögen, Speere und Armbrüste sehr geschätzt. Während die Nadeln der Eibe für Menschen giftig sind, werden Eibensämlinge gerne von Rindern, Rehen und Hirschen gefressen. Denn Wiederkäuer sind gegen die Giftstoffe unempfindlich.

Vorbei an der Unteren Lauchalpe mit Truthühnern und Schweinen bringt uns der Asphaltweg wieder hinunter zur A / E **Talstation der Hochgratbahn**.

↓ Die Hüllblätter der Silberdistel krümmen sich bei Regen nach oben und schützen die Röhrenblüten.

↘ Schon seit rund 100 Jahren holt sich der Vogelbeerbaum aus Felsspalten Wasser und Nährstoffe.

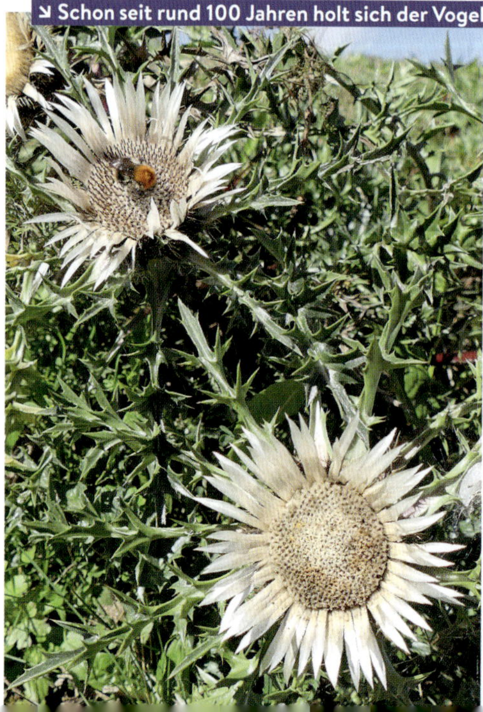

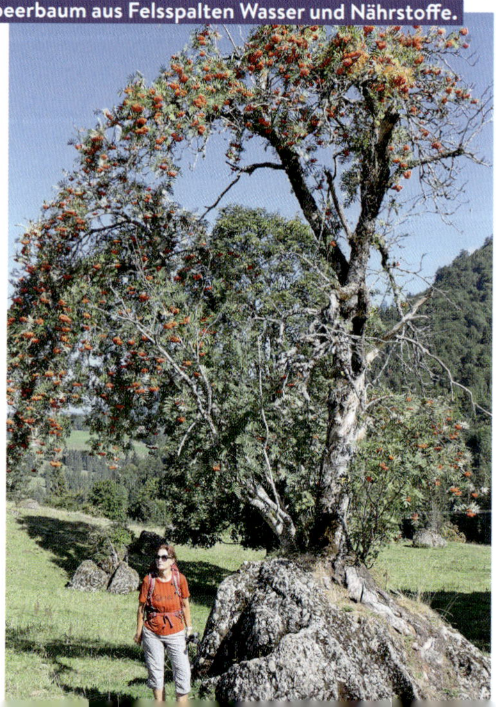

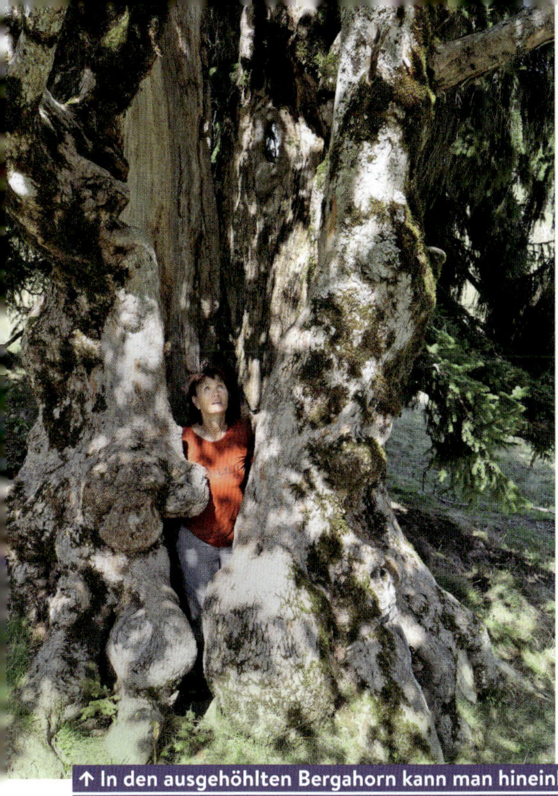

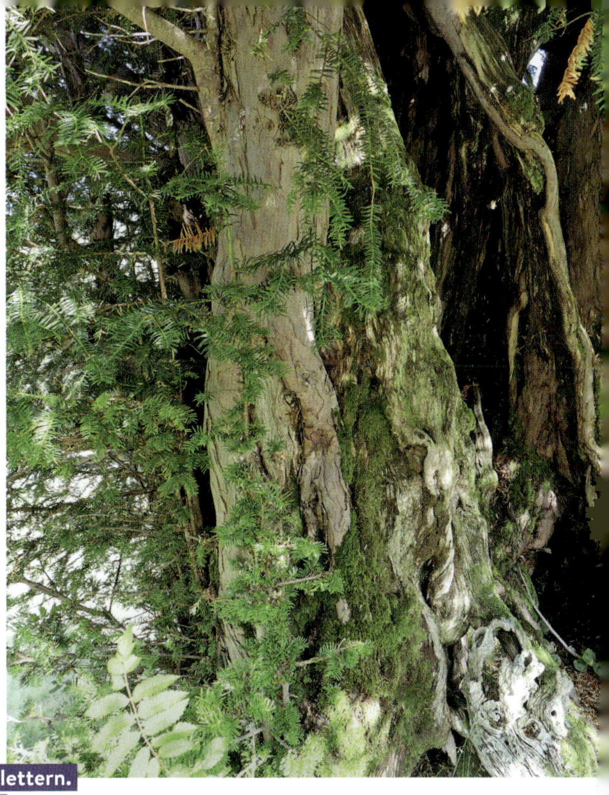

↑ In den ausgehöhlten Bergahorn kann man hineinklettern.
↗ Die Ureibe von Steibis könnte 1000 Jahre alt sein.

INFO

TOURENCHARAKTER

Die spannende Rundwanderung führt zu den Baumveteranen im Alpgebiet von Steibis. Die Pfade und Asphaltwege sind teils ausgeschwemmt.

AUSGANGS-/ENDPUNKT

Talstation der Hochgratbahn

ANFAHRT

ÖPNV: Mit der Bahn bis zum Bahnhof Oberstaufen und von dort mit dem Bus zur Talstation der Hochgratbahn

Auto: Von Immenstadt auf der B 308 nach Oberstaufen und über Steibis zum Parkplatz der Talstation Hochgratbahn

GEHZEITEN

Talstation Hochgratbahn – Bergulme 0:45 Std. – Obere Ziehenalpe 1:30 Std. – Oberstiegalpe 2:00 Std. – Talstation Hochgratbahn 3:00 Std.

BESTE JAHRESZEIT

Herbst

leicht	3.00 Std.	7 km	500 Hm

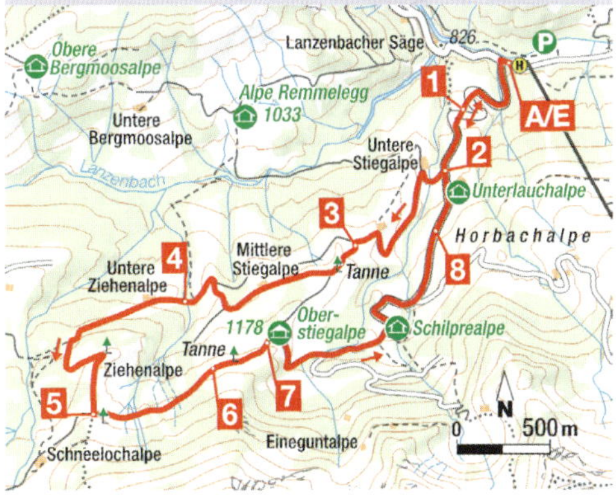

EINKEHR

Berggasthof Oberstiegalpe, www.oberstiegalpe.de, Tel. 08386/81 78

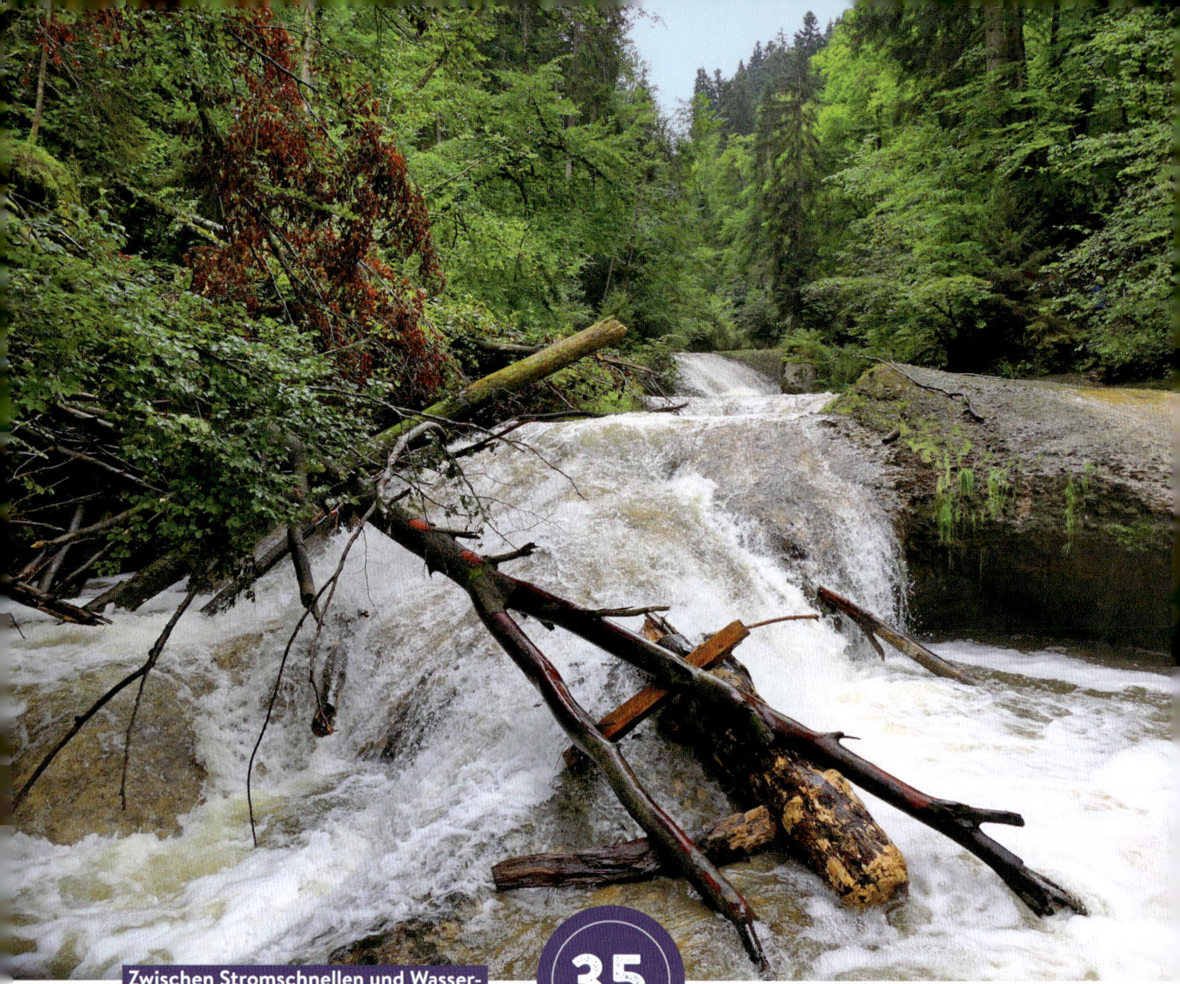

Zwischen Stromschnellen und Wasserstrudeln liegen Teile von Bäumen.

35

Naturerlebnis Eistobel

Schluchtwälder und Wasserfälle der Oberen Argen

Rauschende Wasserfälle, tiefe Strudellöcher, riesige Felsblöcke und -formationen bilden die Kulisse für die Tour durch den Eistobel. Er entstand vor 15 000 Jahren, als sich im Tal zwischen Ebratshofen und Riedholz ein Schmelzwassersee bildete. Er entwässerte über eine Rinne, durch Erosion vertiefte sich die Schlucht.

DURCH DEN EISTOBEL Vom **A / E Parkplatz an der Eistobelbrücke** spazieren wir zum Eingang in den Eistobel mit Infopavillon. Ein Film informiert über Naturerlebnisse im Eistobel. Viele Stufen bringen uns hinunter zum Wildbach. In dem spürbar kühlen, feuchten Klima wächst seit Jahrtausenden ein Schluchtwald. Die Baumschicht bilden Bergahorn, Bergulme, Esche, Eibe, Grauerle, Traubenkirsche, Fichte, Tanne und Buche. Auffällig ist der ungewöhnlich hohe Anteil an Tanne, Eibe und Bergulme. An den Bäumen und am Boden rankt der Efeu. Die Strauchschicht besteht aus Brombeere, Hasel, Himbeere, Roter Hartriegel, Rote Heckenkirsche, Schwarzer Holunder, Pfaffenhütchen, Wasser-Schneeball und Weißdorn.
Wir unterqueren die 1986 eröffnete Argentobelbrücke. Im Winter hängen Eiszapfen und gefrorene Wasservorhänge von den Felsen – so ist der Name entstanden. Im Sommer fliegen die Blauflügel-Prachtlibellen wie Edelsteine umher. Kreuz und quer liegen abgebrochene und umgestürzte Bäume sowie Stammteile beidseits des Pfads und im Wasser. An Buchen-Totholz wurde übrigens der Zunderschwamm-Schwarzkäfer im Tobel gefunden.
Beim **1 Großen Wasserfall** stürzen die Fluten der Oberen Argen mit lautem Getöse in die Tiefe. Die Kraft des Wassers hat die weicheren Gesteine ausgewaschen und tiefe Strudellöcher geformt. Eine spektakuläre Passage ist der Zwinger. An dieser Engstelle drückt sich die Obere Argen an Findlingen im Wasser vorbei. In dem feuchten Schluchtenklima wachsen Wald-Bingelkraut, Sumpf-Dotterblume, Nesselblättriger Ehrenpreis, Gelber Eisenhut, Wald-Geißbart, Nesselblättrige Glockenblume, Wald-Habichtskraut, Hasenlattich, Hexenkraut, Fuchs' Knabenkraut, Kohl-Kratzdistel, Mädesüß, Bittersüßer Nachtschatten, Echte Nelkenwurz, Pestwurz, Klebriger Salbei, Sauerklee, Wald-Schachtelhalm, Balsaminen-Springkraut, Große Sterndolde, Gefleckte Taubnessel, Ährige Teufelskralle, Türkenbund, Wald-Witwenblume, Waldziest, Wasserdost, Vielblütige Weißwurz, Akeleiblättrige Wiesenraute und Großes Zweiblatt sowie viele Flechten-, Moos- und Farnarten.
Wir spazieren zur Hohen Wand, einer Sandsteinwand, die 50 Meter hochragt. Es ist eine Reise in die Vergangenheit: Was vor 20 Millionen Jahren Sandstrand war, steht nun zu Stein gepresst senkrecht. Kolkrabe, Schwarzspecht, Eisvogel, Wasseramsel und Zaunkönig sind zu hören oder zu sehen. Nach einem weiteren

Tipp

NATURSCHUTZGEBIET EISTOBEL

Schon seit 1970 ist der Eistobel auf 0,7 Quadratkilometern unter Schutz gestellt. Der Wildbach, die Schlucht- und Laubmischwälder im Verbund mit Kalktuffquellen und Sinterbächen sind weitgehend unbeeinflusst. Schutzzweck ist es, die unverbaute Schlucht der Oberen Argen mit Wasserfällen, Stromschnellen, Strudellöchern und Felsstürzen zu erhalten. Der natürliche Buchenwald kommt mit zwei Typen vor: Dies ist einmal der montan getönte »Waldmeister-Buchenwald«, der besonders auf den nährstoffreichen Plateaulagen und Oberhängen wächst, zum anderen handelt es sich um den von der bäuerlichen Waldwirtschaft geprägten »krautreichen Tannenwald«. Dieser von der Weißtanne dominierte Waldtyp wächst auf den kühl-schattigen Nordhängen und feuchten Unterhängen. Die Schlucht- und Hangmischwälder sind in Form des »Giersch-Bergahorn-Eschen-Mischwalds« auf den von Rutschungen beeinflussten Steil- und Unterhängen vertreten.

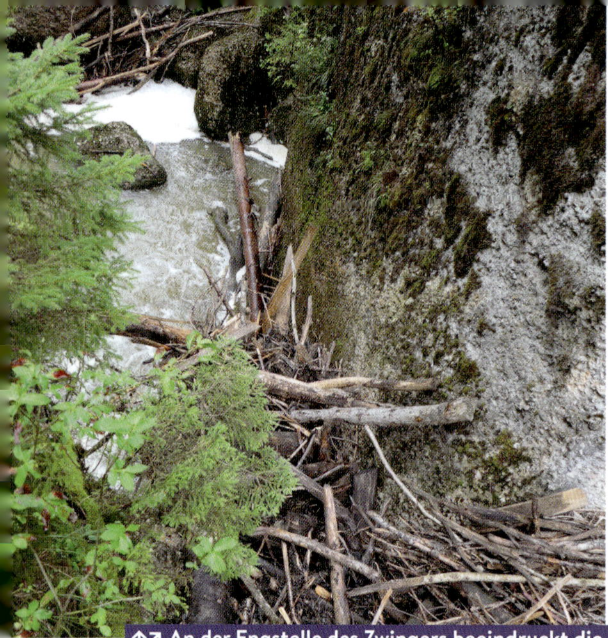

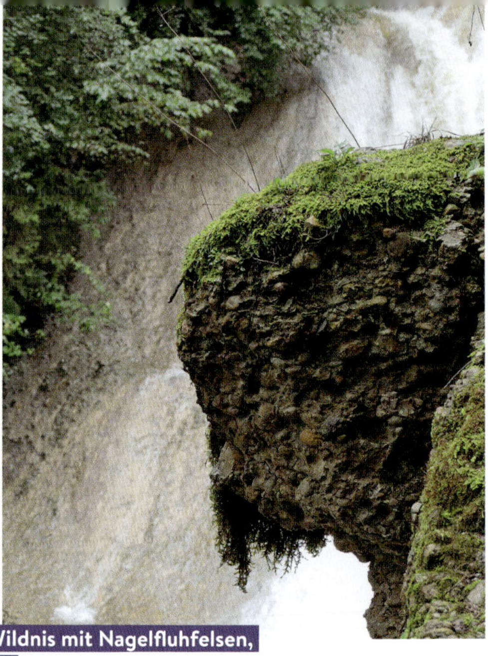

↑↗ An der Engstelle des Zwingers beeindruckt die Wildnis mit Nagelfluhfelsen, Wasserfällen, Totholz, Flechten, Moosen und Bäumen.

Wasserfall wechseln wir auf dem 2 **Eistobelsteg** zur anderen Seite der Schlucht.

ZUR RUINE HOHENEGG Wir steigen hinauf zur 3 **Burgruine Hohenegg** (789 m). Die Burg wurde 1171 erstmals erwähnt und war damals im Besitz der Herren von Rettenberg. Von 1451 bis 1805 war die Herrschaft Hohenegg Bestandteil des habsburgischen Vorderösterreichs, ab 1806 gehörte das Territorium zum Königreich Bayern. 1730 wurde der Rest der Burg abgebrochen und die Steine wurden zur Errichtung eines Hüttenwerks in Schüttentobel verwendet. Seit 1897 befindet sich an der Nordostecke des Burgstalls eine kleine Kapelle. Rechts daneben wächst eine Moorbirke im Fichtenforst. Eine Informationstafel berichtet von einem Drachen, der Flammenmaul, Giftzähne, Schlangenschwanz und Fledermausflügel hatte. Zumindest Fledermäuse und Schlangen gibt es heute in diesem Gebiet.

ÜBER RIEDHOLZ ZURÜCK Wir steigen den ausgewaschenen Forstweg hinauf und biegen nach links auf die Forststraße. Im Fichtenwald wachsen Buche, Bergahorn, Bergulme, Grauerle, Lärche, Kirsche, Salweide, Zitterpappel und Vogelbeere. Bevor wir den Waldrand erreichen, überrascht in einer Rechtskurve eine 4 **dicke Wildkirsche**. Es geht durch Rinderweiden hinunter zu den Iberg-Skiliften. Ein Turmfalke steht rüttelnd in der Luft und hält nach Mäusen Ausschau. An der 5 **Stieleiche mit Ruhebank** biegen wir nach links ab. Im benachbarten Garten des Bauernhofs mit Lamas und Alpakas steht ein alter Thujabaum – so groß kann eine Thuja werden, wenn sie nicht zur Hecke geschnitten wird. Beim 6 **östlichen Ende des Dorfs Riedholz** spazieren wir links durch die Siedlung mit viel Hausgeflügel: Es gibt Graugänse, Hühner, Truthühner und Laufenten. An der Staatsstraße 1318 gehen wir links auf den Fußweg zur Eistobelbrücke. Beim Tiefblick auf die Baumkronen lässt sich gut erkennen, dass bei der Fichte die Zapfen hängen, während sie bei der Tanne auf den Zweigen stehen. Nach der Brücke erreichen wir wieder den A / E **Parkplatz an der Eistobelbrücke**.

INFO

TOURENCHARAKTER

Die schattige Rundwanderung verläuft auf gut gesicherten Wegen durch das Naturschutzgebiet Eistobel. Auch bei schönem Wetter sind Schuhe mit gutem Profil und eine Regenjacke empfehlenswert. Die Klamm hat im Sommer von 9 bis 17 Uhr geöffnet.

AUSGANGS-/ENDPUNKT

Parkplatz Eistobelbrücke

ANFAHRT

ÖPNV: Mit der Bahn bis nach Oberstaufen, weiter mit dem Bus nach Röthenbach und dort in den Bus nach Grünenbach/Eistobelbrücke umsteigen Auto: Von der A 7 beim Allgäuer Kreuz auf die B 12 nach Isny wechseln. Die Ausfahrt Isny Argenbühl nehmen und weiter über Maierhöfen zum Parkplatz an der Eistobelbrücke fahren

GEHZEITEN

Parkplatz Eistobelbrücke – Eistobelsteg 1:15 Std. – Ruine Hohenegg 1:30 Std. – Riedholz 2:15 Std. – Parkplatz Eistobelbrücke 2:30 Std.

BESTE JAHRESZEIT

Sommer

leicht	2.30 Std.	8 km	150 Hm

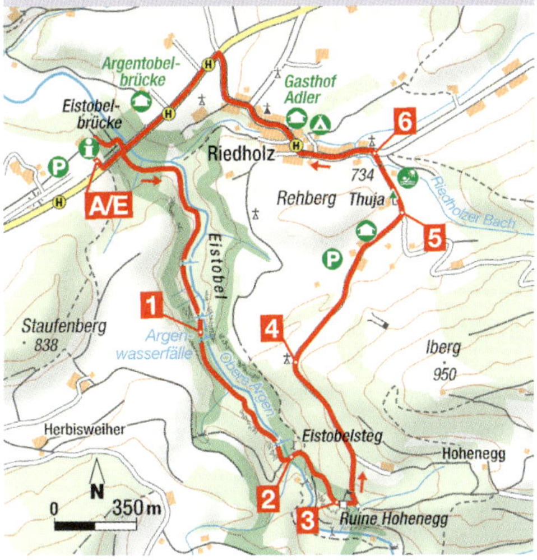

EINKEHR

Kiosk beim Eingang des Eistobels

Der Schluchtwald im Eistobel besteht aus vielen Baumarten.

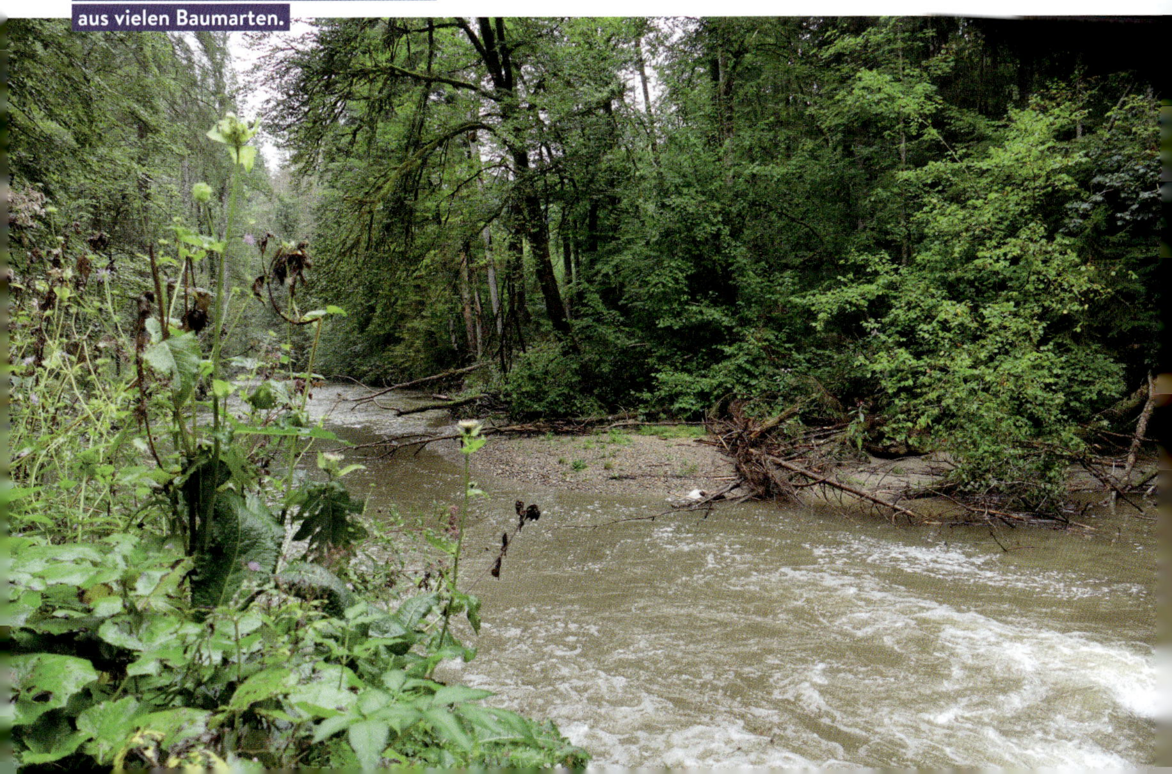

PS: MONTREAL, AMAZONAS, RAPPENALPBACH

WAS HAT MONTREAL MIT DEM AMAZONAS und dem Rappenalpbach nahe Oberstdorf zu tun? Von den acht Millionen Tier- und Pflanzenarten der Erde ist laut Weltbiodiversitätsrat eine Million vom Aussterben bedroht. Dagegen sollte die Menschheit etwas tun! Ende 2022 trafen sich die Staaten hierfür im kanadischen Montreal. Ihr wichtigster Kompromiss: Bis 2030 sollen 30 Prozent der weltweiten Land- und Meeresflächen unter Schutz stehen.

Die Regenwälder im Amazonas sind für das Weltklima und die Artenvielfalt wesentlich, werden aber für den Anbau von Soja und für Weideflächen gerodet. Mit Soja aus Brasilien werden in deutschen Ställen Rinder, Schweine und Hühner aus Massentierhaltung gefüttert, damit sie schnell Fleisch ansetzen. Vom Ziel, 30 Prozent der Landfläche unter Schutz zu stellen, sind wir in Deutschland und im Allgäu weit entfernt. Bei meinen Ausflügen für dieses Buch fiel mir auf, dass die Weidenutzung mit Rindern auch in den Naturschutzgebieten des Allgäus zu intensiv ist.

Viele Rinder fressen viele Pflanzen. Die Folgen: Großflächiges Abrupfen der meisten Pflanzenarten. Zunehmende Bodenverletzungen, Bodenrutschungen und Verdichtungen verändern die Zusammensetzung der Vegetation. Ende 2022 erregte eine Umweltzerstörung im Rappenbachtal südlich von Oberstdorf die Gemüter. Im Naturschutzgebiet Allgäuer Hochalpen hatte die Alpgenossenschaft den Wildbach ausgebaggert und kanalisiert. Offensichtlich wollten die Älpler so mehr Weidefläche gewinnen. Echter Naturschutz wäre der Verzicht auf immer größere Rinderweiden in den Allgäuer Hochalpen! Was können wir tun für mehr Naturschutz am Amazonas und Rappenalpbach? Ganz einfach: Wir müssten auf etwas Rindfleisch, Wurst, Milch und Käse verzichten. Dann bräuchten wir weniger Rinder und am Rappenalpbach müsste weniger gebaggert werden.

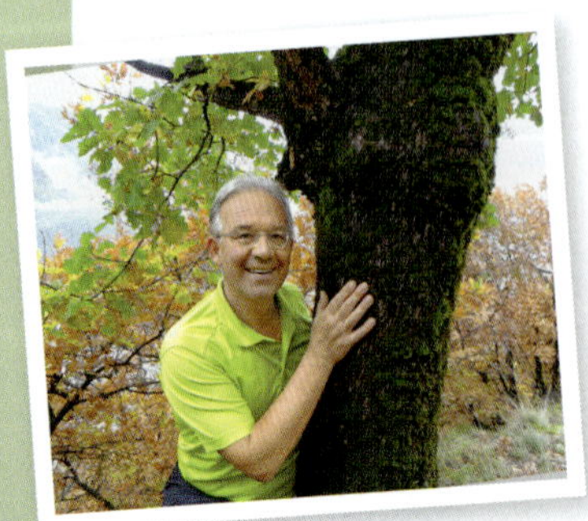

Dr. Rudolf [illegible]

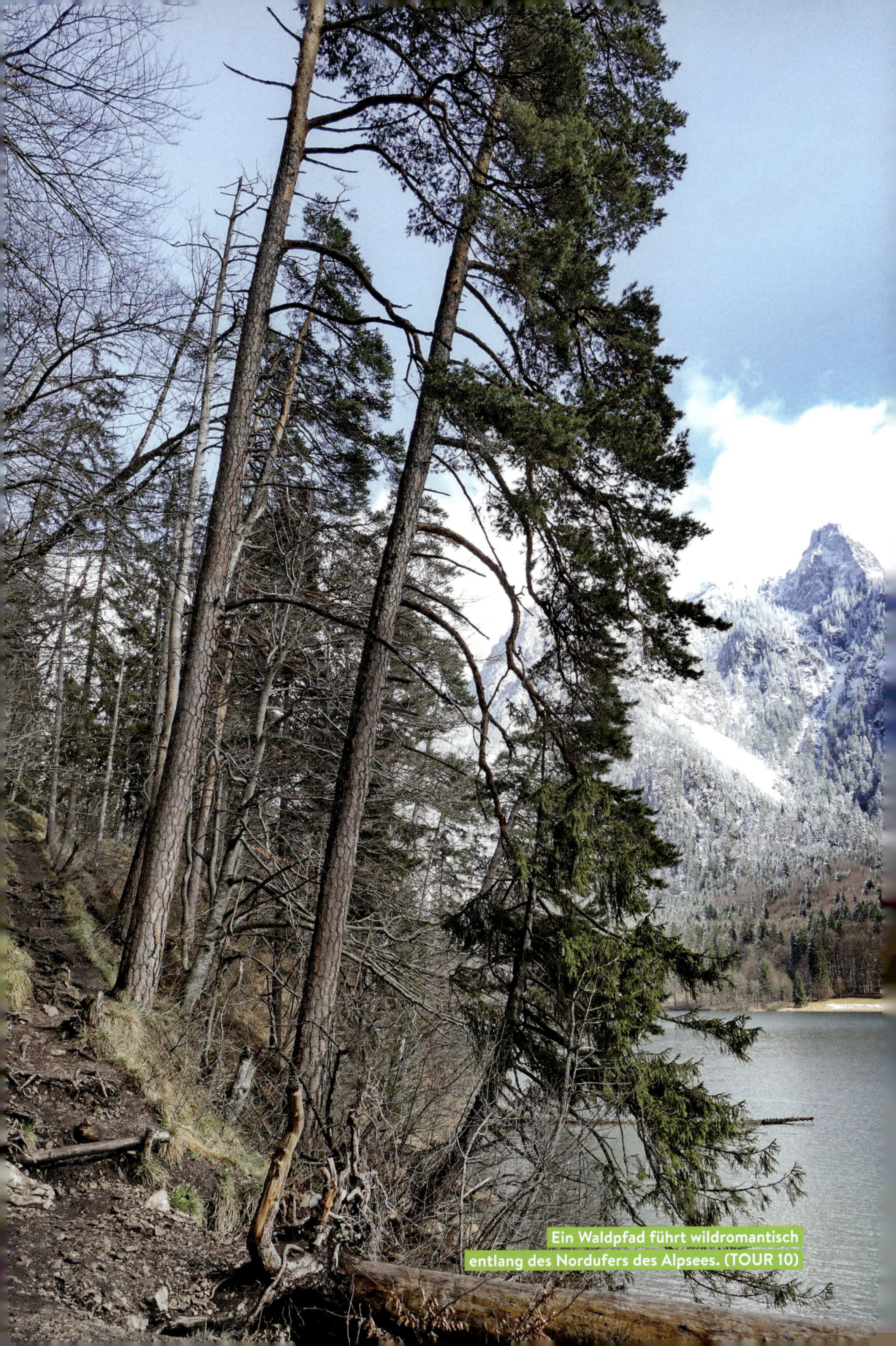

Ein Waldpfad führt wildromantisch entlang des Nordufers des Alpsees. (TOUR 10)

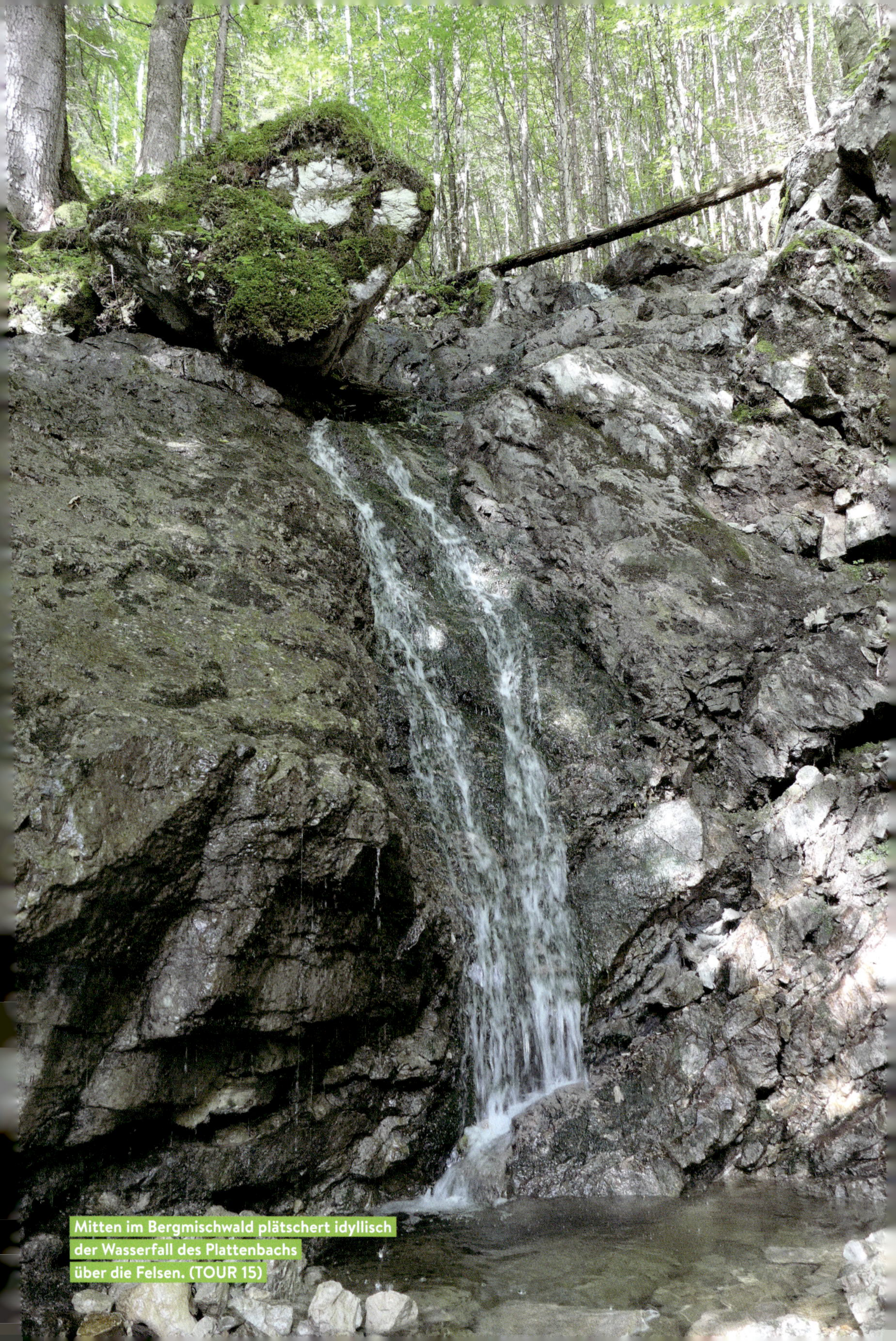

Mitten im Bergmischwald plätschert idyllisch der Wasserfall des Plattenbachs über die Felsen. (TOUR 15)

REGISTER

A
Älpele 49, 85, 92
Älpelesattel 111
Älpelestal 85
Aggenstein 68, 69, 70
Alatsee 62, 65
Allgäu 10, 16
Alpe Beichelstein 29
Alpe Dornach 120
Alpenaster 68
Alpenbock 19
Alpenbraunelle 97
Alpendohle 16
Alpenrosenweg 56
Alpenschneehuhn 102, 103
Alpensteinbock 123
Alpsee 52, 53
Alpseebad 54
Alpspitz 80, 81, 82
Amphibien 33, 61
Amsel 18
Anforderungen 15
Attlesee 32, 33
Auenhütte 135, 137
Auerhuhn 135
Aufsitzerpflanzen 74
Aurikel 91
Ausrüstung 21

B
Bad Kissinger Hütte 69
Bärenkopf 143
Baumgrenze 21
Baumindividuengrenze 21
Baumveteran 147
Bayerisches Löffelkraut 37
Bayerstetten 82
Bergahorn 148, 149
Bergkiefer 95
Bergmähwiesen 77
Bergulme 146, 147
Bergwaldpfad 56
Beweidung 85, 132
Birke 19
Blutwurz 78
Branderschrofen 44, 46
Brandstatt 28
Braunvieh 85
Breitachklamm 120, 121
Breitenberg 68, 71
Buchen-Schleimrübling 36
Buntspecht 25, 64, 69, 78
Burggen 24
Burgruine Hohenegg 152
Burgruine Hopfen 27
Burgruine Nesselburg 80, 81

C
Calciumcarbonat 107
Calcium-Magnesium-Carbonat 107
Christlessee 111, 113, 114, 115

D
Dengelstein 38, 39
Dietersbach-Alpe 111
Douglasie 26
Dreizehenspecht 49
Dürrenbühl 40

E
Edelsberg 80, 82
Edelweiß 111, 112
Eibe 36, 37, 145, 149
Eichhörnchen 81, 82
Eistobel 150, 151
Eisvogel 37
Elbsee 30, 31
Energiesparen 104
Enzensberg 26
Enzian 11
Erdkröte 54
Erschbachweiher 61
Esche 36
Eugen-Köhler-Weg 135

F
Falkenberg 112
Falkenstein 62, 63
Fallmühle 77
Faltenbachtobel 108
Faulensee 26
Faulenseehütte 27
Fauna-Flora-Habitat 19, 69, 77
Fellhorn 11, 118
Fleckenmergel 107, 112
Fliegenpilz 86
Fluchtalpe 123
Flysch 18
Forststraße 20
Fransenenzian 142
Frauenstein 56
Frühlingsenzian 83
Füssener Jöchle 66

G
Galtöde 135
Gaisalphorn 106, 108
Gams 66, 85, 95, 126, 141
Gamswiese 50
Gebirgswald 104
Gefahr 17, 59
Ge(h)zeiten 32
Geisfuß 108
Geißhorn 122, 124
Gelbe-Wand-Schrofen 45
Gemstelbach 125
Geologie 18,
Gerstruben 111, 115
Gesporntes Veilchen 91, 93
Geweihträger 126
Glockenblume 83
Gottenried 116
Gottesacker 131
Gottesacker-Alpe 132
Gottesackerwände 130
Grasgehren 144, 145
Große Schlicke 66, 67
Grünerle 21, 50, 86, 99, 111 f., 118 f., 123, 136, 140, 142
Grünspecht 69, 115
Günztal 34
Gunzesried Säge 141, 143
Gurkenmagnolie 26

H
Hasel 19
Haubentaucher 54
Hauptdolomit 18, 107
Herrgottsbeton 19
Himmelreich 77
Hirsch 98, 99
Hirschbrunft-Enzian 86
Höfats 11, 110, 111, 112
Höfatsblick 102
Höfle-Alpe 131
Höllbachtobel 111, 114, 115, 116
Hölloch 130, 131
Höllschlucht 72, 73
Hohenschwangau 49, 54
Hoher Ifen 134, 135, 137
Hoiberle 39
Hornträger 126
Humusschicht 104
Hund 17

I
Ifenhütte 137
Ifersguntalpe 136
Iseler 94, 96
Israelit 54

J
Japanische Schirmtanne 26
Jungholz 91

K
Kaisermantel 117, 132
Kalkalpen 18
Kalktuff 37
Kaltzeit 35, 45
Kappel 73, 75
Kappeler Alp 72, 74
Karstgebiet 131
Kempten 104
Kemptener Wald 20, 38, 39

Kemptner Kopf 122, 124
Kemptner Scharte 124
Kiefer 19
Kienberg 76, 77, 78, 79
Klammkapelle 121
Klettersteig 45
Klimakonferenz 104
Koblat 88, 102, 103
Koblatsee 103
Kögelweiher 32, 33
Koppenkreuz 27
Kornelkirsche 36, 53
Kratzersteig 61
Krummholzwald 50
Kühgundkopf 96
Kugelblume 79

L

Latsche 66, 67, 95
Lägerflur 96
Läuferspitze 66, 67
Laubbäume 10
Laufbichelsee 103
Lech 24, 25
Lechhalde 24
Liebenthann 34, 37
Lilienhähnchen 81
Litzauer Lechschleife 24, 25
Linde 19
Luimentalsattel 63

M

Mahdtal 130, 131
Maria Trost 74
Marienbrücke 49
Marienbuche 54
Marienmonument 54
Marktoberdorf 30
Melköde 135
Mergel 107
Meteorit 53
Mindelheimer Hütte 124, 127
Molasse 19
Montane Stufe 21
Moorwald 33
Müll 17
Murmeltier 17, 102, 104, 105

N

Nadelbaum 10
Nagelfluh 19, 35, 75, 81, 141, 147
Nagelfluhkette 140
Natura 2000 26
Naturschutzgebiet Ammergebirge 49
Naturwald 49
Naturwaldreservat 26, 38, 41
Nebelhorn 102, 106, 107
Nesselwang 80, 82
Neuschwanstein 49, 53

O

Obere Stuibenalm 96, 97
Obergschwend 99, 101
Obergünzburg 34
Oberstdorf 104
Öffentliche Verkehrsmittel 17
Orchidee 59
Ornachalpe 141

P

Permafrost 105
Pfad 21
Pfronten-Steinach 63, 65, 69, 71
Pilgerschrofen 50, 51
Pindarplatz 53
Pinswang 59
Pfeifengraswiese 33
Plattenbach 69
Pontental 86
Purpur-Enzian 136

R

Rautwiese 115
Reh 129
Reichenbachklamm 68, 69
Reintaler Jöchle 66, 67
Rentierflechte 135, 136
Reptilien 41
Reverdysquelle 36
Rhododendron 26
Riedberger Horn 144
Rind 85
Rohnenspitze 84, 86
Ronsberg 34, 36
Roßbichel 108
Rote Wand 60
Rothirsch 128
Rotwild 128, 131
Rotkehlchen 36, 45, 54, 64, 73, 91
Rubihorn 106, 108
Rüchewald 135
Rückeweg 21
Rüsselkäfer 82

S

Säuling 48, 49, 107
Säulinghaus 50, 51
Saloberalm 64
Sanddorn 24
Scharbockskraut 54
Schlappoldalpe 119
Schlappoldeck 119
Schlappoldkopf 118, 119
Schloss Liebenthann 35
Schluchtwald 11, 14, 73, 151
Schneiderküren-Alpe 132
Schrattenkalk 19
Schumpen 31
Schwendle 123, 125
Schwansee 52,53, 55
Schwarzwassertal 135
Schwierigkeitsgrad 15
Sedererstuiben 142
Seealpe 31
Senkele 20, 28
Silberdistel 142
Söllerkopf 118, 119
Sorgschrofen 90, 92
Spieser 98, 100
Spirke 40, 95
Spitalmoos 32
Sportheim Böck 82, 83
St.-Magnus-Acker 71
Star 55
Stechpalme 37
Steig 21
Steinberggipfel 140, 142
Steinbock 122 ff., 127
Stieleiche 19
Stuiben 142
Subalpine Stufe 21
Submontane Stufe 21

T

Tangelhumus 78
Tannheim 85, 86
Tegelberg 44
Tegelberghaus 46
Teufelsküche 35
Tobel 11
Torkopf 45
Torkopfscharte 132
Treibhausgasse 105
Trettach 116
Tröglesholz 33

U

Uhu 131, 135, 137
Unterjoch 91, 93
Ureibe von Steibis 148 f.

V

Venediger Männle 116
Verkarstung 53
Viehscheid 85
Vier-Seen-Blick 64
Vilser Scharte 65, 67
Vogelbeere 147
Vogelnestwurz 78

W

Waldbrand 59, 60
Walderlebniszentrum Ziegelwies 56, 59
Waldgesellschaft 18
Waldgrenze 21
Waldstraße 20
Waldweg 20
Waldweide 20
Wannenkopf 144, 145
Wannenjoch 94, 96
Wasserfall 73, 81
Wege im Wald 20
Weißhaus 61
Weißrückenspecht 46, 49
Weißtanne 19, 31, 125, 147
Wettersteinkalk 18, 48, 107
Wiedhag 95
Wiesach 141
Wildenalpe 123
Wildenbach 123
Wildschwein 41
Windecksattel 132

Z

Zehrerhöfe 91
Zinken 90, 92
Zipfelsalpe 96
Zirleseck 84, 85
Zirmgrat 62, 64
Zwingsteg 121

Ebenfalls erhältlich ...

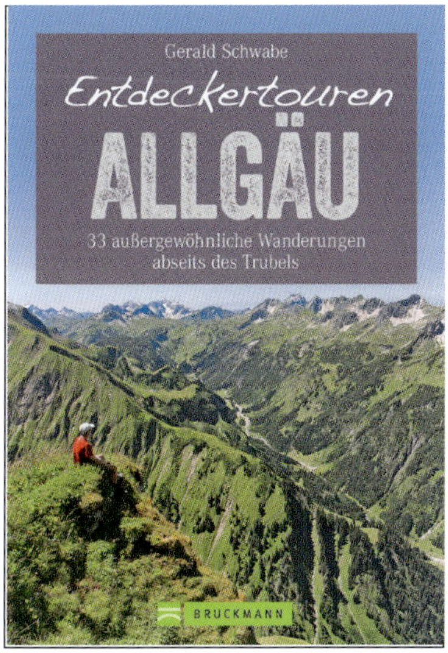

ISBN 978-3-7343 1817-7

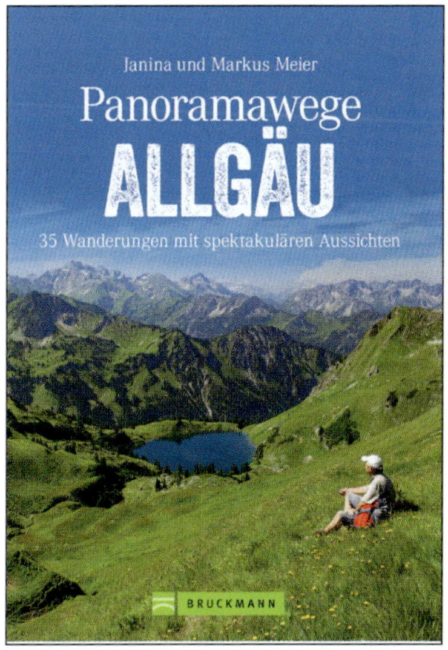

ISBN 978-3-7343-1502-2

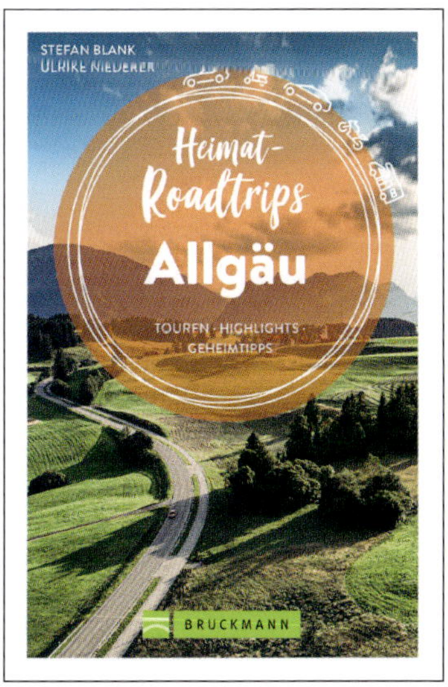

ISBN 978-3-7343-2466-6

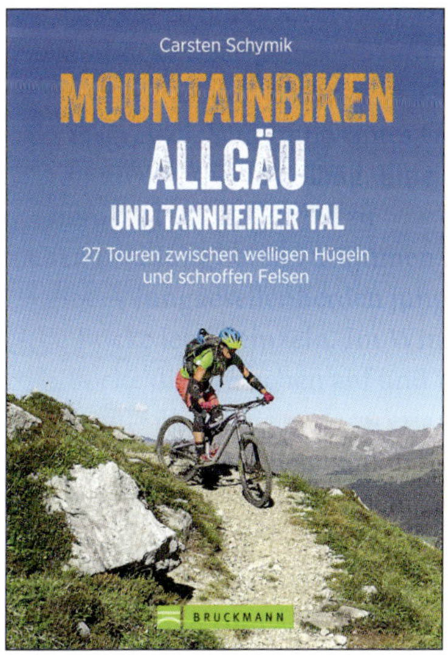

ISBN 978-3-7343-2141-2

BRUCKMANN

www.bruckmann.de

IMPRESSUM

Verantwortlich: Julia Vogl
Redaktion und Lektorat: Claudia Weingartner
Satz: BUCHFLINK Rüdiger Wagner, Nördlingen
Korrektorat: Ralf J. Klumb | The Wordworms
Layout- und Reihengestaltung: Mathias Frisch
Covergestaltung: Rudi Stix
Repro: LUDWIG:media
Kartografie: Bruckmann Verlag GmbH, Heidi Schmalfuß
Herstellung: Alexander Knoll
Printed in Polen by CGS Printing

Exklusiv für Sie als Leser:

MIT GPS-DATEN ZUM DOWNLOAD

unter: gps.bruckmann.de

★★★★★

Sind Sie mit diesem Titel zufrieden? Dann würden wir uns über Ihre Weiterempfehlung freuen.
Erzählen Sie es im Freundeskreis, berichten Sie Ihrem Buchhändler, oder bewerten Sie bei Onlinekauf. Und wenn Sie Kritik, Korrekturen, Aktualisierungen haben, freuen wir uns über Ihre Nachricht an Bruckmann Verlag, Postfach 40 02 09, D-80702 München oder per E-Mail an lektorat@verlagshaus.de.

Unser komplettes Programm finden Sie unter www.bruckmann.de

Danksagung Mein herzlicher Dank gilt allen, die zum Gelingen dieses Buchprojekts beigetragen haben. Bei gemeinsamen Ausflügen erhielt ich viele Anregungen, Tipps und Inspirationen. Danken möchte ich auch dem Verlagsteam, das mit stets freundlicher Expertise die Erstellung dieses tollen Buches unterstützt hat.

Empfehlung der Redaktion Sie sind auf der Suche nach weiterführender Literatur? Dann empfehlen wir Ihnen den Titel »Raus in den Wald – 40 ungewöhnliche Outdoorideen für Jedermann vor der Haustür« von Dr. Rudolf Nützel. Oder Sie werfen einen Blick in die Zeitschrift BERGSTEIGER. Hier werden Sie bestimmt fündig.

Bildnachweis Alle Bilder im Innenteil und auf dem Umschlag stammen vom Autor außer S. 129: shutterstock/Soru Epotok
Umschlagvorderseite: Waldweg-Szene (shutterstock/TSN52)
Umschlagrückseite: Auch im Wald kann die Aussicht genossen werden (Tour 12).

Die Deutsche Nationalbibliothek verzeichnet diese Publikation in der Deutschen Nationalbibliografie; detaillierte bibliografische Daten sind im Internet über http://dnb.d-nb.de abrufbar.

ISBN: 978-3-7343-2332-4